金融科技浪潮下银行业变革研究

王小林　于泓飞◎著

吉林大学出版社

·长春·

图书在版编目（CIP）数据

金融科技浪潮下银行业变革研究 / 王小林，于泓飞著. -- 长春：吉林大学出版社，2023.6
ISBN 978-7-5768-2343-1

Ⅰ.①金… Ⅱ.①王… ②于… Ⅲ.①银行改革－研究－世界 Ⅳ.①F831.1

中国国家版本馆 CIP 数据核字 (2023) 第 207953 号

书　　名	金融科技浪潮下银行业变革研究
	JINRONG KEJI LANGCHAO XIA YINHANGYE BIANGE YANJIU
作　　者	王小林　于泓飞　著
策划编辑	殷丽爽
责任编辑	殷丽爽
责任校对	安　萌
装帧设计	守正文化
出版发行	吉林大学出版社
社　　址	长春市人民大街 4059 号
邮政编码	130021
发行电话	0431-89580036/58
网　　址	http：//www.jlup.com.cn
电子邮箱	jldxcbs@sina.com
印　　刷	天津和萱印刷有限公司
开　　本	787mm×1092mm　1/16
印　　张	17.75
字　　数	310 千字
版　　次	2024 年 3 月　第 1 版
印　　次	2024 年 3 月　第 1 次
书　　号	ISBN 978-7-5768-2343-1
定　　价	72.00 元

版权所有　　翻印必究

作者简介

　　王小林，女，1974年1月出生，山西省吕梁柳林县人，毕业于山西财经大学，硕士研究生学历，现任山西金融职业学院讲师。研究方向：金融专业。主持并完成山西省教育科学规划课题一项、参与并完成金融专业《国际金融理论与实务》教材的编写工作，发表论文十余篇。

　　于泓飞，女，1978年3月出生，内蒙古自治区赤峰市人，毕业于北京工商大学，硕士研究生学历，现任山西金融职业学院任讲师、经济师。研究方向：金融专业。参与并完成山西省哲学社会科学规划基金项目一项、参与并完成金融专业《互联网金融概论》和《商业银行综合柜台业务》两本教材的编写工作，发表论文十余篇。

前　言

从最早的网上银行到第三方支付再到大数据、区块链，其本质上是科学技术在进步发展，其实也是金融服务在创新更替。简单来说，这样一个科技赋能金融的过程就是"金融科技"的概念。无论是信息技术（IT）改造商业银行业务系统，还是互联网金融与商业银行融合竞争，都是金融科技走过的路，它们对中国商业银行的巨大影响是有目共睹的，甚至每一次都是对中国商业银行业务的颠覆。金融科技在2016年被炒热并被广泛关注，实际上是互联网金融红利消失、智能化发展被认可以及客户需要新场景服务的综合结果。金融科技需要脱离互联网金融的行业限制，独立成为一个新的行业。这让在互联网金融时代被动的传统金融机构尤其是商业银行摩拳擦掌，试图在新的节点领跑金融科技。在未来的人类社会，我们可以大胆地提出假设：传统银行会退出历史舞台，新的货币形态及银行形态最终会成为主流。"人人自金融、人人皆银行"的景象也必定会成为现实。

本书第一章为金融科技的概述，分别介绍了金融科技的概念、金融科技的历史进程、金融科技的核心技术、金融科技的发展前景四个方面的内容；第二章为银行业的发展与变革，主要介绍了四个方面的内容，依次是银行业的发展历程及动因、银行业的商业化变革、银行业的现代化变革、银行业变革过程中遇到的问题；第三章为金融科技与银行业的相互关系，分别介绍了三个方面的内容，依次是金融科技对银行业的影响、银行业发展对金融科技的影响、银行业与金融科技的融合；第四章为金融科技浪潮下国内外银行业发展现状，依次介绍了国外银行业金融科技的发展现状、国内银行业金融科技的发展现状两个方面的内容；第五章为银行业的金融科技应用与挑战，主要介绍了四个方面的内容，分别是金融科技在银行业的应用、银行业面临的挑战与破局、银行业的未来发展趋势、银行业的改革实战案例；第六章为银行业的变革——数字化转型，依次介绍了银行业变革的利弊、数字化银行的构成与效益、数字化银行的新模式、数字化银行面临的问题与挑战。

  在撰写本书的过程中，笔者得到了许多专家学者的帮助和指导，参考了大量的学术文献，在此表示真诚的感谢！

  由于作者水平有限，加之时间仓促，本书难免存在一些疏漏，在此恳请同行专家和读者朋友批评指正！

王小林　于泓飞

2023 年 4 月

目 录

第一章 金融科技的概述 ·· 1
第一节 金融科技的概念 ·· 1
第二节 金融科技的历史进程 ·· 6
第三节 金融科技的核心技术 ··· 12
第四节 金融科技的发展前景 ··· 21

第二章 银行业的发展与变革 ··· 26
第一节 银行业的发展历程及动因 ··· 26
第二节 银行业的商业化变革 ··· 42
第三节 银行业的现代化变革 ··· 74
第四节 银行业变革过程中遇到的问题 ··································· 110

第三章 金融科技与银行业的相互关系 ··································· 149
第一节 金融科技对银行业的影响 ······································· 149
第二节 银行业发展对金融科技的影响 ··································· 167
第三节 银行业与金融科技的融合 ······································· 174

第四章 金融科技浪潮下国内外银行业发展现状 ·························· 189
第一节 国外银行业金融科技的发展现状 ································· 189
第二节 国内银行业金融科技的发展现状 ································· 193

第五章 银行业的金融科技应用与挑战 ………………………… 203
第一节 金融科技在银行业的应用 ………………………… 203
第二节 银行业面临的挑战与破局 ………………………… 223
第三节 银行业的未来发展趋势 …………………………… 227
第四节 银行业的改革实战案例 …………………………… 242

第六章 银行业的变革——数字化转型 ……………………… 258
第一节 银行业变革的利弊 ………………………………… 258
第二节 数字化银行的构成与效益 ………………………… 259
第三节 数字化银行的新模式 ……………………………… 262
第四节 数字化银行面临的问题与挑战 …………………… 267

参考文献 ……………………………………………………… 273

第一章 金融科技的概述

本章的内容是金融科技的概述，主要从金融科技的概念、金融科技的历史进程、金融科技的核心技术、金融科技的发展前景四个方面入手，分别进行阐述。

第一节 金融科技的概念

科技和金融是经济体系中的两大重要引擎，每次技术革命都伴有金融创新的发展。科技创新和金融创新的结合，推动了现代经济的发展。党的十八大提出创新驱动发展国家战略，促进科技与金融的紧密结合，需要深刻把握科技创新和金融创新的客观规律，以理论指导实践工作，创新体制机制，最终建立和完善与科技创新相适应的金融支持体系。

一、金融科技的相关概念

（一）科技创新的概念

科技创新的概念及内涵与时代背景密切相关，是一个不断发展的概念。创新概念最早由约瑟夫·熊彼特（Jeseph Schumpeter）开创性提出。"创新"是把已发明的科学技术引入企业生产经营过程，形成一种新的生产能力，因此创新是一个经济范畴而非技术范畴的概念。熊彼特从论证技术变革对经济非均衡增长以及社会发展非稳定性影响的角度提出了创新理论，它既包括技术性变化的创新也包括非技术性变化的组织创新，其创新概念包含的范围很广。20世纪60年代，随着新技术革命的不断发展，美国经济学家华尔特·罗斯托（Walt Rostow）提出经济起飞的六阶段理论，将"创新"概念发展为"技术创新"，并使其成为创新的主导力量。技术创新是将新的或改进的产品、过程或服务引入市场，将高层次的重大技术创新和普遍意义上的技术变革，以及低层次的模仿与改进创新均纳入技术创新范畴。随着信息技术、生命科学、能源技术等高新技术领域不断实现突破，科学与技术的界限逐渐模糊，"科技创新"也逐步取代了"技术创新"或"创新"等概念，成为理论研究和实践活动关注的重点。

清华大学傅家骥认为，技术创新就是企业家抓住市场的潜在盈利机会，以获取商业利益为目标，重新组织生产条件和要素，建立起效能更强、效率更高和费用更低的生产经营系统，从而推出新的产品、新的生产（工艺）方法，开辟新的市场，获得新的原材料或半成品供给来源或建立企业的新的组织，它包括科技、组织、商业和金融等一系列活动的综合过程。[1] 张来武提出："科技创新是将科学发现和技术发明应用到生产体系，创造新价值的过程。科技创新不是以科学中的发现或技术上的发明作为其标准，而是以实现市场价值为其判别标准。只要发现或发明成果还没有转化为新产品、新服务，没有创造出新的价值，它就不属于创新的范畴。"[2] 可以看出，科技创新是指创造和应用新知识、新技术实现大规模产业化的价值创造并最终实现其商业利益的过程。从这一定义出发，从研究开发到市场实现的全过程中的一切相关创新行为，都可以界定到广义的科技创新中。

（二）金融科技的概念及特征

目前，国际上关于技术与金融的关系的最重要论述出自卡萝塔·佩蕾丝（Carlota Perez）的《技术革命与金融资本：泡沫与黄金时代的动力学》，其中描述了科技创新与金融资本的基本范式："新技术早期的崛起是一个爆炸性增长时期，会导致经济出现极大的动荡和不确定性；风险资本家为获取高额利润，迅速投资于新技术领域，继而产生金融资本与技术创新的高度耦合，从而出现技术创新的繁荣和金融资产的几何级数增长；各类金融资本按照风险厌恶程度的不同，分梯次进入科技创新的各个发展阶段，促进风险分散和价值发现，推动科技的研发与产业化。"[3]

虽然金融科技概念在实践中应用广泛，但理论界对其并没有明确统一的定义，认可度较高的是赵昌文等在《科技金融》一书中提出的："金融科技是促进科技开

---

[1] 百度文库. 技术创新的概念和内涵[EB/OL].（2023-02-17）[2023-03-06]. https://wenku.baidu.com/view/a9e9a617757f5acfa1c7aa00b52acfc788eb9f08.html.
[2] 张来武. 科技创新驱动经济发展方式转变[J]. 中国软科学，2011（12）：1-5.
[3] 佩蕾丝. 技术革命与金融资本：泡沫与黄金时代的动力学[M]. 田方萌，胡叶青，刘然，等译. 北京：中国人民大学出版社，2007：15.

发、成果转化和高新技术产业发展的一系列金融工具、金融制度、金融政策与金融服务的系统性、创新性安排,是由向科学和技术创新活动提供金融资源的政府、企业、市场、社会中介机构等各种主体及其在科技创新融资过程中的行为活动共同组成的一个体系,是国家科技创新体系和金融体系的重要组成部分。"[1]刘军民等认为:"金融科技是基于科技创新的现实需求,重点着眼于促进科技开发与科技成果产业化,贯穿科技创新和企业发展的各个阶段,根据风险和收益特点,为其提供相匹配的各项投融资服务的金融机构、金融工具与金融政策的组合,其本质是金融制度创新与科技创新的高度耦合。"[2]房汉廷从金融科技本质角度进行分析,认为金融科技是创新经济学的一个组成部分,是以培育高附加价值产业、创造高薪就业岗位、提升经济体整体竞争力为目标,促进技术资本、创新资本与企业家资本等创新要素深度融合、深度聚合的一种新经济范式。[3]

金融科技是金融资源供给者根据科技型企业的发展阶段、发展特征,通过市场化方式为其提供的一系列金融制度、金融政策、金融工具及金融服务的系统性、创新性安排,其目的是推动科技型企业的创新技术进行产业化、商品化的转化,以此促进科技开发、成果转化和高新技术产业发展。金融科技活动的参与者包括各级政府、金融机构、科技型企业、社会中介机构以及其他社会团体等。

从金融科技的内涵和外延来看,其具有以下四个方面的特征:一是金融科技的核心是科技与金融的有效结合。金融科技并不是简单的"科技+金融",它是将新技术、资金、企业家才能等创新要素引入企业生产经营过程,并重新组合实现深度融合,从而实现科技与金融的双向融合、共同促进,最终产生技术创新和金融创新的叠加效应。二是金融科技是科技创新要素市场化的过程,即企业家通过筹集资金将科学技术、科研成果转化为商业活动的过程,这既是科技资本化的过程,即科学技术被金融资本孵化为一种财富创造工具的过程,也是一种金融资本有机构成提高的过程。[4]经济效益、资本回报等指标是衡量金融科技活动成功

---

[1] 赵昌文,陈春发,唐英凯.科技金融[M].北京:科学出版社,2009:2.
[2] 刘军民,财政部财政科学研究所课题组,贾康.科技金融的相关理论问题探析[J].经济研究参考,2015(7):13-26.
[3] 房汉廷.科技金融本质探析[J].中国科技论坛,2015(5):5-10.
[4] 房汉廷.关于金融科技理论、实践与政策的思考[J].中国科技论坛,2010(11):5-10,23.

与否的重要标志。三是金融科技是一个综合性问题，科技创新具有高风险、轻资产、技术替代性强等特征，这就要求金融科技服务采取市场化方法，但又离不开政府的支持，需要理论与实践、政府与市场手段的有效结合。四是金融科技是复杂的系统工程。金融科技外延涉及政策体系架构、资源集聚、服务能力三个层面以及区域创新环境、创新主体、技术创新链条、投融资链条、服务体系五大系统，其延伸与拓展取决于科技与金融体制、制度、机制及管理改革创新，并随着改革创新的不断深化而丰富扩展。[①]

二、科技创新与金融之间的关系

（一）金融支持对于科技创新的重要作用

美国经济学家罗伯特·莫顿（Robert Merton）和兹维·博迪（Zvi Bodie）提出了金融功能说，通过金融功能的发挥，可以较好地实现对科技创新的金融资源配置、风险分担和激励约束，为科技产业发展提供有力支持。

一是发挥资源配置功能，为科技企业在各个成长阶段提供相应的支持，其中充足的资金支持是科技创新顺利进行的重要保障。金融在资源配置过程中处于核心地位，为不同类型的经济主体提供多层次、多样化的资金支持是金融科技的首要目标，绝大部分科技型企业的发展都要经历四个周期，即种子期、初创期、成长期、成熟期。其中，前两个周期属于中小微企业阶段，企业发展风险高、潜在收益大，最需要资金支持却又是"融资难"问题最突出的阶段。完善的金融市场体系能够为科技型企业的各个成长周期提供有针对性的支持，金融对科技产业各个成长周期的相应支持由不同的金融主体来实施。天使投资、私募股权基金、政府优惠信贷等可以为处于种子期、初创期的企业提供科技创新提供数额巨大的流动性支出所需的资金支持；商业银行金融科技贷款、债券市场等可以为处于成长期的企业的科技创新提供产品升级研发、扩张市场所需的资金支持；银行信贷、资本市场融资等可以为处于成熟期的企业的科技创新提供稳定经营所需的资金支持。

二是发挥风险分担功能，分散科技创新的潜在风险。科技创新具有高度的不

[①] 邓天佐，张俊芳.关于我国金融科技发展的几点思考[J].证券市场导报，2012（12）：16−24.

确定性，金融体系的风险管理功能对于科技创新尤为重要。科技创新是一项高成本活动，需要大量的人力资本、财力和时间投入，仅依靠企业自筹资金是难以完成的；同时，科技创新又是一项高风险活动，如果研发产品失败或者研发投入后创造的产品没有被市场接受，企业就会立刻陷入破产境地。通过将不同类型的金融机构以及多层次资本市场纳入金融科技服务体系，综合运用政策性金融、风险投资、银行信贷、金融担保、科技保险、资本市场股权投资等多种金融产品，可以为不同风险类型的公司提供适当的资金支持，既分散了投资者的资金风险，也降低了科创企业在科技创新过程中面临的风险。

三是发挥激励约束功能，降低科创企业与金融机构间的信息不对称。科创企业缺乏有形资产，主要依靠技术和人力资本创造利润，其商业成功取决于未来的高成长价值，因此会面临较多的不确定性；商业银行及其他金融机构难以准确评估科技成果的未来货币价值以及企业的经营风险，双方存在信息不对称，从而降低了潜在的金融科技供给量。金融体系可以通过金融机构与科创企业的债权、股权等契约关系降低信息不对称，包括银行对科创企业的融资方式、利息、抵（质）押品、担保以及资金具体投入方向等进行明确约定，对融资后企业经营管理进行有效监督，监控资金使用方式；创业风险投资机构积极参与科创企业经营管理的重大决策，约束企业内部人员；给予企业内部管理人员、科技人员股票期权等；通过多样化的金融工具推动科创企业持续健康发展，保障金融机构的合法利益。

（二）科技创新对于金融发展的重要作用

随着利率市场化推进、互联网金融的迅速发展，各金融机构普遍加强了科学技术的应用和创新，金融科技类产品层出不穷，科技创新对促进金融发展发挥了重要作用。

一是推动了金融行业的产品服务创新。传统金融的运行方式决定其更偏好业绩较好的成熟企业，而科技创新资金需求具有长期性和风险性，这就要求金融机构能够开发出适应科技创新的金融产品，来有效地对接科技创新资金需求；同时科技创新催生了大量的新兴产业，创造出海量的资金需求，也为众多的风险投资提供了良好的投资途径。

二是科技创新改变了金融行业的运营方式。伴随着每一次信息技术的发展，虽然金融功能仍然较为稳定，但是金融机构、金融制度以及金融服务方式已经发生了深刻变化。在网络时代、数字化时代，要求各种电子产品紧跟时代步伐，走向市场的电子化产品都能为人们提供更加便捷的服务，很多金融机构和企业通过手机客户端等办理业务，直接和间接地促进了金融业的发展。[①]随着互联网技术的发展，在支付、投融资、财富管理等领域对传统银行业产生了一定的冲击的同时，也推动着银行业改变服务理念、变革服务方式、提升运营效率。

第二节　金融科技的历史进程

一、国际金融科技的历史进程

（一）科技与金融的单向配合阶段

蒸汽机的发明吹响了第一次工业革命的号角，但大型蒸汽机的使用必然需要较大型的场所及固定资产投入，而早期的工场手工业时代，商业发展的资本仍以家庭积累或个人信用借贷为主，无法支撑对机械设备的需求，尽管蒸汽革命以技术进步为先导，但产业革命在英国的发展并最终完成与英国本身金融革命的爆发密不可分，工业革命出现之前，英国已经出现了一些新科学技术，但是没有得到金融的支持。新技术的产业化过程需要长期连续的大规模资金投入，而这种投入只有通过适当的金融安排才能得以实现，因此工业革命不得不等候金融革命，如作为蒸汽时代重要标志的火车运行，必须依赖大规模的铁路建设，其高额成本是单个企业很难承担的。当时，通过发行铁路债券这一金融创新，才解决了大规模铁路建设的资金问题，使火车真正进入人类生活。

在推动工业革命爆发的金融革命发展过程中，以下三点非常重要。首先，较为成熟的银行体系的构建。1694年，英国组建英格兰银行，该银行被授权可以在全国各地建立分支机构，经营个人储蓄业务，从而将英国各地的地区性资本市场逐渐统一起来，并逐步构建起一个以区域乡村银行与城市银行为基础的全国性银行网络，为资本融通和地区间流动提供了便捷方式。其次，证券市场的形成。18世纪末至19世纪初，英国开始逐步形成全国统一的债券资本市场，专营债券业

---

① 赵静. 金融发展与科技创新互动机制研究 [D]. 保定：河北大学，2014.

务的证券机构开始出现，不仅使资本流通更加便捷，而且创新了投融资方式，逐步形成高效率的现代资本市场。最后，金融业务及产品创新不断涌现，包括可转让借据、可贴现票据、原始股认购等形式不断涌现。新兴的金融工具使资本流动更加便捷，满足了产业投资者进行手工业机械化改造的资本需求。[①]

（二）科技与金融的密切结合阶段

以电力的广泛应用、化学工业的建立及新通信工具的发明为主要标志的第二次科技革命，使得内燃机取代蒸汽机成为工业发展的动力系统，重工业代替轻纺工业成为世界工业体系中的主导，这一时期的科技创新更为抽象，难以直接根据生产经验获得或者改进，需要根据科学理论进行创造发明，如依据电磁理论发明的发电机；同时，重工业的发展本身需要更多的固定资产投入，技术创新与科学基础联系更加紧密，导致技术研发过程中资金配置投入增多。科技转化时间缩短，使得技术风险激增，科技创新及产业的发展都需要更多能够分散这种风险的金融产品与服务的开发。[②]

第二次科技革命时期，美国最早完成了电力革命，很多欧洲的技术创新在美国最早得到应用。例如，德国人发明的内燃机，却在美国得到最为广泛的应用；欧洲人发明并改进了众多电力技术，却是美国建立了第一座电厂；德国人致力于汽车的研究，仍是美国首先实现汽车大规模的标准化生产。美国快速工业化的背后存在多重动因，包括激增的工业产品需求、为数众多且自由流动的人口、高效的产权保护机制和便捷的交通运输系统，但金融创新所带来的资本市场快速发展却是这众多原因中最根本的基础条件——包括以股票交易为主的金融资本市场的建成（当时世界最大的股票交易所——纽约证券交易所建成），以及投资银行的出现。以股权交易为特色的美国金融市场为美国科技创新、完成以重工业为主导的第二次科技革命提供了长期且稳定的资金支持，而股权交易中分散化的投资者也很好地化解了科技创新的迅速产品化及产业化创新所带来的技术风险及市场风险等风险集中化问题；投资银行致力于企业上市、兼并的市场运作，进一步深化了股票市场的定价和融资能力，企业迈向大型化、集中化的垄断促使金融资本与工业资本有意识地结合、组织，科技与金融进入密切结合阶段。

[①] 林伟光.我国金融科技发展研究：理论基点及体系构建[D].广州：暨南大学，2014.
[②] 同上。

（三）科技与金融的深度融合阶段

20世纪50年代以后，科技革命深入各个工业领域，尤其以电子信息、航空航天、生物及新能源等新兴产业为标志，其中电子计算机的广泛应用产生的影响最为突出，科技创新表现出的群体化、社会化、产业化和科技成果转化快速化的特征带来了众多不确定性因素，同时技术或产品的独占性优势，使科技创新表现为高投入、高风险及高收益金融对高收益的逐利、专业化的风险管理及多层次的资金投入，满足了科技创新的需求。科技创新对金融创新的影响也不容小觑，20世纪70年代初，随着信息革命的发展，国际信用卡开始了爆发式的增长；20世纪90年代，以信息技术为核心的高新技术迅猛发展，现代计算机处理技术与通信信息技术相融合，对金融业的推动作用更是显著。以美国的商业银行电子化进程为例，每隔十年左右的时间，信息技术就会在高层次上对商业银行的经营和游戏规则进行重构。

近年来，信息技术的发展与金融业务创新之间的互动关系日趋紧密。一方面，随着科技创新对金融资本的持续要求，促使金融资本不断组合开发新产品，以满足科技创新的金融需求。以美国为例，高新技术企业难以获得商业银行的资金支持及获得投资等级的债券发行权，为此低等级债券的推出为高新技术企业发展解决了资金问题。进入21世纪后，美国风险资本投资总额从每年50亿美元增至1 000亿美元（1美元约等于7.9166人民币），[1]使很多处于种子阶段的创新型企业在短期内迅速被孵化成长。另一方面，当前金融创新已成为体现金融企业核心竞争力的主要因素，而绝大多数的金融创新都高度依赖信息技术的发展，信息技术帮助分析复杂金融产品的定价并进行风险管理，使这些产品之间的交易成为可能，科技创新为金融创新提供了动力支持。

从发展历程看，金融科技经历了从金融被动配合科技创新需求，到自身主动创新变化，从金融单向支持影响科技创新，到金融创新与科技创新双向互动，协同发展的历程，金融创新与技术创新的互动关系不断强化。可以说，在每一次技术革命产生及其扩散的过程中，金融和信用制度都起着极其重要的推动作用，技术革命所带来的技术创新又为新一轮的金融创新提供了动力和支持。在第三次科

---

[1] Gompers, Lerner.The Venture Capital Revolution[J].Journal of Economics Perspectives, 2001, 15（2）: 145-168.

技革命中，金融对科技创新的支持不再是被动地配合科技创新的需求，而是通过自身主动创新匹配需求，并积极介入科技创新之中，风险投资在进行股权投资前对科技创新的方向进行挑选，而在股权投资后积极进入创新型企业的后续管理之中，主动且有效地设计管理机制化解科技创新中的各种风险，这也就标志着金融科技的形成。[①]

二、国内金融科技的历史进程

我国金融科技体系萌芽于 20 世纪七八十年代，是在借鉴西方发达国家发展经验的基础上，结合我国具体国情而建立起来的。从政策层面看，支撑我国科技金融发展的主要政策措施是 2006 年发布的《国家中长期科学和技术发展规划纲要（2006—2020 年）》。在该纲要中，中央政府首次提出要创建一个完善的金融科技体系，并以建设创新型国家、走自主创新道路的发展战略为基础，提出了具体的发展目标和发展模式。与此同时，伴随我国风险投资市场体制改革的不断深化和风险投资行业的蓬勃发展，科技资源和金融资源这两个生产力中最活跃的要素，也以前所未有的程度进入相互结合、相互促进的新阶段。

我国科技金融的发展是一个随着经济体制改革和金融体制改革不断推进的过程。在改革开放的历史背景下，我国科技金融的发展历程与经济体制改革、科技体制改革及金融体制改革密不可分，随着经济、金融体制转轨和社会转型的不断深入，我国科技金融也得到了快速发展。我国金融科技体系的演变历程分为四个阶段，每一个阶段都有其独有的特征。[②]

（一）以财政拨款为主的金融科技体系初创阶段

1978 年，党的十一届三中全会召开后，我国启动了经济体制改革。在 1980 年中央提出的"经济建设必须依靠科学技术，科学技术工作必须面向经济建设"的战略指引下，我国实施了第一个国家科技计划——科技攻关计划。此时，我国对科技创新的资金投入方式仍以财政拨款为主，但以根据不同科技领域的需要，逐步细化为国家自然科学基金、"863"计划、星火计划、火炬计划、"973"计划、

[①] 林伟光. 我国金融科技发展研究：理论基点及体系构建[D]. 广州：暨南大学，2014.
[②] 吴莹. 中国科技金融的体系构建与政策选择：基于演化经济学的研究[D]. 武汉：武汉大学，2010.

知识创新工程、科技型中小企业科技创新基金、平台计划等多个国家科技计划（工程、基金）。

（二）以科技信贷为主的金融科技体系发展阶段

由于财政拨款方式下科技研究与经济实际脱节、抑制科技人员积极性的弊端日益明显，因此1985年发布的《中公中央关于科学技术体制改革的决定》（以下简称《决定》），对全国科技管理体制、科技拨款制度等方面提出了明确的改革要求。为落实《决定》精神，1985年中国人民银行、国务院科技领导小组办公室发布《关于积极开展科技信贷的联合通知》，启动了我国信贷支持科技创新的进程。科技开发贷款作为最早的科技金融产品，由中国工商银行率先开办，中国银行、中国农业银行和交通银行相继跟进，从1990年起中国人民银行会同国家科学技术委员会等陆续完善了科技开发贷款管理框架与具体规定。银行贷款在财政投入之外为科技创新开辟了新的资金渠道，对加快我国科技成果的转化起到了重大作用。

在此期间，国外行之有效的风险投资理念也逐步被国内科技和金融从业者所接受。1985年9月，国务院批准成立了中国新技术创业投资公司，这是我国第一家高技术产业风险投资公司，而后各级地方政府也随之设立了行使公共政策职能的风险投资公司，向本地科技型企业提供贷款担保、贴息垫息、入股分红等资金支持，但上述风险投资公司在日常运营和投资决策中受到较强的政府干预，因此自身的市场化投资决策能力较弱。

（三）以科技资本为主的金融科技体系发展阶段

在1995年"科教兴国"战略的指引下，各级政府部门既在科技创新方面采取措施促进科技成果转化、深化科研机构产权制度改革、加强原始创新能力等，还推动建立科技型中小企业创新基金等风险投资机制，加速高科技产业化。上述政策措施进一步完善了科技创新和科技金融政策体系，明晰了科研机构产权，调动了科技人员的积极性。

这一阶段，科技型企业所固有的高成长、高风险与轻资产的特征与银行信贷业务的内在矛盾日益凸显。随着商业银行逐步向"自主经营、自担风险、自负盈亏、自我约束"的现代金融企业转变，以科技信贷为特征的金融科技体系对科技创新的支持效率严重下滑。随着我国资本市场的发展,其股票溢价空间大、投资者风险承受能力强的特点更为契合科技型企业的特点。从 1999 年起,科技型企业的股票陆续在深圳证券交易所和上海证券交易所上市,高新技术产业区企业债券也相继得以发行,资本市场逐步取代商业银行成为我国金融科技体系的重要力量。

(四)金融科技体系的快速发展阶段

以我国"增强自主创新能力、建设创新型国家"的战略逐渐酝酿成熟为契机,《国家中长期科学和技术发展规划纲要(2006—2020 年)》为我国未来 15 年的科技改革发展工作提出了"自主创新、重点跨越、支撑发展、引领未来"的方针。在此之后,各级政府进一步发展完善了金融科技体系——主要内容包括建立政府科技部门与金融机构的合作协调机制,出台多项政策支持银行、保险、创业投资与资本市场等融资方式的发展。

在科技信贷方面,商业银行依据市场化原则向高新技术企业予以贷款支持,如招商银行与科技部签署的 50 亿元战略合作协议,2010 年起正式启动实施了"千鹰展翼"计划。该计划旨在每年发掘 1 000 家高成长性科技型企业,为其提供"创新型成长企业综合金融服务方案"。在科技资本体系方面,2009 年 10 月创业板市场开始运行,为高科技创业型企业提供了规范化的股票融资和成长途径,截至 2016 年 9 月,创业板共有 540 家公司,总市值超过 5 万亿元;[1]2012 年 9 月新三板(全国中小企业股份转让系统)向中小高科技型企业提供资本市场服务。1999 年,国务院批准设立了科技型中小企业技术创新引导基金,创新基金由科技部主管、财政部监管,通过无偿资助、贷款贴息和资本金投入三种方式,支持科技型中小企业创新创业;2015 年 8 月,国务院批准设立总规模为 400 亿元的国家新兴产业创业投资引导基金。

2019 年 9 月 6 日,中国人民银行印发《金融科技发展规划(2019—2021 年)》(以下简称《规划(2019—2021 年)》),明确提出这三年的金融科技工作指导思想、基本原则、发展目标、重点任务和保障措施。

《规划(2019—2021 年)》中指出,到 2021 年,建立健全我国金融科技发展的"四梁八柱",进一步增强金融业科技应用能力,实现金融与科技深度融合、

---

[1] 孙飞. 创业板 7 周年 市值过 5 万亿 [EB/OL]. (2016-10-31) [2023-03-06]. http://zjrb.zjol.com.cn/html/2016-10/31/content_3014719.htm?div=-1.

协调发展，明显增强人民群众对数字化、网络化、智能化金融产品和服务的满意度，推动我国金融科技发展居于国际领先水平，实现金融科技应用先进可控、金融服务能力稳步增强、金融风控水平明显提高、金融监管效能持续提升、金融科技支撑不断完善、金融科技产业繁荣发展。

2021年12月29日，中国人民银行印发了第二个金融科技发展规划——《金融科技发展规划（2022—2025年）》，提出新时期金融科技发展指导意见，明确以加强金融数据要素应用为基础，旨在进一步推动金融科技健全治理体系，完善数字基础设施，促进金融与科技更深层次融合，力争到2025年实现金融科技整体水平与核心竞争力跨越式提升。

除此之外，2022年1月23日，中国人民银行、市场监管总局、银保监会、证监会四个部门联合印发了《金融标准化"十四五"发展规划》（以下简称《规划》）。《规划》提出，到2025年，与现代化金融体系建设相适应的标准体系基本建成，标准与金融监管、金融市场、金融服务深度融合，金融标准化的经济效益、社会效益、质量效益和生态效益充分显现，标准化支撑金融业高质量发展的地位和作用更加凸显。《规划》指出，要稳步推进金融科技标准建设。加强云计算、区块链、大数据、人工智能、生物识别、物联网等标准研制和有效应用，引领金融科技规范健康发展。推动金融领域科技伦理治理标准体系建设。统筹金融数据开发利用、公共安全、商业秘密和个人隐私保护，加快完善金融数据资源产权、交易流通、跨境传输和安全保护等标准规范。完善金融大数据标准体系，探索制定金融大数据采集、清洗、存储、挖掘、分析、可视化算法等技术创新配套标准。制定金融数据质量、脱敏、分级分类等标准。制定金融数据应用建模、元数据、算法评价等标准。

第三节　金融科技的核心技术

在金融科技技术的发展过程中，很多技术从开发到落地，逐步对金融生态产生革命性的影响。大数据（Big Data）、云计算（Cloud Computing）、区块链（Blockchain）、人工智能（Artificial Intelligence）、虚拟现实（VR）和增强现实（AR），这些技术的发展和渗透给金融行业带来了极大的效率提升，让金融服务更加融入人们的生活。实践中，上述技术之间，存在着相互依赖的关系。大数据和云计算相辅相成，云计算的安全可靠给大数据的储存提供了一个稳定的平台，海量的大数据则对云计算技术提出了挑战。人工智能，通过机器学习来认知和预测世界，而这机器学习的过程正需要依靠大数据和云计算平台。反过来，人工智能又能帮助收集大数据，推动大数据的发展，而虚拟现实和增强现实正是检验人工智能的预测是否可靠的一种途径。

金融科技，强调的是科技在金融领域的应用。通过科技的融合，金融服务逐步地落到实处，回归行业本质。而这种融合，也正在金融的各个细分领域产生不同的形态，如大数据与电子商务、P2P 等结合，从而分析用户的信用和行为，又或是区块链账本用于支付市场，从而记录每一笔交易，从一定程度上控制信用风险。本节从技术层面出发，具体讨论当下最为核心的金融科技技术。

一、大数据

对于大数据，研究机构 Gartner 给出了定义，大数据是需要新处理模式才能具有更强的决策力、洞察发现力和流程优化能力的海量、高增长率和多样化的信息资产。简而言之，大数据即为海量数据资料，它将体系内各个用户的行为通过不同表现形式的数据记录下来，通过专业化的处理，掌握数据中的价值。

当下有很多新闻将大数据当作一种噱头来吸引人们的眼光，实质上，这样的新闻都是一种以果为因的推断。无论是"啤酒和尿布"的故事，还是谷歌（Google）对于 H1N1 的预测，都并没有触及大数据的本质，也没有展示出大数据的核心技术。所谓数据，是事实或观察的结果，是对客观事物的逻辑归纳，是用于表示客观事物的未经加工的原始素材。过去，由于物理上时间和空间的限制，人们能获取的数据都是状态信息，而现在，由于网络出现带来的时空的无限化，人们能获取的数据变为了行为信息；不仅如此，规模也从原来的一部分对象，扩大到了全体对象。

从技术层面来看，提到大数据，不得不提到的就是当下 IT 技术的核心部分：物联网、智能终端、移动宽带、云计算和大数据。物联网和智能终端分别感知物和人的信息，通过移动网络带宽极高、速度极快地传输，到达计算平台，利用云计算和大数据技术，将最终得到的信息传递给目标受众，这就是这五者之间的关系。其中，互联网与大数据的强关联表现为互联网提供了对人的行为的量化的最便捷、最可接受入侵隐私的观察渠道。互联网是将人的行为、习惯等数字化的过程，其基础商业模式就是免费给用户提供方便的互联网服务，以此来获取人们的行为隐私，再将所得到的数据变现。所以说，天下没有免费的午餐，服务实质上并不是免费的，只是很多人并没有意识到大数据背后的实质价值，如果能意识到大数据背后的本质，我们就会发现，大数据与人权和隐私权在一定程度上是矛盾的；现实世界中，人们难以通过摒弃互联网的方式来保护自己的人权和隐私，而人权、隐私与大数据技术的创新发展存在一定的利益冲突。现阶段，人类倾向于牺牲自己一定程度的隐私来换取网络所给予的便宜和利益；未来，数据资源的各参与方会通过数据的脱敏化、法律的完善等来保证个人敏感信息不被泄露。

现实中，人们每天在网络上获取和接收信息时，往往认为，其接收到的信息是对自己有利的，或是自己希望看到的；事实上，网络所推送的，其实是根据人们的行为、习惯等数据信息分析得出的、受众大概率会点开的信息。人们正处在一个不断被大数据重塑的数字世界，数据是驱动一切的动力。

大数据在金融领域的革新无疑是巨大的。金融行业本身就是一个数据密集型的行业，从业机构接触到的用户数据越丰富，其刻画出来的用户画像就越具体，对用户的行为就越了解。数据分析给企业带来的主要价值，则在于企业可以基于大数据分析所得，作出前瞻性的业务决策，优化企业内部的资源分配，提高资本运作效率；实时的数据更新，更是能及时给企业传递市场信息，给予企业的战略调整以时间和空间，带来更丰厚的利润。在风险管理方面，大数据可用于了解用户的信用层级，从而给予资金提供方以风险识别的用途；在营销方面，可以通过大数据和云计算技术，挖掘用户的消费潜能，从而以最小的成本获取利润最大化的广告推广；在用户服务方面，拥有数据的平台，可通过用户画像给予不同风险承受能力的客户以个性化定制的理财产品，合理地进行资产配置。可以说，在金融领域，一个企业对于数据的掌握程度，从一定程度上决定了其业务的丰富程度；换言之，数据正在成为各个企业的核心竞争力之一。通过海量数据分析，发现价值潜力，正是各个金融机构正在探索的思路之一。

正是由于数据对于金融行业发展的重要性，政府也对相关应用高度重视。2015 年，国务院印发的《推进普惠金融发展规划（2016—2020 年）》中直接提到：

鼓励金融机构运用大数据、云计算等新兴信息技术，打造互联网金融服务平台，为客户提供信息、资金、产品等全方位金融服务。国内外各类金融机构和平台正在逐步探索大数据与云计算在金融领域的应用，力求打造以大数据为基础技术的平台，刻画精准的用户画像，探索新型金融市场，挖掘用户潜力，从而提升国家整体金融行业的科技竞争力。

二、区块链

2008年，中本聪第一次提出了区块链的概念。区块链，简单来说就是一个记录所有用电子货币进行交易的链式账本。作为一个去中心化的数据库，区块链技术改变了传统业务系统的底层架构，优化了数据储存方式。从支付到投票，从智能合约到追踪犯罪，区块链在短短几年的时间内飞速增长。目前，区块链技术落地的应用案例逐渐增多，其应用发展最快的领域集中在金融市场。毫无疑问，区块链技术的热度还将继续，未来不短的时间内仍会是金融业关注的焦点。

同时，越来越多的专家和业内人士的声音开始呼吁理性看待区块链，甚至有人将其称为一场骗局。将区块链认定为骗局也许失之偏颇，但是不得不承认，虽然区块链为我们绘制出了美好宏大的蓝图，但发展这项技术方面的挑战也不可谓不严峻。目前，区块链主要面临着来自技术性能和安全风险两方面的瓶颈。在技术方面，目前市场上的区块链系统的性能很难满足实际业务需求；在信息安全方面，区块链存在的技术漏洞让一些金融机构敬而远之。虽然这些难题似乎给人们对于区块链颠覆能力的火热期待泼了盆冷水，但我们不难发现，随着技术人才的发展，这一壁垒的突破指日可待，区块链的未来发展仍然值得期待。

金融交易本质上是价值所属权的交换。现实中，交易双方会有互不信任的情况，而且往往彼此的价值不能直接进行交换，于是出现了中介担保来确保交易运转。合理的中介担保，确保了交易的正常运行，提高了经济活动的效率，但现有的第三方中介机制往往存在成本高、周期长、易出错、流程复杂等缺点。区块链技术去中心化、点对点交易等特征，有效改善了金融服务的行业痛点，成为金融服务最受欢迎的技术之一。当前国际上的诸多区块链应用案例也都来自金融领域，其应用主要集中在数字货币、跨境支付、供应链金融与证券交易等四个方面。区块链在其他众多领域也大有可为。

区块链作为金融科技的核心技术之一,自2008年比特币诞生,其底层区块链技术逐步得到金融业界的认可。国际上诸多金融机构纷纷布局区块链的研究开发、应用及落地。作为一种去中心化的分布式账本,当区块链运用到不同的情况时,可以给交易各方带来如下效用:一是降低交易成本,由于区块链去中心化的特质,交易的各方是平等独立的,故而在交易过程中不需要中介,从而降低了成本;二是提高交易效率,由于没有中介机构,所有交易都是实时的,有效避免了很多交易中无法实时结算的缺陷;三是交易记录无法篡改,由于区块链账本对各方都是公开透明的,且所有交易都是根据时间不断往前记录的,所以要想篡改交易记录将付出极大的成本,几乎不可能实现,这一点保证了交易记录无法篡改的特性;四是交易流程自动化,由于区块链账本自身的特性,一旦触发系统中"智能合约"的要求,系统就会自动地将交易记录在账本上。

正是由于区块链具有上述特征,所以其在金融领域的运用无疑是广泛的。在客户征信方面,可以通过区块链的技术将每个人的不良信用记录下来,银行将不再需要花费大量的成本去调查某一个人的信用评分,这样一来,人们违约的信用成本也被放大,现有的征信体系将被彻底重塑;在电子支付方面,由于其去中心化特征,各个交易者之间不再有中介,从而资金中转可以真正实现点对点交易,既减少了中转的成本,还能实现实时结算;在证券发行交易方面,账本可以实时地记录交易者的身份、成交量,证券发行者也可以实时地监控交易过程中有无暗箱操作、内幕交易等情况,使证券交易真正实现市场化。

如今,区块链被视为继云计算、物联网、大数据之后的又一项颠覆性技术,受到各国政府、金融机构以及科技企业的高度关注。

在国内,区块链技术应用已经成为未来的趋势,结合习近平总书记在2016年4月19日主持召开的网络安全和信息化工作座谈会上的讲话要点,构建区块链数据库应用平台将助力金融及区块链产业的快速发展。区块链市场的快速发展,必将带动区块链数据库快速应用于金融、物联网、政府等行业,颠覆传统数据库应用模式。

三、人工智能

自从谷歌的阿尔法围棋(AlphaGo)在围棋界大展身手后,人们对于人工智能的关注达到了近期的最高点。有人说，人工智能是对于未来的革命。事实上，人工智能已经开始服务于各个领域，切实推动了各行业的进步。无论是生活中处处可见的智能手机应用，还是复杂的超级计算机，人工智能的普遍运用已经给我们的生活带来了一定的改变。

所谓人工智能，从定义上来说，可以分为人工和智能两部分。人工，即为人力创造。智能，则涉及机器关于运算、感知到认知的学习。将这两部分结合起来的人工智能技术，简单来说就是机器通过不断更新来智能化地模拟人类的反应，无论是让机器来满足生活中简单的需求，还是人机交互那样的技术，其根本目的还是在于如何通过这项技术使人类的生活变得更加便捷。由于机器智能化的设置，其作出的每一项决策都是根据计算机中的算法而得出的纯理性化的决策。

国务院印发的《新一代人工智能发展规划》中提到，人工智能的迅速发展已经对我们的生活产生了深远的影响，而作为改变世界的技术之一，人工智能技术在未来的战略地位不言而喻，人工智能技术最核心的是要利用数据化的理念和技术对现实世界建模，构建一个数据世界，基于这个数据世界再去构建相应的业务系统，从而实现智能化的应用。举个例子来说，通过将消费者的行为数据化，可以深刻把握顾客需求，得到用户画像，以顾客为中心从而驱动智能经营以满足顾客的真正需求。在这种方式下，人类所作出的决定，会因为计算机的算法而变得更加理性而非"听从本心"，而这种信息化的趋势，在未来应该会越来越普遍。在这种趋势下，很多智能的机器人所做的就是，把数据转化为信息，再将信息转化为知识，然后把这些知识通过物联网再一次运用到现实世界中。这是一个不断反馈、不断更新的过程。

人工智能与数据的关系可谓是十分密切，无论是技术最初的机器学习，还是最终实现的人机交互，整个过程中都贯穿着大量的数据。随着这一技术的发展，人类社会将逐步进入智能数据时代。在金融领域，人工智能正逐渐与大数据征信、贷款、风控、资产配置等进行结合。近年来，由人工智能与投资顾问相结合的智能投顾项目得到了一定的关注。

在传统投顾模式下，公司会根据客户的投资偏好、风险承受能力和预期收益水平，提供包括资产管理、信托、税务、保险和房地产咨询在内的多种服务，主要服务对象是高净值客户，且多以一对一的模式为主，这就使得传统投顾存在业务受众面窄、投资门槛高、知识结构单一等问题。

智能投顾是理财行业的未来，其核心是定制风险，而不仅仅是追求收益。解决定制风险的关键路径有两点：一是对投资者心理底线的了解；二是确保能在这个底线之上运行的风险管理能力，或者叫风险定制能力。在投资者分析方面，机器通过智能化的技术充分了解客户的风险承受能力，得到用户画像，在了解账户的实际控制人和交易的实际收益人及其基本信息之后，采取相应的措施。在这一过程中涉及的智能用户画像、资产配置等服务，都是这一行业的核心竞争力。

通过大数据、人工智能的技术手段，智能投顾产品的风险被严格地控制，相比于传统的投资顾问，具有极大的行业竞争优势。虽然传统的投资、理财平台借助银行等大型金融机构，具有良好的信用基础和客户基础，风险水平相对较低，在短期内，智能投顾也许不具有竞争优势。然而，随着互联网技术的快速发展和外部化趋势的加强，以及政策对金融科技的支持等外部因素的逐渐完善，智能投顾平台的便利性、高效率、风控等优势凸显，长期而言，竞争优势明显。

智能投顾行业的核心是在获得预期收益的前提下，最小化各种外在风险，而风险管理和控制的核心是模型和算法，它需要对时间序列的数据进行学习和修正，也需要经由市场较长的时间周期的检验，而这些条件在国内市场短时间难以满足。短期内，智能投顾在高净值客户财富管理市场，更多地扮演着工具的角色，作为现有投顾模式的一种补充模式，共同推动投顾行业的发展。就长期而言，随着算法和模型的成熟和完善，智能投顾将后台功能简化、财富管理数字化、资产建议智能化，帮助财务顾问更好、更有效地服务其客户。对于之前缺乏理财顾问服务的长尾市场而言，智能投顾更大程度地满足P2P市场洗礼出来的客户对被动投资的需求，对于现有财富管理市场起到更好的补充作用。

国内万亿级的市场体量让我们有理由相信智能投顾在中国的崛起指日可待。然而，初期存在市场交易成本高、监管制度不健全等诸多问题，需要理性对待和处理，具体来说，我国应因地制宜，针对金融市场上高比例的个人投资者，个性化制定以主动投资为主的策略，通过对股票等投资品进行大数据分析并提供相应的买卖策略来开辟智能投顾的新方向。长期来看，以风险分散为主的、追求长期稳定回报的资产大类配置模式仍是我国智能投顾需要把握的未来发展趋势。

由此可见，人工智能本身的优势就在于极强的数据计算能力和处理能力，因此人工智能与大数据的结合能带来实时的数据处理，而这也正是人工智能在金融领域应用的方向。

四、VR与AR

2014年3月，脸书（Facebook）宣布以20亿美元收购虚拟现实设备公司Oculus后，全球迅速掀起了一股VR应用的热潮。2016年被称为虚拟现实的技术元年，VR技术在各行业的应用正逐步地发生。作为与前沿科技高度结合的金融领域，虚拟现实和增强现实技术也正逐渐渗透到金融行业。

虚拟现实（Virtual Reality，以下简称"VR"），通过计算机仿真系统，模拟生成一种虚拟环境，实体与环境之间有所交互，从而给用户以身临其境的感觉。增强现实（Augmented Reality，以下简称"AR"），则是通过计算机实时地改变屏幕上虚拟世界的图像角度，增强用户与产品之间的互动，从而加强用户的体验感。混合现实（Mix Reality，以下简称"MR"），既包含虚拟现实又包含增强现实的技术，通过两种技术的相辅相成，产生一个全新的可视化环境，使用户分不清楚真实世界和虚拟世界。

VR技术更多具备的是沉浸感，其强调的是让用户的五官感觉被计算机技术完全"控制"，在这种控制之下，用户与真实世界不再有联系，而完全沉浸在虚拟世界之中。AR则不同，其更多地强调让虚拟技术服务于真实世界。在AR技术下，用户对于虚拟世界的观感有所加强，但同时依然保持着与真实世界的联系。MR技术作为两者的结合，使用户产生了完全不一样的视觉体验，真正混杂了虚拟与现实。在2017年的虚拟现实开发者大会上，有媒体对行业人士进行调查，大部分行业人士认为，AR和MR未来的市场前景将比VR更大。

近年来，我国金融机构的物理网点增长速度逐渐放缓甚至呈现下滑趋势，这就证明，其拓展客户的方式不再是开设新的物理网点，而是构建便捷高效的互联网交易平台。也正因为如此，一个金融机构交易平台的用户体验成了金融机构用户增长的关键因素。在这种形势的驱动下，VR与AR技术自然找到了其服务的基点。通过VR与AR技术的运用，客户对于平台的体验有所增强，对于平台的忠诚度自然随之提升。除此之外，VR与AR技术还能打破空间上的隔阂，使全球的用户在同一个虚拟环境下体验同样的服务，真正实现全球化。

从现有的发展形势来看，VR 与 AR 技术可以给金融行业带来如下改变。

一是数据的可视化。在互联网技术不断发展的今天，金融领域中数据的重要性不言而喻。通过大数据、云计算等分析工具，海量的数据得以储存和展示。而 VR 与 AR 的应用，可以突破二维空间展示的限制，实现立体式的呈现。用户在虚拟环境中，不仅可以直观地看到数据的可视化效果，还可以与数据进行实时的交互，真正实现"互联"。

二是金融产品交易。无论是证券产品市场还是理财产品市场，产品在销售和推广过程中常常面临空间和体验的束缚。VR 与 AR 技术的优势就在于，不仅可以将数据直观地展示，而且还能让用户在虚拟环境中感受有无该产品所带来的区别。同时，交易平台也可以运用 MR 的技术简单便捷地实现证券的交易，整个过程流畅自然。

三是电子支付。电子支付的出现本身就给传统支付模式带来了颠覆，用户可以通过智能设备进行支付，比原有的非电子支付简单快捷。VR 与 AR 技术则可以给用户提供更多灵活的支付方式、更流畅的支付体验、更安全的支付过程。结合数据可视化，用户通过自身特征对支付请求进行确认，并通过简单的指令完成支付，从而达到流程一体化。

四是培训领域。金融机构的人员上岗之前，往往都要经过一段时间的培训。通过 VR 与 AR 对全国各地各级机构进行培训，极大地节省了成本的同时，保证了培训的标准化和专业化。

随着技术的不断发展与演变，传统的金融服务模式将不断地革新，金融客户更倾向于摆脱空间上的束缚和烦琐的流程，在这种趋势下，VR 与 AR 技术的应用自然会不断地拓宽。尽管 VR 与 AR 拥有广泛的应用前景，我们不得不承认现阶段仍有阻碍其发展的因素。

从技术上来说，头戴式显示设备的技术程度不够，稳定性亟待加强。由于头戴式设备是支撑 VR 技术的基础设施，其使用的方便与否自然决定了 VR 技术能否进行大范围的推广。而目前市场上的头戴设备往往体积较大，穿戴起来不够方便，这也正是影响其推广的关键因素。

从场景上来说，构建虚拟世界需要建模、合成、后期处理等一系列流程，这一过程由计算机自动完成。在现有的条件下无法完成对真实世界的完美还原，尤其是 VR 直播时的场景，仍存在延时。场景的不完善和延时正是 VR 与 AR 技术存在的上升空间，也在一定程度上影响了技术的大范围普及。

从资源成本上来说，虽然构建场景等过程由计算机自动完成，但场景创意、技术投入、硬件设施等方面的构建需要耗费极大的人力资源和资本投入。目前，金融机构要想做到对 VR 与 AR 技术持续、深入的研究，必须拥有强大的资源背景，否则将无法承担后期需要的资本投入。

尽管 VR 与 AR 技术的发展推广仍存在一定的困境，但我们不得不承认，这项技术拥有着广阔的前景。国内外的金融前沿机构也都将目光放在了这一技术的发展上，期待其能在金融领域发挥出更大的作用。相信随着资本的不断投入和技术的不断突破，VR 与 AR 技术能做到普及推广，成为改善金融行业运作模式，提高服务效率的金融科技技术。

第四节　金融科技的发展前景

一、金融科技的发展趋势

（一）大众化

在现代商业金融体系利用下，金融机构受限于服务成本，使其在选择客户时，往往是"嫌贫爱富"的，即偏好选择那些小众的高净值群体，而低收入群体总是排在金融服务选择序列的末端，面临"门槛不够"的困境。目前，随着国内互联网与数字化趋势的加快，移动互联逐渐普及到数量可观的中、低收入阶层。金融科技大幅度降低了金融服务的成本，有助于为大众群体提供多样化的、差异化的金融服务，进而降低了金融服务对象的门槛，使普惠金融成为可能。金融机构服务深入长尾客户群，实现服务对象的差异化、大众化、普惠化将是大势所趋。

（二）体验化

得客者得天下，金融行业供给侧结构性改革的关键在于金融服务的体验，金融机构未来转型的关键应落脚在客户体验上。移动互联和万物互联的普及，以及人工智能技术在金融行业的应用逐渐成熟，为客户体验带来了新的契机。线上服务的差异化、多样化，以及人机交互的体验化是获得客户资源的关键因素。

虚拟现实和增强现实是虚拟世界与现实世界相结合的技术产物。在数字化、信息化的外在冲击下，客户的金融需求也随之向数字化、体验化、个性化趋势转变。通过虚拟与现实的结合，在满足客户对金融服务基本业务需求的同时，VR与AR将最新的数字技术融入市场当中，通过虚拟现实体验为客户提供金融市场信息的同时，还能提供相关的娱乐和社交信息等，增强金融服务产品的市场竞争力，显然，VR与AR为客户带来的独一无二的体验感有助于零售银行产品和服务向体验化转型。

（三）数字化

互联网已经由使用工具演变为人们生活习惯和生活方式的必需品。网上银行、移动支付等成为人们日常经济生活中的重要组成部分。客户金融服务需求的数字化趋势日益明显。为满足广大客户群体的互联网金融服务需求，金融行业的业务场景转移到线上，实现无现金的数字化交易将是金融机构未来的主要发展趋势。

（四）智能化

随着人工智能技术在算法和计算力层面的突破，人工智能、大数据技术在银行等金融领域已展开了一定规模的应用，主要集中在智能投顾、风险控制、智能客服等方面。美国一些银行自2009年就开始利用人工智能与大数据技术提供金融服务。富国银行于2017年2月宣布成立人工智能公司，旨在通过线上客服为客户提供个性化、智能化的金融服务。同年4月，富国银行开始试点基于Facebook Messenger平台（飞书信）的聊天机器人项目。客户通过该平台中的虚拟助手交流，可获得账户信息、密码设置等基本金融服务。国内交通银行2015年推出了智能客服实体机器人"娇娇"，提升了客服的效率，节约了大量的人力成本和时间成本。信而富通过机器与申请人进行互动，为没有信贷数据和征信记录的"爱码族"提供消费信贷服务。招商银行的摩羯智投、腾讯的微众银行等均在布局"人工智能＋金融"。

在整个金融业务流程中，从前台的客户服务，到中台的交易业务，再到后台的风险防控，人工智能技术均参与其中。人工智能技术在金融行业中的应用优势主要体现在提高服务效率、提供差异化的服务、优化风控模型等方面。随着算法和模型的成熟和完善，银行等金融机构的后台功能将会更加简化，提供的金融服务将会更加数字化、智能化。

（五）区块链化

支付区块链化是金融科技在支付行业的重要创新。金融科技对支付的影响主要体现在小额支付工具和跨境支付方面。小额支付工具由最初的现金支付到支票支付、卡基支付、信用卡支付，再到移动支付。截至目前，以手机支付为代表的新型支付已广泛应用于公交、购物、小额贸易、金融证券服务等诸多领域。2017年2月16日，国际商业机器（IBM）和维萨（Visa）宣布开启第一批合作项目，旨在在企业所有的产品线中嵌入数字支付功能。Visa目前在全球支持着60%以上的支付业务，IBM Watson物联网平台拥有超过6 000家客户，并已帮助客户连接到数百万台设备。[①]

另外，金融科技有助于缩短跨境支付流程，提高跨境支付效率。基于区块链技术的跨境支付平台Ripple由分散节点构成的去中介化区块链平台，自动完成清算，从而越过国际资金清算系统、代理行、清算机构等环节，完成点对点交易，显著提高跨境支付效率，节省交易和运营成本。与跨境汇款约7%、在线支付约2%~4%的资金成本相比，未来区块链很可能使资金成本降至1%以下，从而在全球范围内节约支出200亿欧元。[②]

二、金融科技创新应用的发展路径

金融机构如何利用金融科技，成功实现向大众化、体验化、数字化、智能化的方向转型？金融机构需要在内部网络系统和组织架构的同时，与金融科技公司进行外部合作，打造金融与科技互联互通的金融科技生态圈（见图1-4-1）。

[①] 移动支付网.IBM与Visa开展合作 实现一切电子设备的安全支付[EB/OL].（2017-02-17）[2023-03-09]. https://www.mpaypass.com.cn/news/201702/17103857.html.

[②] 冯贺霞，杨望.全球FinTech产业对比研究[J].金融世界，2017（12）：78-81.

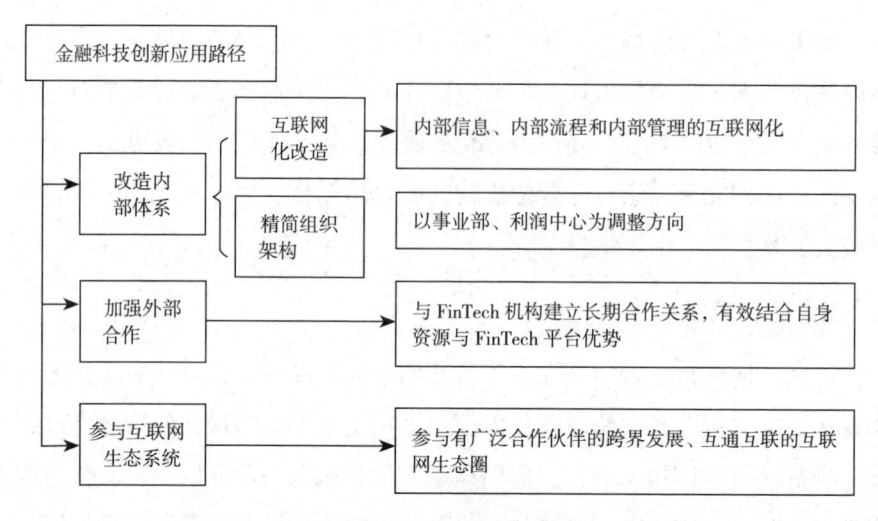

```
金融科技创新应用路径
├── 改造内部体系
│   ├── 互联网化改造 ── 内部信息、内部流程和内部管理的互联网化
│   └── 精简组织架构 ── 以事业部、利润中心为调整方向
├── 加强外部合作 ── 与FinTech机构建立长期合作关系，有效结合自身资源与FinTech平台优势
└── 参与互联网生态系统 ── 参与有广泛合作伙伴的跨界发展、互通互联的互联网生态圈
```

图1-4-1 金融机构转型新路径

第一，金融机构需要对其内部系统进行互联网化改造。银行等金融机构应重视内部信息化基础服务设施的建设，稳步推进银行核心系统改造。通过实现内部信息、内部流程及内部管理的网络化，为其产品和服务的线上销售提供基础设施保障。通过布局线上金融服务入口，为客户提供差异化、数字化、大众化的金融服务，提高客户的满意度。

第二，需要对内调整组织架构体系。区块链、人工智能技术的引入大幅缩减了银行等金融机构的服务流程，提高了服务效率，其中部分业务部门面临"无须存在"的尴尬境地，银行等金融机构面临着必须调整组织结构体系的局面。2016年12月，平安银行为其零售转型进行了较大力度的组织结构调整，一级部门裁掉13个，由调整前的42个减少到30个，而平安银行调整后的主要业务主线是大对公、大零售、大内控、大行政，调整后有大约30%的对公客户经理逐步向零售业务分流。[①]

第三，需要对外与金融科技公司加强合作。随着金融与科技融合趋势的加强，金融业务与科技正变得密不可分，金融与科技的融合趋势正日益明朗。麦肯锡对全球领先的100家银行进行调查后发现，52%的银行与金融科技公司有合作关系，

---

① 第一财经日报.平安银行组织架构大调整 裁撤13个总行部门 强力转型大零售[EB/OL].（2016-12-16）[2023-03-05]. http://poll.myzaker.com/article_poll.php?_appid=iphone&pk=585406611bc8e0645d000001&poll_id=1271&target=web3.

37%的银行在采用风投或私募的形式布局金融科技。2017年上半年，国内四大行纷纷与四大互联网巨头达成战略合作协议，更是拉开了金融机构与科技公司合作的大序幕。随后，民生银行与小米、搜狐展开合作，招商银行、平安银行等加快布局金融科技发展战略。[①] 银行等传统金融机构在资产规模、业务模式、客户资源等方面的积累较为厚实，但在线上营销、大数据风控，以及内部系统数字化改造等方面存在不足，通过与金融科技机构合作能快速弥补短板。

第四，需要积极参与、构建互联网生态系统。金融机构应联合科技公司构建互联网生态圈，完善金融行业的生态，进而推动金融机构转型升级。通过互联网生态圈，将银行等金融机构的产品和服务发展到手机智能网站、PC互联网网站、微信平台、终端智能交互机等线上渠道进行，进而为规模庞大的大众客户、小微企业提供数字化的金融服务，使金融服务真正实现数字化、大众化、普惠化的转型。

金融科技，一端是金融机构丰富的金融资源，另一端是科技公司研发的前沿技术，在全球金融机构与科技公司强强联合的大环境下，金融机构将其业务插上科技的翅膀，科技公司将其研发的前沿技术应用到具体金融业务领域，实现双方共赢是金融科技创新应用的主要路径。

---

① 中国新闻网.银行业数字化转型如何控险 中国国际金融论坛提"解法"[EB/OL].（2018-12-15）[2023-03-05]. https://baijiahao.baidu.com/s?id=1619912432888881553&wfr=spider&for=pc.

第二章　银行业的发展与变革

本章阐述了银行业的发展与变革，主要介绍了四个方面的内容，分别是银行业的发展历程及动因、银行业的商业化变革、银行业的现代化变革、银行业变革过程中遇到的问题。

第一节　银行业的发展历程及动因

一、国内外银行业的发展历程

（一）国外银行业的发展历程

在金融不断开发的环境下，以传统业务为生的国内商业银行的盈利空间越来越小，实现我国现代银行业产业升级、发展全能型银行势在必行。

随着金融行业竞争的不断激烈化、科学技术的快速发展和金融信息化的不断加深，银行、证券和保险行业的业务种类逐渐交叉，且交叉的范围也越来越广泛，混业经营的模式开始出现在各类金融企业和机构中。在金融业分业和混业的问题上，国际金融业大体上可分为两种类型：一种是混业全能型；另一种是分业型。从世界金融制度的发展历史看，绝大部分国家的金融业最初都是一种混业状态，此后逐渐走上了一条"混业经营—分业经营—混业经营"的发展道路。金融分业和混业两种模式各具特色，分业经营能让金融业避免出现安全问题，维持行业的稳定，混业经营则能提高金融行业的业务效率。[①]从产业升级的角度分析，银行业效率的提高可以通过产业结构优化来实现，也就是银行产业升级的路径，这正是我们要研究的问题所在。

[①] 曹小武，杜玉红.金融混业经营模式的国际经验与中国现实选择[J].中州学刊，2008（6）：85-87.

第二章　银行业的发展与变革

纵观市场经济国家中金融行业的发展历程，有两种经营模式占据了主导地位，第一种是"混业—分业—混业"经营模式，这种经营模式在日本和美国的金融业中发展比较好；另一种是综合银行模式，这种模式在德国比较常见。[①] 每个国家在选择经营模式时都考虑到了自身的发展特点以及所处的特殊历史阶段。一直以来，美国的金融制度都因其较为完善、规范和有效的特点被世界各国所认同。可以说美国金融监管制度的变革和发展历程是世界金融行业发展的缩影，并且在一定程度上预示了世界金融行业的发展趋势。而德国的金融制度就相对比较有特点，德国一直坚持全能银行模式，让国内银行保持混业经营，即使在大量国家为了规避风险而让银行选择分业经营的时期也依旧如此。

1. 美国银行业的发展历程

在世界诸多的金融控股型全能银行中，美国银行最为典型。在美国银行经历了曲折的发展历程之后，这一经营模式逐渐形成。[②] 美国银行成立初期采用的是混业经营模式。但是由于20世纪30年代爆发的大危机，金融体系逐渐崩溃，进而经济进入大萧条时期。当时美国的监管机构认为商业银行所开展的具有极高风险的证券业务违背了稳健经营的原则，这种行为导致了股票市场投机行为的大量出现，也是导致银行倒闭、经济大萧条的原因之一。1933年，美国拟定了《格拉斯-斯蒂格尔法案》并迅速开始施行，美国银行也开始实行分业经营，这种情况一直延续了60多年。1999年，时代发展的潮流让美国也作出改变，《金融服务现代化法案》出台。该法案将银行的业务范围进行了大幅度的扩展，金融控股公司也是在这一法案的影响下诞生的。银行和其他金融行业的一系列变化标志着美国金融行业结束分业经营的时代。在这种相对放松的管制下，美国的许多金融机构得以迅速发展，如花旗银行与旅行者集团合并，使自己的总资产一跃升至7 000多亿美元，净收入为500亿美元，营业收入为750亿美元[③]，花旗银行的客户范围也遍及世界100多个国家和地区，客户数量达到1亿。综上所述，花旗银行在世界规模最大的金融控股型全能银行中占据一席之地。

美国现代金融体系的发展历程大致分为三个阶段，每个阶段都有对应实施的

[①] 高晓慧，陈柳钦.俄罗斯金融制度研究 [M].北京：社会科学文献出版社，2005.

[②] 尹亚红.美国全能银行发展对我国银行业的启示 [J].理论探讨，2007（3）：100-102.

[③] 生意人.旅行者集团 [EB/OL].[2023-03-19]. http://31.toocle.com/zk/13710.html.

法律。第一阶段为美国现代银行业发展初期至20世纪30年代大危机。该时期美国实行的是混业经营模式。第二阶段是20世纪30年代大危机后至1999年11月12日。由于经济的大萧条，美国政府于1933年通过《格拉斯-斯蒂格尔法案》，明确规定实行金融分业制度。第三阶段为1999年11月12日至今。自1933年，由于长期实行严格的分业经营，美国现代银行业难以得到有力发展，尤其是随着世界范围内德国、日本等国家的全能银行在国际业务中快速崛起，美国国内要求全面修订分业经营金融体制的呼声日益强烈。1999年11月12日，由克林顿总统签署的美国《金融服务现代化法案》生效，美国的金融体系也正式开始向着全能化发展。

根据新的法案，金融控股公司能够以子公司的形式开展证券、银行和保险等所有的金融业务。这部法案颠覆了原本的金融法律，让美国金融行业的发展方向得到了明确。当时，各界人士都在期待新法案的颁布，美国总统克林顿也认为这一法案能够为美国金融业发展开启新的局面。《金融服务现代化法案》不仅让银行的经营范围得以扩大，而且创造性地提出了金融控股公司这一法律概念。金融控股公司指的是主导行业为金融行业的控股型公司，是对"银行控股公司"这一概念的拓展与延伸。[①]

从美国现行的金融法律来看，银行控股公司拥有收购证券、保险等非银行体系的子公司的资格，但是在对不同业务类型的公司的监管上依然采取分业监管模式。商业银行业务由美国联邦储备委员会进行监管，证券业务则由证监会进行监管。这种监管制度采用了二级法人制度，也就是说各个子公司完全独立于金融控股公司之外，是独立的法人。而金融控股公司对子公司的责任只限于对子公司投入的资本，是有限责任制。这也就充分发挥出了子公司的经营自主权，不至于让银行内部的决策势力对子公司的经营产生过大的影响，同时也利于分散整体的经营风险。

根据对美国银行业发展历程的相应分析，结合银行业产业升级的特点，笔者认为在20世纪30年代前以及20世纪30年代大危机后至1999年11月12日这两个时期，美国银行业的产业升级方式为产品升级、服务升级；在1999年11月12日至今这个时期，美国的银行产业升级方式为以形成金融控股公司为特点的全

[①] 尹亚红.美国全能银行发展对我国银行业的启示[J].理论探讨，2007（3）：100-102.

面升级。由此可得出，美国的银行产业升级路径为从单纯的产品升级、服务升级过渡到以形成金融控股公司为特点的全面升级。

2. 德国银行业的发展历程

进入20世纪60年代，德国经济迅速从"二战"的破坏中走出来，得到了迅速的发展，德国也成了欧洲最大的经济强国，位列世界第三。经济学家也惊叹于德国的崛起，将其称为"经济奇迹"。德国之所以能让经济迅猛发展，是因为其所实行的独特的全能银行型金融制度。当今世界，银行采用混业经营模式成了金融行业发展的一大趋势。而德国银行则是这一经营模式下最成功的案例之一。德国全能银行型金融制度有很多利于其发展的特点，如充分多元化的业务领域、以股权投资为引线所形成的业务网络、集团外部相互持股的深入发展以及全能银行成为证券市场的主体等。德国全能银行的主要优势可以总结为以下几点：成本优势、经济范围优势、抗风险优势、网络优势、资金优势。[①]

德国全能银行的经营范围也很广泛，除了传统的存款、贷款和担保，还有资产管理、风险资本、证券承销、企业咨询、个人理财与寿险等业务，几乎涵盖所有的金融服务[②]。

德国商业银行可以划分成两个主要组成部分，专业银行和综合银行。专业银行所从事的业务比较单一，如存款、贷款或证券等。而综合银行则有多种业务同时开设。无论是业务范围还是本身的经营规模，专业银行都不如综合银行广泛。全能银行也是综合银行的一种，德国大部分的银行体系都是全能银行。理论上讲，德国的全能银行能够从事所有的金融活动，业务范围十分广泛，其业务领域也涵盖很多类型，如传统的存款、汇款等业务，投资银行的债券和股票等相关业务和外汇、融资、贵金属交易等业务，甚至于保险、抵押、证券经纪等资产类业务和电子金融业务等。由此可见，全能银行可以从事的业务已经涵盖整个金融领域内的所有业务。德国证券市场的主体也是全能银行，全能银行不仅可以为客户提供全套证券服务，而且是证券一级市场的重要买家。在二级市场上，全能银行还可以开展证券买卖代理和自营业务。

根据对德国银行业发展历程的相应分析，结合银行业产业升级的特点，笔者

[①] 戴群中. 德国全能银行制度及其对我国的启示 [J]. 税务与经济，2007（2）：29-33.

[②] 王琪琼，王璐玲. 20世纪90年代以来德国银行业的变革 [J]. 国际金融研究，2001（5）：38-41.

认为德国银行产业的升级方式一直是全面升级，所以德国的银行产业升级路径是以产品升级和服务升级为主的全面升级。

3. 日本银行业的发展历程

日本的银行发展史是聚合与兼并的历史。然而，战前小规模银行兼并和集约化的过程与战后以都市银行为中心的大型化兼并过程截然不同。尤其是20世纪90年代后期启动的超巨型银行大兼并形成的三大金融集团鼎立的新格局打破了日本金融界的力量对比。[①] 日本主要实行主办银行制度，该制度成熟于20世纪50年代的经济高速增长时期，对战后日本经济的高速增长起到了有力的推动作用，日本逐步建立起了一个以银行为中心的巨大企业集团，如三菱集团、第一劝业银行集团等。银企之间密切的商务往来和合作关系在一定程度上增强了日本企业在国际市场上的竞争力，两者"一荣俱荣、一损俱损"的关系构成战后日本独具特色的银企关系。在银企关系中，日本主银行制度包括三个方面内容：第一，银行和企业订立关系型契约，企业选定一家银行作为其业务往来银行，在其中开立账户，并主要从这家银行进行存贷款业务；第二，银行之间形成特殊关系，若干家以同一银行为主银行的企业，常常以该银行形成企业集团，方便协调融资；第三，银行持有企业股份，这一点在德国全能银行中也有体现，银行派专员参与企业的财务管理，主办银行有责任帮助企业走出困境。

根据对日本银行业发展历程的相应分析，结合银行业产业升级的特点，笔者认为，20世纪50年代日本银行业的产业升级方式为以跨行业合作为特点的全面升级；20世纪90年代日本银行业的产业升级方式为以横向并购为特点的全面升级。由此得出，日本的银行产业升级路径为从以跨行业合作为特点的全面升级到以横向并购为特点的全面升级。

（二）中国银行业的发展历程

20世纪80年代初期，我国银行行业不再是中国人民银行一家独大，中国建设银行、中国工商银行和中国农业银行发展壮大，并与中国人民银行共同构成我国的专业银行体系，这也是我国商业银行体系的雏形。20世纪80年代中后期，由于经济体制的改革以及国民经济飞速发展，银行和金融两个行业领域已不能满足社会经济发展的需求，专业银行的弊端也逐渐显露出来。大约在1994年，"专

---

① 戴晓芙. 大兼并与日本银行业的竞争新格局 [J]. 现代日本经济，2008（1）：19-23.

业银行"一词从中国银行业中消失，中国银行体系中的四大行开始进行国有独资银行的改造。

1987年，经由国家重组之后的交通银行重新开始营业，随后，招商银行诞生，一批新的商业银行也陆续成立，到目前为止，我国先后成立了10家新型全国性商业银行，除交通银行、招商银行外，还有中信实业银行、中国光大银行、中国民生银行、华夏银行、深圳发展银行、福建兴业银行、广东发展银行以及上海浦东发展银行。中国投资银行因已经被合并，所以未算在列。新型商业银行的成立让我国商业银行体系逐步趋于完善，体系内容也逐渐丰富。

1993年起，我国政策性银行开始发展，成立了中国农业发展银行、国家开发银行和中国进出口银行，政策性银行的出现让金融体系的商业性金融和政策性金融职能分离，也为四大专业银行的商业化发展扫除了障碍。此时亚洲金融危机正盛，对此我国的银行业实行了十分严格的分业监管制度。1995年我国颁布了《中华人民共和国商业银行法》(以下简称《商业银行法》)，其中对商业银行的业务范围作了明确规定，我国商业银行在境内不得从事股票、信托投资等业务。由此，金融行业严格的分业制度被确立下来。之后，我国相继颁布了《中华人民共和国证券法》和《中华人民共和国保险法》。以上提及的三部法律共同构成金融分业制度的法律基础。地方银行也在此基础上开始兴办，全国各大型和中型城市组建了近百家地方性商业银行。这一过程大致可以分类两方面。

一方面，自1995年起，我国陆续将大量的分散于城市各处的信用社进行了改组，并将其合并为城市合作银行，1997年之后，城市合作银行更名为"XX市商业银行"。这类商业银行的一部分股权由其所在地政府通过财政渠道掌控。这也是地方政府控制这类银行的一种方式。在此期间我国还有两家住房储蓄银行，即蚌埠住房储蓄银行和烟台住房储蓄银行，以及4 500家城乡信用社。另一方面，我国的商业银行在此期间受政策引导发展十分迅速。1991年，深圳发展银行上市后，我国对银行上市行为的监管一直十分严格，但是随着市场经济的不断发展，国家政策也随之解冻，1999年上市的上海浦东银行成了我国政策改革之后成功上市的第一家商业银行。至2007年末，我国绝大部分的国有商业银行以及股份制银行都已经成功上市。这一年，我国银行业还发生了一件大事，即首批外资法人银行成立，如汇丰银行、渣打银行等。

通过以上叙述分析可知，我国银行业在这数十年间经历了剧烈的改革与长足发展，形成健康的银行组织体系。我国在建立的中央银行制度的基础上，通过"存量改革"和"增量导入"两个方法改变了原来"大一统"的银行组织体系，让中国银行也逐渐走上竞争化、多元化、开放化的道路，健全了银行的功能。中国银行业从此建立起了以中国人民银行为央行，以国有商业银行为主体，以股份制商业银行为生长点，以中资商业银行与外资商业银行和谐共存、共同发展的统一有序的银行组织体，实现了银行行业的开放与有序竞争。在我国的金融体制改革进程中，银行体系的改革一直是核心工作，也是中国经济改革工作的重要组成。经历三十多年的改革道路之后，中国银行业得到了有效的发展，也逐渐形成功能健全、完善的多元化银行体系。

二、中国银行业发展的内外动因

（一）中国银行业发展的外在动因

1. 外资银行的进入

随着我国加入WTO和经济全球化进程的加快，外资银行进入我国的条件逐渐放宽。自2006年12月《中华人民共和国外资银行管理条例》颁布，外资银行在我国实现了零售银行业务，这一政策使得更多的外资银行进入我国金融市场。外资银行的进入，一方面给我国商业银行带来了发展机遇；另一方面也带来了一定的挑战。如何抓住外资并更好地利用外资，迎接挑战，让我国银行业维持健康发展的态势，是我国金融领域急需研究的重大问题。

（1）外资银行进入的特点

从外资银行进入我国的发展历程来看，外资银行在我国的发展具有以下五个方面的特点。一是外资银行采取全局的观点，制订了长远的规划，从而提高了外资在中国市场上的竞争力。二是根据有关部门的调查分析发现，外资银行在我国的设置地点和业务领域普遍比较集中，外资银行主要集中在我国沿海地区。三是外资银行在进入我国金融市场过程中涉及多个经济组织。四是中间业务是外资银行的主要利润来源，传统业务的比例相对较小。五是外资银行在经营过程中充分贯彻了以人为本的理念。

（2）外资银行进入的影响

纵观世界经济发展史，利用外资对发展中国家而言十分重要。绝大部分发达国家，在经济发展初期均有过依靠外国资本的流入推动国内经济持续增长的历史。战后特别是 20 世纪 60 年代以来，许多发展中国家不同程度地利用外资来发展经济，实现了经济的高速增长[1]。但需要注意的是，通过引进外资来发展一个部门依旧是一把"双刃剑"，即在引进竞争的同时也不同程度地挤压了本国该部门的盈利空间。

首先，外资银行进入发展中国家在短期内产生的不利影响就是挤占了本国的利润空间。外资银行给东道国带来了新的业务，从而刺激本国的银行开始发展类似业务，间接让本国银行的金融水平得到整体的提升。其次，外资银行也会让东道国银行的管理理念得到改革，提高其资产质量。这些溢出效应虽然从长期看能够提高本土银行的业务效率，降低其营业成本，但是在短期内在一定程度上降低了银行的利润。与此同时，外资银行的进入能够让东道国的人力资本质量得到提升。在短期内，由于银行需要对员工进行培训以及高薪聘请能力素质较高的雇员，因此本土银行的人力资本可能会有一定程度的增长。外资银行进入本国虽然从长远看能产生正向的外部溢出，但是短期内却必然会导致本土银行各方面成本的增加，压缩其利润，进而对本土金融环境造成一些明显的不利影响。从理论角度分析，外资银行的进入能够让处于发展阶段的市场经济体的金融行业向着好的方向发展，如通过竞争可以提升整体效率，促进政府建立健全相关法律。但是，对于这些积极影响的实证研究并不能每次都可以获得准确结论。

此外，银行业开放对新兴市场经济体金融稳定的影响同样难以一概而论。外资银行的进入至少对东道国金融部门的稳定造成三方面的冲击。第一，外资银行的进入可能导致银行优质客户转向外资银行，从而降低了本土银行的客户的质量，进而导致本土银行的信贷质量下降，不良资产量增加，本土银行将面临更大的风险。第二，外资银行的进入会导致银行特许权价值的下降。银行特许权价值指的是银行以未来的预期利润进行贴现所能获得的价值。一般而言国家银行业准入门槛越高、限制越多，银行的垄断利润就越高，相应的银行特许权价值就会越大。

---

[1] 郑明纵. 国际资本流入与发展中国家的经济增长 [J]. 福建师范大学学报（哲学社会科学版），2000（4）：6-11.

显然外资银行的进入会导致银行特许权价值的降低，从而导致银行利润降低。这样一来，银行的风险承担和抵抗能力就会下降，以往高比率不良贷款的情况也不能再继续维持，进而导致银行体系面临更大的不稳定风险。第三，在以上两点因素的影响下，国内银行为了更好地生存与发展，可能会进行一些风险较大的信贷业务，这就会进一步加大银行系统的风险性与不稳定性，让银行体系更加脆弱。实际上，外资银行的进入对东道国产生的不良影响大多取决于东道国的金融监管体系与机制是否完善。金融监管制度的健全与金融政策的完备能在很大程度上降低外资银行进入对本国金融体系的负面影响。因此，为了更好地迎接外资银行进入，我国必须要升级现代银行产业。

2. 全能银行的发展趋势

全能银行起源于德国，是一种银行类型。早在2006年，梁文宾等人就对国外全能银行与我国商业银行的绩效进行了比较。他们按照标杆管理的原理，研究选取了当年全球范围内排在前5位的全能银行（花旗集团、美洲银行、汇丰控股、摩根大通、法国农业信贷集团）。研究表明，发达国家全能银行的资本回报率、资产回报率分别是我国四大国有银行的5倍、6.5倍，这说明我国银行的盈利能力与国际先进水平相比尚有不小的差距。同样，国外5家全能银行的资本充足率也远远超过了国际标准，而我国国有商业银行与最低要求相比仍有一定差距。[①]由此可见，发展全能银行，无论是从金融环境要求来看，还是从商业银行自身发展规律来看，将全能银行的发展定义为我国商业银行产业升级的目标是最佳选择。

实际上，全能银行的业务十分广泛，除了传统的银行体系业务，还包括证券、金融衍生业务、保险业务以及其他的新型金融业务，甚至有的银行还持有一些非金融企业的股权。从广义上来讲，全能银行就是商业银行、非金融企业股、保险公司、投资银行的综合体。全能银行可以定义为有资格从事全部金融业务的银行。全能银行的首要意义是金融中介，其次是能够从事多种金融业务的金融混合体，最后才是混业经营。[②]全能银行也可以叫金融控股公司，即主导行业是金融业务的控股公司。尹亚红认为，全能银行的优点主要有以下两个方面[③]。

---

① 梁文宾. 竞争合作关系下的中国私人银行业务发展 [J]. 新金融, 2007（12）: 49-52.
② 叶辅靖. 全能银行所涉及的几个理论问题 [J]. 国际金融研究, 1999（10）: 16-22.
③ 尹亚红. 美国全能银行发展对我国银行业的启示 [J]. 理论探讨, 2007（3）: 100-102.

（1）集约经营，资源共享

"集约经营，资源共享"能够让银行提高对资金的经营和利用水平，让金融机构可以全面利用不同子公司的优势，促进资金的横向流动，从而能够更合理地安排和利用资源。金融控股公司旗下有很多不同类型的金融中介机构，如商业银行、证券公司等，因此金融控股公司可以将不同子公司的信息、技术和资源等集中起来运用，并通过网络等途径实现资源的内部共享，促进金融机构业务的发展。

（2）筹措资金，分散风险

"筹措资金，分散风险"有利于金融机构提高自身的资金实力，扩大资本总量，将资本的多重财务杠杆作用充分发挥出来。这一优势的主要表现为，金融控股公司拥有庞大的资产规模以及较好的市场信誉，在资金筹集方面的优势较大。同时，金融控股公司的业务类型较多，这有利于其通过不同的渠道获取低成本的资金，如通过公司上市的方式筹措资金，或者以发行债券和商业票据的手段筹集资金。通常金融控股公司都是纯粹的控股公司，也就是母公司仅负责对子公司的战略控制，而并无实际上的业务。因此，母公司可以将自己的外部负债全部用于投资子公司，从而充分发挥外部资本的财务杠杆作用。这种经营方式能够让金融机构扩大自己的业务范围与规模，从而提高自身的竞争能力。金融控股公司旗下一般有很多不同类型的子公司，业务覆盖面十分广泛，经营方面有十分明显的多元化特征。这一特征对于金融控股公司的资金实力的增强和业务运营能力的提升而言十分有利，同时也能增强金融机构抵抗风险的能力。金融控股公司旗下的各个子公司所从事的业务种类不同，且有较强的独立性，这就相当于母公司将金融风险分散到了不同的子公司。此外，金融控股公司成立时也会建立"防火墙"以隔离经营风险，防止风险转移——严格控制子公司的金融业务范围，或者严格界定其业务身份。金融控股公司的子公司一般都是独立的法人，其管理与会计管理都是自成体系的。"防火墙"的建立能够保证子公司的破产倒闭不会危及公司整体，保障金融控股公司的业务经营的安全。

3. 金融危机的影响

从世界经济发展的历程来看，金融的稳步发展为经济的整体发展提供了重要的动力。不论是过去、现在还是未来，银行行业都会是金融业的主要构成部分，是国家金融行业健康、稳健发展的重要影响因素。然而自从20世纪80年代美国储蓄贷款协会产生危机，国际银行业也受其影响而处于长期的动荡状态中。尤其是2007年8月，次贷危机全面爆发，迅速席卷全球各个国家之后，现代银行的传统业务的脆弱性也完全凸显了出来。在金融自由化、国际化的现代金融发展趋势下，传统银行业务的抗风险能力十分低下。

金融危机的爆发对美国经济的负面影响相对较大。根据美国联邦存款保险公司公布的数据可知，2009年美国的问题银行多达702家，超过美国当年6 840家商业银行总数的10%；当年破产倒闭的银行达到140家，而1998—2007年的10年间美国破产倒闭的银行总数也只有68家，仅2009年一年破产倒闭的银行数量就比前10年破产倒闭的银行总数的2倍还多（表2-1-1）。由于金融监管存在问题，美国政府为拯救受金融危机冲击的经济已经花费了7 800亿美元，这个代价是高昂的，其深刻教训值得各国金融监管部门引以为鉴。

表2-1-1　2004—2009年美国银行机构数量的变化情况（单位：家）[①]

类别	2004年	2005年	2006年	2007年	2008年	2009年
银行	7 631	7 526	7 401	7 284	7 087	6 840
新增银行	122	166	178	164	89	25
并购银行	261	269	305	282	260	152
问题银行	80	52	50	76	252	702
破产倒闭银行	4	0	0	3	25	140
政府救助银行	0	0	0	0	5	8

（1）美国金融危机的特点分析

从产品角度分析，2008年在美国爆发的金融危机根源在于"次级信贷"。但是金融衍生品的存在却放大了这一风险，次贷危机也进一步发展成信用危机。从主体角度分析，"次级贷款"的发放主体是放贷公司和商业银行，但是最终承受最大损失的却是投资银行。金融危机前美国的"次级贷款"60%来自放贷公司，40%来自商业银行。而这些"次级贷款"经过不同金融机构的细化、打包和证券化，形成更加庞大的市场。

（2）美国金融危机爆发的原因

陈四清认为，美国这次波及了全球的金融危机，其产生的表面原理可以归结

[①] FDIC.Statistics at a Glance[EB/OL].[2023-03-18].http://www.fdic.gov/SDI/main4.asp.

为六点[①]：第一，贷款机构没有严格遵守信贷原则，导致次贷质量无法保证；第二，投资银行过度提高资金杠杆率，以至在收益提升的同时风险也大幅度上升；第三，部分商业银行的风险管理不够健全，无法减缓危机，不能有效分析和辨别新业务产生的新风险，在结构化金融产品的风险识别和计算方面能力不足，在应对风险压力状态的测试方面有所欠缺，相应的预案也不够科学，在一定程度上忽视了对表外风险的管理工作；第四，金融市场，尤其是金融衍生品市场本身发展不够完善，这就导致各金融机构对衍生品的估值没有更准确的办法，而是过度依赖模型假设，因此对于衍生品的定价往往会因为系统性风险而产生不确定性；第五，外部评级机构对于证券化金融工具的评级往往依赖历史数据，对其的压力测试不足，评级工作主动性不足，相关信息掌握也不够充分，这就导致外部评级机构的评级失去了应有的揭示基础资产风险的作用，从而使投资者的投资行为失去审慎性；第六，政府监管不到位，美国政府对于不同业务的监管标准不一致，部分监管领域处于空白状态，同时，美国没有任何机构能够对金融市场的整体风险状况进行监控和预警，这就导致美国决策层无法对金融风险作出及时的应对，让金融危机进一步扩大。

（3）金融危机对我国商业银行的挑战

金融危机使全球经济陷入衰退。在发达国家银行体系和实体经济进入调整期的同时，中国商业银行面临重大的历史发展机遇。如何抓住历史机遇，强化自身核心竞争能力，是摆在中国商业银行面前的重大课题。2008年爆发的金融危机已经展现出了新兴经济市场发展的巨大潜力，在世界经济整体出现衰退现象时，以中国为代表的一些发展中国家经济仍然处于迅速上升的状态中。可以说，金融危机下国外实体经济衰退，使中国银行"走出去"进程加快，为中国商业银行国际化创造了更好的条件。

同时，自全球金融危机爆发，发达国家的许多金融机构都受到极大冲击，产生了一定的亏损，业务范围也因此收缩。这就为我国的商业银行走出国门、发展海外业务、提高整体实力提供了环境与机遇。具体可以从以下三个角度阐述。第一，我国商业银行进入其他国家的壁垒降低。为了尽快摆脱金融困境，许多国家

---

① 陈四清. 美国金融危机的深层次原因分析及对中国银行业的启示——兼论金融危机与新资本协议的关系 [J]. 国际金融研究，2008（12）：26-33.

降低了国外资本进入的门槛。第二,进入成本降低。金融危机导致欧美大量金融类股票价格大幅度下跌,股票的市场估值处于低位状态。第三,此时进入能够迅速获取紧缺资源。欧美金融机构拥有大量的优质银行资产,如高新技术、能源资源类的优质客户的贷款,在金融危机的影响下,我国银行进入能够快速获取这类优质资源。综上所述,我国要保持审慎的投资态度,认真研究金融危机与现在的金融市场,把握机遇,对外扩展。陈四清认为,业务规模较大的银行此时应当在巩固规模优势的基础上对业务结构进行调整,既要对业务总体结构的各方面,如资产业务、中间业务等进行调整,又要优化各个业务的内部结构[①]。对于那些目前以过大规模为主要发展方向的银行而言,调整结构也是发展过程中不能忽视的工作。在新客户的选择问题上,银行既要考虑到现有的客户结构、地区结构和行业结构,又要综合分析业务内部的要素,如品种结构、利率和期限等。此外还需要注意以下问题,一是业务线条要向着多元化的方向发展,尤其是保险、年金、投行等业务,都要与传统银行业务配合,协调发展,相互促进;二是要注意规模扩大与结构调整之间的协调统一。因此,积极推动商业银行产业升级,发展全能银行,更有利于巩固和提升我国商业银行在世界金融市场中的地位。

4. 互联网金融对银行业的冲击

目前,我国创新型金融业务蓬勃发展,支付宝、网上银行、云金融等新兴金融业务不断发展,吸引到的客户也逐渐增加,互联网金融的探索在我国逐渐兴起。互联网金融的发展对大众的生活习惯产生了重大影响,也让我国金融业开始步入数据化、网络化、信息化的时代。互联网金融有很多优点,如操作便捷、支付方便迅速等,这使其相较于传统金融模式而言有了很大优势,也使得金融行业内部的竞争更加激烈,传统金融模式也不得不对此思考应对策略与方式。在2015年3月召开的全国人大会议上,李克强总理在政府工作报告中多次提到互联网金融,并明确提到"互联网金融异军突起"和"促进互联网金融健康发展"。虽然互联网金融自身的体量仍然非常小,几百亿元甚至几千亿元的规模不足以对经济产生全局影响,但其真正的独特意义在于促进金融体系改革,让整个金融体系为实体经济服务。

---

① 陈四清. 全球金融危机下中国商业银行竞争策略的若干选择[J]. 国际金融研究,2009(6):4—11.

（1）互联网金融的特征

互联网金融的主要特征可以从以下三个方面进行概括。第一，需要较高的技术水平。互联网金融建立在计算机技术和网络技术的支持以及大数据和云服务的支撑之上，其交易过程涉及许多需要强大技术支撑的环节，如数据收集、分析与处理，在线支付全程的电子化等。第二，资源配置不再依赖中介。互联网金融的出现加速了金融脱离媒介的进程，让资金能够不再经由商业银行体系来配置，实现了资金与需求者和融资者的直接对接。第三，受众数量多。互联网金融模式让金融业务去中介化，消除了垄断所抽取的利润以及交易双方间的信息不对称，让金融交易零成本。技术的应用使得交易双方几乎不再受时间和空间的限制，因此更多的人能够参与其中。

（2）互联网金融对传统银行业的影响

互联网金融的出现让互联网信贷的规模迅速扩大。2013年起，第三方支付的出现与成熟为新兴行业业务的拓展提供了强大的助力。支付宝与天弘基金合作推出的余额宝更是短短几天就吸引了大量客户，销售额达到几十亿元之高。一时间业界为之震撼。2011年，P2P贷款平台出现，随后迅速兴起，目前已经有上百家相似平台出现，并不断发展壮大。在P2P贷款平台上，整个借贷过程中的资料收集、合同签订、手续办理和资金流转都是通过网络渠道实现的，这就为金融行业的发展提供了新的发展方向。现今，许多互联网金融企业已经不满足于第三方网络支付业务，他们通过信息与数据的积累以及技术的增强创新逐渐进入融资领域，未来极有可能对传统银行的核心业务造成冲击，与银行间产生激烈的竞争，甚至替代银行的物理渠道，对银行传统经营模式与盈利方式产生颠覆性的影响。

（二）中国银行业发展的内在动因

如今，受内外部因素的影响，银行业出现了一些问题，如买入多重风险叠加、竞争力不足、严格的资本约束等。因此，银行业要认清自己所面临的发展问题，对转型发展的必要性形成清晰的认知，努力顺应社会金融形势的转变，主动寻求转型的出路，找到一条能够实现"低资本消耗、高经营效益"的发展之路。

1. 资本约束压力

从国际形势来看，世界经济复苏的进程十分缓慢，世界范围内的金融危机仍在深层次影响着世界各国,部分国家的主权债务危机仍然难以得到解决。作为世界主要发达经济体的部分欧美国家失业率一直居高不下,且缺少增长的动力,而新兴经济体也面临着通货膨胀的影响以及经济增速减慢所造成的压力。欧债危机尚未出现根本性的转机,主要货币的汇率依然在不断剧烈波动,大宗商品的价格持续大幅度震荡,国际评级机构也在逐渐下调一些边缘国家的信用评级。而国内也面临着源源不断的新经济问题。

2. 风险叠加压力

中国商业银行面临着许多经营风险。首先是信用风险的增加。由于我国目前经济增长相对比较缓慢,银行信贷业务也受其影响,增加了许多风险,银行所面临的风险隐患以及不确定因素也在不断增加。例如,国家对房地产行业的宏观调控政策一直没有放松,房地产行业也在逐渐回归理性,在这一过程中,银行面临着需要对房地产相关行业的风险进行防控的压力;部分行业产能过剩的问题越来越凸显,企业亏损面逐渐扩大,部分小微企业难以维持经营;企业"走出去"以及外向型企业的投资和出口面临着越来越大的外部阻力;政治风险和法律风险逐渐增加。其次是内控案防形势越来越不容乐观。由于商业银行的外部经济环境十分复杂,再加上不稳定因素比较多,银行的内控管理以及案防也越来越难以有效进行。最后是外部声誉风险的防控压力逐渐增大,目前社会和媒体对各大银行的关注度越来越高,银行的政策调整很容易就会引起媒体和社会的强烈反应。一些比较严重的负面舆情也会随着各种媒体的发声而迅速传播,从而引发银行声誉风险的提升,甚至产生区域性、系统性的风险。

3. 实现规模经济

银行业具有很强的规模经济效应。产生这一特征的原因在于银行的产品或服务的独特性以及银行业的技术变革。相对于一般生产企业而言,银行经营的对象,即货币,具有同质性特点。银行的产品在各个方面没有太大的差异,因此银行的服务对象,或者说客户是特定的。因为货币产品是同质性的,所以市场需求很大,这为银行扩大规模创造了机会。当下我国的存款准备金制度让商业银行的经营方式带有特殊的存款派生效应,这意味着一家银行的规模越大,其衍生出的各层次的派生存款就更有可能留在该银行系统内部,进而展现出规模经济效益,而分支行制度更是促进了这一现象的产生。由于银行业具备规模经济的特点,因此可以通过兼并的途径，得到降低运营成本、节省开支的效果。这是由以下七个因素所引起的。

第一，银行经营通常需要大量投资在先进的技术装备和基础设施上。在一段时间内，这种固定成本比较稳定，并且随着可变成本的增加，单位成本的平均成本会逐渐降低。第二，随着银行规模的扩大，更细分的专业化分工会随之出现，这将有助于提高效率。第三，合并业务相近的银行通常会减少分支机构和员工数量，从而产生优化银行组织架构、降低人力成本和各类管理成本的作用。第四，如今，传统银行业务逐渐萎缩，表外业务特别是金融衍生工具交易量大幅度增长。这使得扩大业务规模的边际成本几乎可以忽略不计。第五，大型银行的商誉、管理和营销技巧等无形资产的边际开发成本几乎为零，且供给弹性无限大。大型银行可以充分发挥这些资产的开发优势，在全球范围内扩张，并理性运作散布在各地的分支机构。在这种发展趋势下，大型银行的无形资产已经逐渐成为银行收购行为中不可忽视的支付方式。第六，商业银行拥有丰富的金融人才、资本设备和信息资源，拓展经营范围可以有效分摊成本，提高银行的经济效益。第七，现代公司组织结构制度已经产生了很大的革新，规模庞大的公司的管理已经与传统的集权决策内部管理机制有所不同，决策层往往通过设立具有一定的独立经营自主权的事业部或者分支机构的形式进行管理，其利润通常要单独核算。这种管理改革方式的出现让管理效率得到了一定的提升，并且也扩大了公司的规模边界。当然，当银行达到特定规模后，也可能产生规模不经济的问题。这种问题通常表现为资产质量下降、盈利能力减弱、效率低下和资本结构不足。

4. 增强竞争力的要求

传统的银行是涉及产品研发、包装和销售的企业，并通过其内部的分销系统实现产品交叉出售。银行的业务环节涉及从前台到后台的全方位的处理。随着新金融时代的兴起，银行必须重新思考其工作重心。在银行业务系统中，有两个与顾客存在一定距离，也与外部之间存在一定缓冲的环节，也就是顾客无法看到的那部分工作，这些被称为后台，而银行员工与顾客高度接触的工作环节也有两个，被称为前台。通常情况下，银行的优势不在于后台，而是在于前台。事实上，从技术层面分析，任何金融机构都有能力提供贷款和支票服务，因此银行的核心优势在于与客户直接接触的一线工作。银行并购后，可以充分利用共享后台系统的优势，释放资源，专注于保持与客户的关系以及服务提升，拓展分销的渠道，并培训和保留拥有卓越分销技能的员工，让银行将注意力集中在核心能力的发展和提高上。此外，通过并购将外部资源与自身的知识和资源相结合，可以有效地培育和提高银行的核心能力。

这些都需要我国商业银行通过全能化经营来实现，全能化经营可以使我国商业银行提高竞争力。由于目前全球金融业的发展趋势是混业经营，我国商业银行只有通过增强自身的实力才能在同业竞争中获胜。为此，商业银行必须在以下三个方面下功夫：一是不断增强资本实力，只有资本实力雄厚才能不被游资冲击；二是及时、主动地抢占先机，市场的占领总是有先后的，后进入者总是要被动接受先进入者业已制定的对自己有利的交易规则；三是集聚大量优秀人才，市场的竞争归根到底是人才的竞争，只有拥有大批掌握现代高科技和金融工程开发、建设及管理的人才，才可能保证银行自身在竞争中长久发展，立于不败之地。

第二节　银行业的商业化变革

通过改革，中国已初步形成一个适应社会主义市场经济发展需要的以中央银行为领导、政策性银行和商业性银行相分离、以四大国有商业银行为主体、多种银行机构并存的庞大银行业体系，在支持推动我国整体经济和社会发展方面起到了一定的作用。但由于计划经济长期遗留下来的陈旧观念和沉重的历史包袱，加上社会主义市场经济建设初期的制度缺陷，中国银行业改革的任务依旧十分复杂繁重。

直至2002年第二次全国金融会议的召开，1995—2002年可称为我国银行业改革发展的深化阶段，是商业化改革卓有成效全面推进的时期。正如前文分析，中国的金融业改革比企业改革滞后了十几年，此时金融体系需要寻求和确定自己的改革目标，这一阶段我们明确了银行也是企业，需要全面的商业化改革，同样要做到产权清晰、权责明确、政企分开、管理科学，要真正把银行建立在商业化运营的基础上，建立一套完整的体系和流程并长期维持、持续强化。接下来，我们将着重考察这一阶段我国银行业改革的发展与变迁，并以具有重大历史意义的改革举措和金融事件为线索，分析银行业改革的进程。重点探讨国有银行商业化改革目标的确立，政府、企业与银行关系的重建，以及在我国政府的不断推进下，国有银行的商业化改革所进行的转变经营机制、健全管理制度、变更业务范围、调整营业网点等一系列改革措施。我国历史性地建立了四家资产管理公司，对国有银行长期积累的不良资产进行处理，积极化解银行体系的风险，为后期国有商业银行在管理体制、产权模式和组织形式等方面的全面改革及成功上市打下了坚实的基础。

一、中国银行业多层次体系的深化与发展

随着我国改革开放和金融体制改革的不断深入，中国逐渐摆脱了单纯计划经济体制的束缚，以公有制经济为主体、多种经济成分共同发展的新型所有制格局开始初步形成。尽管当时我国的商业银行特别是国有商业银行还存在着转轨时期和发展中国家金融的一些特点，如经营机制还不灵活、经营效率仍有待提高，但市场机制在资源配置过程中的作用已显著增大，并且拓展到了城市和农村生产生活的众多环节，银行业在我国经济发展中扮演了非常重要的角色。就在这个特殊阶段，我国于2001年底正式加入了WTO，短暂保护期后几乎整个金融市场将向全世界打开，我国商业银行将面对窥视我国市场已久的各类竞争者，中国银行业的发展格局正沿着多样化、多层次方向深化发展。

在这一时期，我国金融体制改革取得了重大成果。最主要的成果就是中国人民银行被确立为央行，国有银行逐渐向着商业银行的方向改造，并取得了重大进展，同时确立了"分业经营，分业监管"的市场化金融体制基础。1994年，中央决定对金融体制进行改革，并强调要真正确立人民银行的中央银行地位，同时将原属于国有银行的政策性业务分离出来，让国有银行逐渐改革成商业银行。为此，国家还成立了三家政策性银行，也就是国家开发银行、进出口银行和农业发展银行。

1995年3月18日，第八届全国人民代表大会三次会议通过了《中华人民共和国中国人民银行法》，1995年5月10日，第八届全国人民代表大会常务委员会第十三次会议通过了《商业银行法》，从法律上明确了中国人民银行的中央银行地位，并为银行商业化改革提供了法律保障。到2002年底，我国已经基本上形成以中国人民银行为中央银行，4家国有独资商业银行为主体，3家政策性银行，

10家股份制商业银行、111家城市商业银行、523家城市信用社、38 153家农村信用社和158家外资商业银行分行构成的庞大的商业银行体系，其中深圳发展银行、上海浦东发展银行、中国民生银行和招商银行均已上市[①]。

四大国有商业银行不同于原来的专业银行体制，这源于国家要求盈利和横向竞争的压力，各大国有银行纷纷开始深化内部改革，引入竞争机制和先进管理方法，初步改变了权责利相脱节的状况，逐步推行了多种形式的经营责任制、岗位责任制和利润留存制，注入了经营的动力机制。从业人员的竞争意识、风险意识和盈利意识也得到了强化。

中国银行制度的变革最终取决于政府、企业、银行以及更多方面参与的博弈，政府、银行、企业对制度创新给自己所带来的收益和所付出成本的判断决定了制度创新推动力的大小和方向。在前20年的渐进式改革中，政府通过引进外资银行、组建股份制商业银行来推动国有商业银行的改革，从实践上来看，是一种选择增量改革促进存量改革的路径。在本节所讨论的改革阶段中，外资银行、新兴股份制商业银行等的日渐壮大，对国有商业银行增强利润意识、竞争意识、市场意识及从总体上提高金融运行效率有着重要意义。一旦多种金融产权形式产生并展开相互交易，积累到一定程度就会形成以金融市场结构、产权结构以及法律结构组成的交易框架，人们在其中进行互利交易，同时也推动了银行制度的变革。

20世纪80年代，我国全国性和地方性股份制银行开始蓬勃发展。1986年以后为鼓励广东、上海、海南、深圳等省市经济的发展，国家先后批准成立了招商银行、深圳发展银行、广东发展银行、福建兴业银行、上海浦东发展银行和海南发展银行（后被关闭），华夏银行的成立则是首钢综合改革试点的结果。1987年4月交通银行重新开业，中信实业银行（其前身是中国国际信托投资公司银行部）成立，1996年由全国工商联牵头，以民营企业为股东成立中国民生银行，民营资本占85%以上。截至2001年末，交通银行、中信实业银行等10家股份制商业银行的资本总额约501亿元，较2000年增加34.3亿元，资产总量为23 865亿元，较2000年增加5 044亿元，其中净资产为907亿元，较2000年增加100亿元[②]。与此同时，城市商业银行、城市信用社和农村信用社也取得了较大的发展。股份

---

① 中国金融学会. 中国金融年鉴2003[M]. 北京：中国金融年鉴编辑部，2003.
② 中国金融学会. 中国金融年鉴2002[M]. 北京：中国金融年鉴编辑部，2002.

制商业银行大都由于历史包袱轻、政策性压力小、经营机制灵活，在市场中表现出较强的竞争力。多数股份制商业银行根据自身特点，以市场为导向，以服务客户为宗旨，以创新为发展动力，寻找特色业务，积极开拓市场，成为我国银行业中一股活跃的力量。在整个银行业进一步深化改革的阶段，股份制银行的进一步发展，打破了四大国有商业银行的行业垄断地位，增加了银行业的竞争度，促进了国有银行效率的提高，成功实现了国家通过引入"增量"来实现银行业渐进式改革的目标。

随着我国改革开放的深入，外资银行也开始了在中国的发展历程。各外资商业银行纷纷在中国设立代表处或分行，经营的地域和业务范围逐渐拓宽。1995—2002年这一阶段，我国社会主义市场经济体制改革取得了突破性的成果，对外贸易方面也获得了较好的发展，外商投资数量明显增加，改革开放的整体局势已经基本形成。1994年4月，我国颁布并实施了《中华人民共和国外资金融机构管理条例》，其中对外资银行的准入条件和监管标准做了明确规定。这一条例的实施标志着我国形成规范的对外资银行的审批与管理法律制度，保障了进一步扩大开放区域的安全性。1996年，中国人民银行颁布了《上海浦东外资金融机构经营人民币业务试点暂行管理办法》，该办法进一步对外资银行开放了面向外资企业及境外居民的人民币业务，加速了外资银行在中国的发展。亚洲金融危机爆发以后，外资银行在华的机构布局和业务拓展明显放缓；1999年，外资银行的各项业务均发生较大幅度的下降，并首次出现全行业亏损现象。1998—2001年，我国外资银行设立的营业性机构仅仅净增15家。为了进一步吸引外资银行进入中国，中国人民银行采取了一系列的措施来扩大外资银行的人民币业务的地域范围，并允许外资银行进入全国同业拆借市场，这也导致外资银行的人民币业务的规模限制得到了放松。

对农村金融体制的改革也是我国金融体制改革整体的重要构成。完善农村金融服务体系，对于加强农业的基础性地位，促进农村经济的发展都具有非常重要的战略意义。我国农村经济的发展表现出多层次性的特色，因此农村地区对金融业务的要求也是多元化的，既要有以工商企业为主要服务对象的商业性金融，又要有以农户为主要服务对象的合作性金融，还要有以支持农业开发和农业技术发展为主要目的的政策性金融。农村金融体制改革要不断地、充分地发挥中国农业银行、农村合作银行、中国农业发展银行、农村信用社等在内的不同农村金融机构的骨干与支柱作用，不断创新农村金融产品和服务，寻求解决农村贷款困难问题的思路与方法。1996年，国务院下达决定，农村信用社要与农业银行脱钩，促使农村信用社走向合作办社的道路。同年8月，国务院下发了《国务院关于农村金融体制改革的决定》，其中指出，农村信用社管理体制的改革是农村金融体制改革的重点工作，要让农村信用社逐渐转变为名副其实的合作金融组织。2000年7月，在国务院批准后，中国人民银行与江苏省人民政府共同组织开展了农村信用社改革试点工作，尝试了以县（市）为单位统一法人、农村商业银行试办和省级联社试办等改革方式，并取得了一定的成果。1999—2000年，我国在农村信用社改革试点工作中，共组建了65家市（地）联社、6家省级联社和5家省级信用合作协会。2003年上半年又试点组建了浙江鄞州农村合作银行。

总体来看，经过1995—2002年这一阶段的深化改革，中国银行业无论在数量上还是质量上都有了飞跃发展，多元银行体系基本形成。2002年，第二次全国金融工作会议在北京召开，这次会议以加强金融监管、深化金融改革、防范金融风险、整顿金融秩序、改善金融服务为主题，全面总结了深化改革阶段的金融工作，会议通过《中共中央、国务院关于进一步加强金融监管，深化金融企业改革，促进金融业健康发展的若干意见》，该意见指出，国有独资商业银行的综合性改革是金融改革的重点工作。股份制改革是对实现公有制的不同形式的有益探索，也是下一阶段改革的重要任务。具备相应条件的国有独资商业银行可以进行股份制改革，改组为国家控股的股份制商业银行，并逐步完善法人治理结构，达到相应条件的银行可以进行上市。可以说，中国银行业在这一阶段的一系列改革措施，为中国银行体系的改革攻坚并取得最终胜利，打下了坚实的基础。

二、国有银行的商业化改革

在我国经济发展与金融改革的前期，四大国有银行有两个重要的功能，分别是通过自身的银行业务经营活动为社会提供金融产品与各类金融服务，追求利润的最大化，以及全面贯彻执行国家政策，以政府意图为主要导向来支持社会的整体发展，让国家利益最大化。国有银行作为全国性的银行既要完成政策目标，也要追求利润目标；既要承担行政责任，又要肩负起经济责任。在具体经营过程中，国有银行既要保证国家重点建设项目有充足的资金支持，贯彻执行国家的信贷计划，发放相应的政策性贷款，又要执行国家宏观政策调控所规定的任务，因此企业化经营就难以维系，利润最大化这一目标也难以实现。对于四大国有银行而言，国家信用才是最主要的，因此他们在实际经营中可以不必考虑资本充足率和贷款质量的问题，而是根据国家的发展偏好或者利益来扩张资产规模，发放贷款。

1989年以前，国有银行的资本充足率都在9%以上，多数年份超过11%[①]，而截至1995年，按照中国工商银行、中国农业银行、中国银行、中国建设银行的顺序，其资本充足率依次为3.0%、3.3%、4.8%、2.1%，平均水平仅为3.3%[②]。根据唐双宁的四级分类法，1995年四大国有商业银行的不良资产率（加权平均）为21.4%[③]。1989—1998年，四大国有银行的信贷资产余额增长了11倍之多，同时管理费用增长了8.9倍，但是利润总额却仅仅增长了26%。[④]在这期间，四大国有银行的不良资产日益增加，数目巨大，资本充足率也逐渐降低，这使得国有银行的商业化改革迫在眉睫。

党的十四届三中全会提出，我们要建设社会主义市场经济体制。1995年，国务院下达决定，将专业银行改革为国有商业银行，国有专业银行改革的力度也在不断加大。1994年，国家成功组建了三家政策性银行，这使得政策性金融与商业性金融彻底分离，国有银行的商业化改革步伐进一步加快。1995年，《商业银行法》正式颁布并实施，这一法律的出台明确了工、农、中、建四大银行的国有独资商业银行的性质，四大行要自主经营、自负盈亏、自担风险、自我约束。从此，我国四大国有专业银行的商业化定位明晰，专业分工逐渐淡化，业务也逐渐交叉。随着市场化竞争逐渐激烈，国有银行的商业化改革也得到了发展与推进。

第一，商业银行法律体系建立。20世纪90年代初期，我国银行业进行了一系列重大的改革和调整，诞生于1986年的《中华人民共和国银行管理暂行条例》所提出的立法思路已经不能满足银行发展对法律规定的需求，因此中国人民银行

---

① 张杰，姬宁.财务风险及其控制[J].山东行政学院山东省经济管理干部学院学报，2003（6）：96-97.

② 巫文勇.利益平衡视角下的金融机构破产特定债务优先清偿法律制度研究[M].北京：中国政法大学出版社，2014.

③ 周兆生.中国国有商业银行不良资产的处置问题研究[J].世界经济，2004（7）：17-23.

④ 易纲，赵先信.中国的银行竞争：机构扩张，工具创新与产权改革[J].经济研究，2001（8）：25-32.

于 1993 年再次成立法律起草小组，参照国际惯例、借鉴各种先进的银行立法经验，重新起草了《商业银行法》。这部法律草案于 1998 年 8 月提交至人大常委会。1995 年 5 月，在第八届全国人大常委会第十三次会议上，《商业银行法》最终通过。之后，《中华人民共和国中国人民银行法》《中华人民共和国票据法》和《全国人民代表大会常务委员会关于惩治破坏金融秩序犯罪的决定》相继出台和实施，《中华人民共和国外汇管理条例》《贷款通则》等法规也陆续颁布实施，不断建立健全了我国商业银行运作的法律框架。

《商业银行法》对商业银行的概念作了规定，商业银行是根据我国法律设立的能够吸收公众的存款、为符合条件的公民和企业等发放贷款、办理结算等业务的企业法人。这一规定对商业银行的独立民事法律主体地位进行了明确。同时《商业银行法》还规定了商业银行的经营原则是安全性、效益性和流动性，商业银行要自主经营、自负盈亏、自担风险、自我约束。此外，该法律还对银行的各种相关制度，如风险管理和监管制度、统一法人制度等做了明确的阐述。《商业银行法》所规定的原则与制度是十分契合我国金融体制改革现状与发展趋势的，这也决定了其成为我国商业银行法律体系中的母法，为其他金融行政法规和金融规章制度的制定提供了法律依据。《商业银行法》的出台与实行是我国商业银行发展与监管逐渐实现法治化与规范化的开端，它明确了我国商业银行向着现代化商业银行发展的方向，是我国银行业法治建设历程中重要的成就。[①]

第二，国有商业银行的统一法人制度和分业经营模式。党的十四届三中全会作出《中共中央关于建立社会主义市场经济体制若干问题的决定》，同时，国务院发布了《关于金融体制改革的决定》，明确了我国要建立起以国有商业银行为主体的金融体系。国有专业银行也要逐步转变为商业银行。随着金融业务的分离，专业银行实施了新的管理制度——以贷款限额为前提的资产负债比例管理，同时实行统一法人制度，取消了分支机构的法人资格，对银行内部的资金与财务管理制度也进行了相应的改革。此外，专业银行也建立并实行授权授信制度，实行经营目标责任制度，促进银行审贷分离，加强内部稽核制度等。国有独资商业银行也开始实行统一法人体制，进一步强化集中管理，重新授权一级分行的经营管理

---

① 刘元庆，黄毅. 经济资本在我国商业银行风险管理中的应用[J]. 经济导刊，2005（12）：52-55.

权限。统一法人体制的实行改变了传统专业银行中的上下级之间的行政管理模式，确定了总行对分支机构的统一管理权限，这是商业银行完善内部控制制度、健全风险管理制度的基础。

此外，我国还确立了银行分业制度模式。20 世纪 90 年代初，随着证券市场的建立以及银行办"三产"的热潮兴起，中国的银行业走向了银行混营之路[①]。针对 1993 年开始的金融秩序混乱局面，中央开始整顿金融秩序。《中共中央关于建立社会主义市场经济体制若干问题的决定》首次明确提出，"银行业与证券业实行分业管理"；《关于金融体制改革的决定》进一步提出，"国有商业银行不得投资非金融企业；实行银行业与保险业、信托业、证券业分业经营"，并于 1995 年实施的《商业银行法》中通过法律予以了明确规定。国有独资商业银行在人、财、物等方面要与保险业、信托业以及证券业脱钩，实行分业经营。

法规与政策的实行有效控制了当时混乱的金融局面，并针对当时我国银行业各金融机构的实际管理水平、从业人员素质以及市场环境等情况进行了分析考虑，阻止了经济的过度膨胀，遏制了金融投机行为和非法金融活动的发展，有效减少了此类活动的产生，从而让金融体系逐渐趋于规范和稳健，公众对银行系统的信心恢复，至今仍对我国的金融稳定发挥着重要的作用。

第三，国有商业银行的业务向着市场化的方向改革。按照国家对金融行业改革的要求，国有独资商业银行应当坚持自负盈亏、自担风险、自主经营、自我约束的原则，实行资产负债比例管理，建立有效的风险防范机制。其稽核体制由过去向上级和同级负责改为垂直向法定代表人负责。国有独资商业银行总行对本行资产的流动性及支付能力负全部责任。同时，放宽国有独资商业银行的业务活动领域和专业范围，允许国有独资商业银行之间有业务交叉，并开展竞争。逐步淡化四大国有银行过去的专业分工，鼓励其在市场中展开竞争并能够有效促进国有银行的商业化运营水平。

为完善对国有专业银行的资金管理和调节，我国政府于 1984 年对原先的"统一计划，分级管理，存贷挂钩，差额包干"的信贷资金管理体制进行了修订，使原来的中国人民银行内部上下级之间的资金往来关系转变为中央银行和各专业银行之间的资金往来关系，实行"统一计划，划分资金，实贷实存，相互通融"的

---

① 李文华. 商业银行制度论 [M]. 北京：中国金融出版社，2001.

信贷资金管理体制。初步解决了专业银行在信贷资金上吃中央银行"大锅饭"的问题,迫使专业银行逐步做到资金自求平衡,也使其有了一定的信贷经营权。但这种政策并没有从根本上摆脱计划经济的束缚,很大程度上仍是高度集权的计划控制[1]。随着我国国有银行商业化改革的实质展开,计划经济体制的不均衡性越来越明显,1995年,中国人民银行颁发了"总量控制,比例管理,分类指导,市场融通"的银行信贷管理体制。这种管理体制是限额管理下的资产负债比例管理制度,即根据国民经济发展的需要,中央银行向各商业银行下达年度信贷规模指标,然后层层分解到各分支机构,在不突破信贷限额的条件下,各商业银行对信贷业务实行比例管理并接受中央银行的监督。1998年1月,中国人民银行又进一步取消了对国有商业银行贷款限额的控制,实行"计划指导,自求平衡,比例管理,间接调控"的新管理体制,基本上确立了我国中央银行宏观调控机制和商业银行制度的框架结构,使贷款规模控制与市场配置资源机制相结合。这是我国商业银行改革的一个重要里程碑,意味着商业银行的经营管理从根本上摆脱了计划体制的影响,成为现代科学管理的一个新起点。

第四,国有银行组织结构的调整。传统专业银行的组织模式继承了中国人民银行的传统模式,纵向采取了总分行制,与计划经济体制相适应,各国有专业银行分支机构按行政体制、行政区划和政府层级序列设置;横向结构方面,一般是按产品设置一系列部门,带有明显机关性质。1993—1998年,国有专业银行完成了向国有商业银行的转变,其组织架构也相应发生了变化。针对纵向控制分支机构权力过大问题,实行统一法人制度,通过授权明确总行和各级分支机构之间的经营权限,保留从分行到分理处五个管理层次,并实行逐级管理的体制(图2-2-1)。在横向部门设置方面,国有银行主要根据业务发展需要进行了调整,同时以市场和客户为中心设置各部门。以中国银行为例,为适应业务发展需要,分别于1994年和1995年增设了收付清算中心、发展规划部;为实现审贷分离,对信贷一部和信贷二部进行了调整,以信贷一部为基础组建了信贷管理部,负责信贷的管理,以信贷二部为基础组建了信贷业务部,负责信贷业务的发展;后又将综合计划部和发展规划部重组为资产负债管理部,并将综合计划部存款职能分拆给公司业务部和零售业务部。改革后中国银行总行的组织机构分为三个层次。

---

[1] 殷孟波. 商业银行经营管理[M]. 北京:中国人民大学出版社,2001.

一是决策层，由董事会和行长室组成，下设四个专门委员会，即资产负债管理委员会、风险管理与内部控制委员会、稽核委员会、财务管理委员会。这四个委员会基本涵盖全行经营管理的主要领域，负责组织和协调跨部门、全局性的经营管理事务。二是执行层，由各主要职能部门组成，执行层中又可以分为三类，即业务发展系统、综合管理系统和支持保障系统。业务发展系统负有组织全行各项业务发展并对各项业务进行专业管理的职能；综合管理系统着重从风险防范、总量控制、激励机制角度对全行经营活动进行综合管理；支持保障系统主要是从行政、技术、法律、清算、调研、后勤等方面为全行的发展做后盾。三是监督层，由稽核部、监察部组成内部监督部门，同外部监事会一同发挥监督职能。可以说，在这个阶段，商业银行在组织架构方面开始了积极的探索与改革，是未来银行组织架构走向完善的重要起步时期。

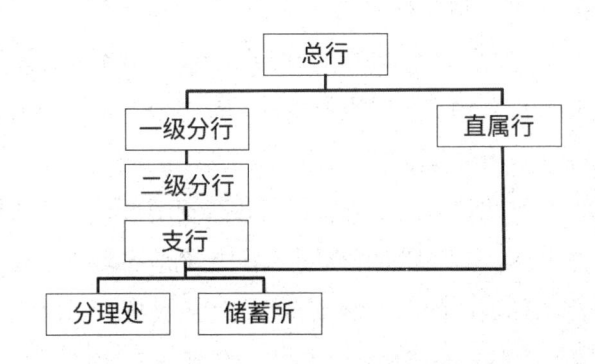

图 2-2-1　银行纵向设置组织结构图

1998年，国务院发布了国办发〔1998〕120号文，要求四家国有商业银行按照"经济、合理、精简、高效"的原则，合并省级分行与省会城市分行，精简在同一地域重复设立的银行机构，裁减富余的工作人员，压缩银行的经营费用。根据国务院的有关指示精神，国有独资银行通过机构改革、员工聘用改为劳动合同制、管理规范化等改革方法，结合网点的撤销与合并、业务流程的优化与再造、后勤及守押服务的社会化等改革措施，坚持积极稳妥、统筹规划、逐步实施的改革原则，优化劳动组合，开展了精简机构分流人员工作。

从1998年开始，四大国有商业银行将大约110多个省（区）一级分行与所在城市二级分行合并，对县级城市支行按照10%～30%的不同比例进行撤并和调整。1998—2002年，四家国有商业银行累计精简55.62万人（不含自然减员6.11万人）。通过人员精简，各行较为合理地配置了人力资源，人员结构调整工作取得一定成效。截至2002年底，四家国有独资商业银行共精简机构5.5万个，其中县级支行减少2 633个；四家银行营业性机构总数为98 727个，比上年同期减少了10 324个，其中县级支行减少了851个，下降了9.47%[①]。从1998—2002年，我国国有独资商业银行的营业性机构数量共减少了约1/3，工作人员数量共减少了约18%，已基本上达到了改革的目的，初步实现了机构与人员的优化配置。

第五，国有商业银行资本充足率调整。我国四大国有商业银行由于种种历史原因，银行资本金长期以来严重不足。截至1997年6月，四家国有商业银行账面资本净额除以风险加权总资产所得的资本充足率只有5.86%。同时，四大国有银行的账面资产中还有近1200亿元的贷款呆账尚未核销，如果在资本净额中扣除这些未核销的贷款呆账，则计算的资本充足率就只有3.5%了，远远低于《巴塞尔新资本协议》所提出的8%的最低监管标准。保持资本充足是银行生存和发展的第一要务，也是维护金融安全的重要条件。资本金不足使得国有商业银行抵御风险的能力大大降低，同时也限制了国有商业银行业务的发展和改革的进行。

根据《巴塞尔新资本协议》的要求，银行核心资本占其风险加权总资产的比例应不低于4%；总资本占其风险加权总资产的比例应不低于8%。针对国有商业银行资本充足率严重偏低的问题，财政部和中国人民银行适时地采取了一系列有效措施，以充实和提高国有商业银行的资本金和资本充足率。

1994年，在我国的税制改革当中，金融行业的所得税改革严重滞后于其他行业。税改后内资企业所得税税率统一为33%，但国有商业银行等金融保险机构继续按照55%的税率计缴所得税，比其他行业所适用的33%的企业所得税税率整整高出22个百分点。1997年，财政部下调了国有商业银行的企业所得税税率，从原来的55%（外加7%的调节税）下调至一般工商企业33%的所得税税率，同时将营业税税率由原来的5%适当上调至8%。这一税收方面的优惠和支持有效地提高了国有商业银行的自我积累能力，从而在一定程度上为商业银行改善资本充足性创造了条件。

1998年，在亚洲金融危机的冲击和影响下，为了保证四大国有商业银行的风

---

① 李利明，曾人雄.1979—2006中国金融大变革[M].上海：上海人民出版社，2007.

险抵抗能力，巩固我国金融系统的稳定性，财政部和中国人民银行经过多次磋商，决定发行2 700亿元人民币的特别国债，用所筹得的资金来充实四家国有商业银行的资本金。在具体的操作过程中，先由中国人民银行将商业银行存款准备金率从13％下调至8％，此举为四家国有商业银行释放出大约2 700亿元资金。随后，四家国有商业银行再用这2 700亿元资金定向购买财政部发行的相同金额的特别国债。最后，财政部再将这2 700亿元作为资本金注入四家国有商业银行。这项改革于1998年6月全部完成，使得该年度四大国有银行的平均资本充实率显著提高，其数值上升至7.01%。然而，在接下来的几年里，由于没有建立起一种正常的资本金补充机制，再加之四大国有商业银行贷款规模不断攀升，其资本充足率水平又开始下降。从2000年起，四家国有商业银行中除中国银行外，其余三家银行如果按照平均资本充足率8％的最低监管标准计算，均存在不同程度规模的资本金缺口。

尽管我国早在1994年便引入商业银行资本充足性管理，但是长期以来，我国商业银行的资本充足率水平一直处于不足或偏低状态，其原因并非单一，而是由于我国的政治体制及经济发展等多方面因素共同作用的结果。一方面，银行资产与资本金不能和谐增长。随着我国国民经济的快速发展，国有商业银行的资产规模也在不断地扩大。由于我国商业银行的资产结构较为单一，盈利资产主要以贷款为主，中间业务并不发达；加之多年来国内市场竞争压力不断提高，各大银行都在争夺市场占有率，这些因素都不同程度地促进了银行资产规模的扩张。另一方面，我国国有商业银行的资本结构不是很合理。按照《巴塞尔协议》的标准进行衡量，国有商业银行的资本结构主要是以国家注资为主的核心资本，附属资本所占比重较小，而且多为呆坏账准备。这种不合理的资本结构表明，长期以来国有商业银行的运营忽视了资本金的管理，另外也说明我国商业银行资本金防范风险的功能没有得到充分的发挥。在资产快速扩张的同时，资本金不能得到有效的补充，这必然导致银行资本充足率的不断下降。此外，银行盈利能力不足、不良资产比重过高也是我国商业银行该阶段存在的问题。从核心资本的构成来看，盈余公积、未分配利润都与银行的盈利能力有关。然而与国外银行相比，我国商业银行的盈利能力明显不足，净利润数额较少，无法支撑其资产规模的迅速扩张（表2-2-1）。

表 2-2-1 2003 年中美银行业盈利能力分析

国别	银行名称	税前利润（百万美元）	资本利润率（%）	资产利润率（%）
中国	中国银行	1 215	6.0	0.26
	中国建设银行	54	0.3	0.01
	中国工商银行	321	1.5	0.05
	中国农业银行	352	2.2	0.10
美国	花旗银行	26 333	41.8	2.08
	美洲银行	15 886	36.5	2.16
	摩根大通	70 912	24.9	1.30
	富国银行	8 779	41.2	2.47

资料来源：The Banker, July, 2004。

根据《商业银行资本充足率管理办法》及中国银行监督管理委员会（以下简称"银监会"）的规定，商业银行的利润只有在足额计提贷款损失准备金后才可计算资本充足率。长期以来，我国商业银行，特别是四大国有银行承担了过多的政策性职能，形成大量的不良资产，历史包袱沉重。只有从根本上逐步消化不良贷款，才能使我国商业银行的资本充足率得到有效的提高。

第六，国有银行进一步加强内部管理和风险控制建设，实施分类管理，强化信息披露。1997 年，亚洲发生了大范围的金融危机，我国政府以及社会各界在这次金融危机中形成高度一致的认知——要想维护国家的安全、社会经济的稳定，金融安全是基础。同年 11 月，党中央、国务院召开了全国金融工作会议，针对国有商业银行改革提出了一系列措施，以此来补充四大国有银行的资本金，减少银行债务，化解和防范银行风险，优化银行资产结构，为银行业建立现代公司治理结构，奠定了一个坚实的基础。

国有商业银行也对内部的稽核机制做了进一步改革，形成权责清晰、激励与约束相辅相成的内部管理体制，同时引入国际现金的管理理念与贷款风险识别方法，在银行体系内部实行贷款五级分类试点。这一阶段实行的积极财政与稳健货币政策，在我国经济宏观调控史上具有划时代的意义，为银行业的发展提供了稳定的政策环境。

1997 年之前，国有商业银行对于内部控制制度建设的总体性规划尚不清晰，从企业制度角度对商业银行进行监督的机构仍处于缺位状态，已有的内部监管部门也缺少独立性与权威性，稽核力量配备不足，效率低、范围窄。银行内缺乏统一的内部控制法规制度及操作规则，不少制度规定有粗略化、模糊化现象。银行内各业务部门在具体行使监控职能时，职责不明确，或"多头管理"或"互相推诿"，不能形成协调与制约机制。针对银行的内部控制制度混乱、效率低下的情况，国家经过长时间的探索，总结出了一系列经验，并结合国外的先进内控制度，从实践中吸取经验，制定并发布了《加强金融机构内部控制的指导原则》，该指导原则发布于1997年5月。2002年7月在该指导原则的基础上制定实施《商业银行内部控制指引》。这标志着我国银行内部风险控制制度建设进入一个新阶段，对我国商业银行内部控制的原则与目标、内部控制的基本要求、授信的内部控制、中间业务的内部控制、柜台业务的内部控制、计算机信息系统的内部控制、会计的内部控制，以及内部控制的监督和纠正等方面，进行了明确和指导性规定。

我国长期以来实行的信贷质量分类方法是"一逾两呆"。2001年，《贷款风险分类指导原则》由中国人民银行发布，规定自2002年1月1日起，中国银行要全面推行贷款风险分类管理制度。其中规定，银行要根据贷款收回的可能性将贷款分为正常、关注、次级、可疑、损失五类，并将后三类视作不良贷款。五级分类的风险管理制度能够对现有贷款的风险进行甄别与显现，辅助银行相关工作人员及时跟踪贷款质量。到2002年末，四大国有商业银行的不良贷款总额按四级分类口径计算为17 023.62亿元，不良贷款率为21.41%，而按五级分类口径计算则不良贷款总额为20 770.36亿元，不良贷款率为26.12%，后者要比前者高出4.71个百分点[1]。相较于四级分类制度，五级分类制度不仅能让银行与国际金融市场的接轨更加方便，而且能将传统的事后评估型贷款质量评估方式转变为事前评估，从而提前发现贷款存在的问题并解决问题。

总体来说，上述改革在很大程度上推进了国有商业银行的市场化进程，国有商业银行的金融资产规模不断扩大，服务内涵日趋多元化，服务质量不断改进，经济货币化水平和金融效率有了一定提高。但是从总体上分析，我国的商业银行经营与管理依然有很明显的行政管理的特征，这方面产生的问题集中体现在银行财务状况仍未好转、历史包袱沉重、相对比较缺乏资本金、自我发展动力不足上。

---

[1] 成思危. 路线及关键：论中国商业银行的改革[M]. 北京：经济科学出版社，2006.

由此可见，国有商业银行仍然不能适应当前市场经济对银行发展的要求。

正如本书开篇所述，由于国有银行的商业化改革与国有企业改革步调并不一致，国有企业的改革是从1983年以"拨改贷"为标志开始的，与之相比，专业银行的商业化改革却远远滞后，若从1995年算起，两者相差十年之多。1995年以前国有企业看似顺利的改革实际上是许多问题被转嫁到国有银行，并被体制潜藏。从1995年开始，国有银行实行商业化改革使银企之间的矛盾也日益尖锐，过去国有银行按政府"供给制"为国有企业融资，而国有企业在利益动机和市场意识方面严重不足，由于借入资金价格低廉，因此不对其进行合理使用，资金使用效率低下，从而导致贷放供给其资金的银行产生严重的不良资产问题。这些问题随着中国经济体制市场化改革取向以及银行商业化改革的不断深入而暴露无遗，我国国有银行要及时采取有效措施化解不良资产，正确处理政府、银行以及企业之间的关系，这也是国有银行首先需要解决的问题。那么，在进一步深化改革的过程中，我国的银行业采取了哪些措施？又是如何体现出改革艰辛历程中的"中国智慧"的呢？

三、不良资产剥离和银行体系风险化解

金融业的发展离不开社会经济的发展，对于世界各国政府而言，防范金融危机、维护金融稳定以及降低金融行业的风险是宏观经济发展最主要的目标之一。我国资本市场以及中小型金融机构的发展长期以来都处于较低水平，银行业竞争力严重不足，国有银行掌握着对资金配置的绝对主导权，这就导致了以下问题。首先，居民的投资渠道不足，大部分居民偏向于储蓄，居民对于医疗、子女教育和养老问题的谨慎态度导致边际储蓄率不断提高，居民的储蓄率一直处于较高水平。其次，企业的发展在一定程度上过度依赖外源资金，由于直接融资困难，企业不得不依赖银行贷款的形式来获取资金支持。中国人民银行前行长戴相龙先生提出："中国虽然不存在金融危机，但存在着金融风险，且在绝大多数的情况下表现为银行风险。"[①]

所谓银行风险指的是银行是以货币资金经营为主的企业，它面临着随时发生经济损失事件的风险。这类事件的发生往往难以预知，其影响也难以估量，大量

---

① 李志辉. 中国银行业的发展与变迁 [M]. 上海：格致出版社，2008.

银行风险堆积并爆发就会导致银行无法继续经营，进而破产。历史上我国的四大国有银行在股份制改革之前所面临的最大的金融风险就是产生了一定的不良资产。

（一）我国国有商业银行不良资产的界定及特点

1. 我国关于不良资产的界定

表述金融系统内的不良资产概念的形式有很多种，如"不良贷款""一逾两呆"等。其核心都是指金融机构的那些难以实现预期收益的资产，但是不同的概念形式在范围界定方面存在一定的差异。由于我国资本市场长期处于滞后的发展状态，加之分业经营和管理体制的约束，商业银行的资产结构不够丰富，资产负债表中的资产项主要体现在贷款上，因此我国金融机构的大部分不良资产都是不良贷款。

对于不良贷款的范围界定，国内也有两种观点，第一种是按照传统方法并根据贷款质量进行划分，主要分成四类：呆账、呆滞贷款、逾期贷款、正常贷款，除正常贷款外，其他三种都是不良贷款。第二种就是按照国际的分类经验从动态的风险监督的角度出发，将贷款分成五个等级分别是正常、关注、次级、可疑、损失，其中次级、可疑、损失就是不良贷款（表2-2-2）。

表2-2-2 不良资产按"一逾两呆"和"五级分类"口径对照表

划分标准	正常资产		不良资产		
"一逾两呆"口径	未到期资产		逾期	呆滞	呆账
"五级分类"口径	正常	关注	次级	可疑	损失

注：本表只表示按两种口径对不良资产进行划分，并不表示数量上存在对等关系。

1988年，财政部颁布了《关于国家专业银行建立贷款呆账准备金的暂行规定》。这标志着我国首次明确对银行信贷资产实行分类管理，也就是将贷款分成正常贷款和不良贷款两种，又将不良贷款分为"一逾两呆"三种。但是在实践过程中，这种制度很快就暴露出了以下五种缺点：第一，这种分类管理制度不能将信贷资产的风险状况真实、准确地反映出来；第二，在风险识别方面，这种制度比较滞后，无法提供预警功能；第三，对于不良贷款的增加与减少比较随意；第四，贷款分类的标准不够科学，往往对逾期贷款的标准比较严苛，而对呆账和呆滞贷款的标准则过于宽泛；第五，相关的会计准则对挂账停息的贷款逾期期限规定过长，导致银行的收益被高估。

1999年，中国人民银行下发了《关于全面推行贷款五级分类工作的通知》。五级分类法开始在国内银行业间推行，国家要求四大银行和三家政策性银行必须在1999年底前完成贷款五级分类的普及工作，其他商业银行则要在2002年之前完成这一工作。

五级分类方法以借款人的现金流量、抵押品价值等因素的持续检测与分析为主要依据来判断贷款质量，评估实际损失程度。这种方法不仅符合国际金融业通行的银行贷款质量标准，而且也让银行的贷款管理工作从事后监督转变为事前监督，能及时反映出商业银行的盈亏状况。

2. 国有商业银行不良资产的状况及特点

我国商业银行巨额的不良资产，不仅严重影响了金融体系正常运转的安全性，而且降低了金融资产的盈利性和流动性，成为我国商业银行业的主要风险，极大地制约了我国银行业向现代化银行转化的进程，成为金融领域亟待解决的问题。

一方面，不良资产总额巨大，具体见表2-2-3所示。

表2-2-3　2020年四大国有商业银行不良资产情况

来源	中国银行	中国工商银行	中国建设银行	中国农业银行	总计
净利润总额	2 051	3 177	2 736	2 164	10 128
不良贷款额	2 073	2 940	2 607	2 371	9 991

另一方面，不良资产分布失衡。我国商业银行不良资产地区分布失衡，经济欠发达地区不良贷款率高。虽然国有商业银行普遍受到不良资产问题困扰，但不同地区由于历史原因和经济发展水平不同，不良贷款数量有明显的差别。

（二）国有商业银行不良资产形成与积累的原因

我国国有银行不良资产形成并造成高积累的原因是多方面的，既有使货币资金沉淀的外部经济环境因素，又有使用货币资金主体决策失误等内部因素。

1. 从市场运行环境角度分析

首先，我国金融领域信用基础薄弱。改革开放以来，社会公众的商品意识、金融意识在提高，但信用素质没提高，甚至可以说在下降。在国有银行商业化改革之前，国有银行和国有企业都属于国家。企业认为，国有银行给国有企业贷款理所当然。国有银行也认为，保证企业资金需要是自己的天职，支持企业增加生产、扩大商品流转，才是国有银行贷款的目标。因此，并非企业不重视信用，而是企业同银行不存在科学意义上的信用关系。市场经济在注重扩张信用量的同时，却忽视了信用关系质量的提高，导致借钱不还、强制拖欠，甚至金融诈骗等案件屡有发生。国有银行给企业贷款，带来的不是对企业杠杆调控性的增强，而是企业以"资产为人质"对银行"倒逼"的信用机制。这就形成经济市场化程度和信用体系发育程度之间的矛盾，提高了交易成本，降低了交易效率。

其次，企业效益低下，偿债能力差。众多国有企业是在计划经济年代成长起来的，由于其产品的品种、质量、成本、价格、服务等不能及时适应改革开放后市场经济的要求，在与"三资"、集体、民营、乡镇、个体经济的竞争中失去了往日的优势，效益普遍下降，亏损增加，政府也几乎不再给企业以财政补贴，而是国有银行对其债务进行延期或追加新债。这连带了以国有企业为主要贷款客户群体的国有商业银行的"唇亡齿寒"，不良资产纷至沓来。国有商业银行的许多不良资产就是国有企业巨额亏损在银行的投影。

再次，泡沫经济产生的不良影响。20世纪90年代我国经济中曾存在大量泡沫：1993年的房地产热，1996年底股市的不正常高涨都是泡沫经济的表现。银行资金的大量流入，使资产价格迅速膨胀，而房产、股票价格的上涨又使利用这些资产的抵押贷款进一步膨胀。当泡沫破裂、资产价格大幅回落时，银行作为金融市场最主要的资金注入者，也就成了首当其冲的金融风险承担者，大量贷款变成不良贷款。

最后，外部约束不力加大贷款风险。这里的外部约束主要指两个部分分别是金融监管部门的监管和法律制度的建立。由于监管体制缺陷和经验不足等原因，在改革开放初期一段时间内，中国人民银行侧重于金融机构的发展和金融市场的培育，而在金融监管方面的力度则不够。另外，法律制度的不健全也是不良资产形成的重要原因。它主要体现在：法律不健全，使得作为社会经济活动重要组成部分的银行业务活动缺乏必要的法律依据；银行与企业间的大量业务活动依照政策办事，损害了法律的权威，为不良资产的形成埋下伏笔。

2. 从政府与银行的关系角度分析

银行资金财政化是不良资产形成的重要原因。银行资金财政化是指企业资金的银行供给制本质上同财政供给制一样，仍然是国家供给，具有国家无偿供应企业资金的特点和弊端[①]。银行资金被用于财政性用途，使得银行贷款徒有其名，信贷资金实际上遵循的是财政拨款的运作规律，必然带来企业通过银行贷款继续吃国家"大锅饭"和银行贷款丧失回流付息能力的问题，最终形成我国国有商业银行大量债权债务难以清偿的经济难题。

具体说来，银行资金财政化有以下三种表现形式。

一是固定资产投资"拨改贷"给不良贷款埋下隐患。1978年以前，银行基本上不涉足固定资产投资领域。改革开放后，随着我国经济的快速发展，财政的技术改造投资逐渐难以满足企业需要。1979年，中国人民银行开办了中短期设备贷款（后改为技术改造贷款）。1981年，国务院决定凡是实行独立核算，有还款能力的企业进行基建所需投资，除尽量利用企业自有资金外，一律改为银行贷款，正式实行"拨改贷"。

二是流动资金"统一管理"使银行背上不良贷款的包袱。20世纪80年代以前，我国实行企业定额流动资金由财政拨付，超定额临时需要由银行解决的资金体制。进入20世纪80年代，企业流动资金需求极其旺盛，财政资金已经无力满足，大部分定额流动资金也要靠银行垫付。1983年6月，国务院作出由人民银行统一管理国有企业流动资金的决定，这一举措对提高资金使用效率的确起到了积极作用，但却迫使银行替代了财政的职能。"统管"变成"统包"。一旦企业资金流通不畅，就会产生大量的不良贷款。

三是保障国有企业平稳改革迫使银行向"不良企业"发放贷款。从20世纪80年代初开始，我国国有企业进入体制改革阶段，在经营机制转化过程中，许多国有企业经济效益大幅下滑，逐渐不再符合银行贷款的条件。但是为了维持社会稳定和推动经济体制改革进程，各级政府利用行政手段干预银行贷款工作，迫使国有银行不得不继续向这些企业发放贷款，以维持其低效或亏损运营，使巨额贷款流入"资金陷阱"，不良资产由此产生。国有银行在保障国有企业平稳改革、维护社会安定的同时，却让自身背上了大量不良资产的沉重包袱。

3. 从银行自身管理角度分析

第一，产权制度改革滞后。产权制度不合理是导致我国国有商业银行效率低下的一个根本性问题，产权主体单一化、产权关系不明晰是国有商业银行存在各

---

① 王松奇. WTO：给中国金融业带来什么[J]. 金融会计，1999（12）：40-41.

种问题和矛盾的根源。在股份制改造以前，国有商业银行的产权是以行政而非资产方式授权实现的，其产权为临时产权，国家为单一所有者，各级行长在名义上是法人代表，却没有法人所必须具备的独立财产权，导致行长和信贷员对经营的资产实际上也没有责任，负债不能约束资产，从而出现了无约束的信贷管理，其严重后果是信贷不断扩张的同时，不良贷款也在不断生成。

第二，经营目标模糊矛盾。如前文所述，由于国有商业银行信贷资产的产权为国家所有，因而其经营目标首先代表国家利益，应该无条件为国家经济政策服务，支持经济发展并承担政策性业务（尽管已经成立了政策性银行）。与此同时，国有商业银行又要与其他银行金融机构分割金融利益，经营目标又不得不定位于追求内部收益极大化。这种经营目标既要无条件支持经济发展又要追求利润最大化的矛盾，引发了信贷行为的扭曲。

第三，信贷管理制度不健全。一方面，在国有商业银行的信贷管理制度中，缺乏有效的风险预警系统，导致事前规范不足。一些基层行以短期贷款形式发放的流动资金，却被企业长期占用，参与企业资金周转，很大一部分已经被作为铺底资金，基本无法收回，形成银行的不良贷款。另一方面，国有银行经营管理体制不合理，审贷合一，缺乏必要的内部制约，贷款审查制度流于形式，贷款发放的随意性强，执行政府指令的授信畅通无阻。另外，信贷人员素质较低，在信贷管理中不能对贷款项目进行科学的预测和评估，工作失误与偏差屡见不鲜[①]。

（三）国有商业银行不良资产的不良影响

国有商业银行负担着国家与社会资金融通与产业结构调整的重任，其信贷资金的大量沉淀不仅危及商业银行自身的生存和发展，而且对城乡居民生活乃至整个国民经济产生了一定的不良影响。下面将从国内和国际两个角度剖析其负面效应。

从国内看，不良资产降低银行收益能力，阻碍社会资金流动。

不良资产是银行贷款中本息不能按期足额收回的资产，它的存在直接导致了银行收入的降低。不良资产越多，银行的营利能力也就弱。不良资产的大量存在也是我国四大国有银行收益水平低下的直接原因。

---

① 魏芳.现代银行业的战略选择：混业经营[J].石家庄经济学院学报，2003（2）：172-174.

不良资产的增加会导致银行收益与支付能力的降低，并进一步导致银行信用难以维持，从而降低国有银行的信誉度。而对于我国国有商业银行来说，其资金来源主要由城乡居民储蓄、国有商业银行资本金和向央行借款三个部分组成，其中又以居民储蓄为主要来源且到期必须支付。当银行不良贷款过高、筹资成本增加时，为避免发生挤兑现象，暴露和引发信用危机，国有银行就会向人民银行借款以缓解资金流动性不足的问题，从而让银行处于"超借"状态。我国法律规定商业银行的贷款余额与存款余额的比例不得高于75%，但是国有商业银行的这一比例却长期处于100%以上，这也表明我国国有商业银行的经营风险很高。

从国际看，不良贷款影响银行竞争能力，加大国家金融风险。

《巴塞尔协议》被国际金融界誉为"神圣公约"，它提出将资本充足率当作银行经营安全性的重要考核指标。这一协议要求签约国发展国际金融业务的银行要保证资本充足率达到8%，核心资本充足率要达到4%。而在2002年，我国四大国有商业银行存在很大的资本金缺口，其中中国农业银行、中国工商银行、中国建设银行平均资本充足率仅为4.27%[1]。

此外，四大国有商业银行掌握着中国银行业资产的3/4，是整个银行体系的主体，它们的经营管理水平很大程度上代表了我国银行业整体的发展水平。不良贷款的大量堆积导致我国银行很难与国际银行业的监管标准接轨，也影响了我国商业银行在国际市场上的发展与信誉累积，导致我国银行难以在国际市场上发展。随着世界经济金融一体化的发展，我国银行如果不能满足国际监管标准，就很难进入国际市场。

随着我国经济体制改革的不断深入，国有企业改革的深层次问题也逐渐暴露出来，不良贷款问题的解决是十分重要的，如果不能及时找到解决方法，那么企业改革的进程必然受到一定的负面影响，进而影响我国经济的健康发展。如果靠发行基础货币的方法解决不良贷款问题，极易引发通货膨胀。从长远来看，银行不良贷款也是潜在的财政负担，当银行无力消化巨额损失时，必然会给财政带来压力。一旦政府财力不足，极有可能导致挤兑风潮，后果不堪设想。如果银行加大处理不良贷款的力度又可能会引起企业连锁倒闭破产，从而引发社会危机。因

---

[1] 豆丁网.改革成果及存在的问题[EB/OL].（2012-10-01）[2023-03-09]. https://www.docin.com/p-542493123.html.

此，我国政府和银行业要积极寻求解决不良贷款问题的方法，将化解银行的金融风险当作最主要的问题来解决。

（四）我国化解不良资产的模式选择

处理银行的不良资产，化解其金融风险主要可以从以下两方面入手。一是减少不良资产存量，降低其比重，主要方法有清收不良贷款、债权转让、债务重组等；二是减少不良贷款增量，主要通过规范银行的信贷工作流程，加强信贷管理，建立科学、完善的信贷运行管理机制等方式来从根本上减少不良贷款的产生。

1. 国外处置不良资产的成功经验

（1）美国的解困信托公司

美国是最先实施剥离银行不良资产的措施的国家。1977—1980 年，美国的利率动荡，导致储蓄贷款机构出现了危机。1988 年，出现问题的银行数量已多达 1 400 家，超过 200 家银行倒闭。为了解决危机，美国成立了"解困信托公司"（Resolution Trust Company，以下简称"RTC"）。1989 年，美国国会给予 RTC 庞大的资金支持，RTC 也借此接管了所有资本抵债的储蓄贷款机构，并将其中的不良资产进行剥离、出售，出售形式有折价出售逾期偿债资产、资产证券化、招标出售等。这种整批销售不良资产的方法也被称作 RTC 战略。解困信托公司也在这一战略的实行过程中成功清收了所接管的储蓄贷款机构的不良资产，总价值达到 4 000 亿美元。美国的这一经验也先后被许多国家所效仿，且起到了一定的积极作用。

（2）韩国的特种管理基金

韩国资产管理公司创建于 1962 年。1997 年，因遭受东南亚金融危机的冲击而被重组，之后便成为唯一的经营金融机构不良资产的国有公司。韩国资产管理公司对不良资产管理基金的运用方式值得借鉴。韩国的不良资产管理基金属于资产管理公司，专门用于收购金融机构的不良资产以及管理和资金出现问题的企业的资产，支付基金的管理费用。基金按年结账，年度剩余金额既可以储存又能够用于购买政府的债券或者收购公司的债券。公司通过基金收购不良资产之后，会对其进行改进以促进其增值，提高其市场销售力，然后再处置这些资产，实现基金收益的增加。

2. 我国化解不良资产存量的模式选择

美国化解信用危机花费了 6 年时间和 5 000 亿美元，相当于其 GDP 的 5 %。而在中国，全面资产重组就至少需要花费 GDP 的 20 % 以上，处理的进程显然要艰难得多。韩国模式的主要特点在于政府介入程度较高，收效较快，但是这种形式也会产生新的问题。例如，如何加强银行的内部管理，防止危机再次发生；如何改革银行的管理制度，减少政府对银行的干预等，这些问题仍然需要进一步改善。

但是，可以看到，成立专门机构来处理不良资产几乎是各国共同的选择，而且在不良资产的处置方面均取得了一定的成就，使得投资者信心逐渐恢复，银行的稳定性有了明显的提高。因此，我国应该选取集中与分散兼顾的化解模式成立金融资产管理公司（Asset Management Corporation，以下简称"AMC"）来化解国有商业银行的巨额不良贷款。

（1）成立金融资产管理公司符合我国改革开放基本国情

从以上经验中可以得知，我国可以选择三种方式来解决不良资产的存量。第一，破产清算。商业银行的经营目的是盈利，在设立程序方面与一般企业没有根本性的差别，因此当银行出现资不抵债、无法偿付到期债务的问题时，可以按照相应程序对其破产清算。但是，由于银行的经营对象是货币，商品的特殊性导致如果银行破产会产生极大的负面效应，因此各国政府一般都只会对出现问题的规模较小的银行进行破产清算。第二，政府暂时放松对出现问题的银行的管制，降低对其的各方面要求，或者允许其对将亏损企业的债务展期等，以保证银行资产的流动性。但是这种方式只能暂时缓解银行的问题而无法从根源上解决问题。第三，银行重组。这是世界各国常用的方式，本质上就是通过银行之间的并购等方法来重新配置其内部资产，从而剥离不良资产，在一定程度上改善资产状况。

通过比较这三种方式能够得出以下结论：对于我国银行业而言，组建资产管理公司对银行实行重组是最好的解决办法。资产管理公司能够以发行债券的形式收购银行的不良资产，在不改变银行的资产负债结构的前提下提高其资产质量，实现商业银行的良性转变。此外，组建资产管理公司还能将银行不良资产的处理工作与国家国有经济的战略性调整和国有企业改革结合起来。我国国有银行的不良资产很大程度上源于国企的高负债率，因此国有经济结构调整、国企改革等一定程度上也要依赖专门机构对银行的不良资产进行处理。这种处理不良资产的方式能大幅度提高问题解决的效率，在资产处理过程中最大限度地保全和回收其中的不良资产，降低处置成本。

（2）我国 AMC 处置手段多元化效果显著

1999 年 4 月，经国务院批准，我国第一家用于经营商业银行的不良资产的公司在北京正式成立，名为中国信达资产管理公司。随后有三家金融资产管理公司先后成立，分别是东方、长城、华融。至此我国开始大规模实施集中处置银行不良资产的手段。

资产管理公司最主要的任务是接收国有银行剥离出的不良资产并对其进行管理与处置，从而最大限度地保全这些不良资产，减少损失。资产管理公司接收这些不良资产之后，要通过出售、资产重组、置换、债权转股权、证券化等方式的有机组合来对其进行处理，同时也要向债务人提供管理咨询以及分立重组等不同服务，对于那些能确定资不抵债、需要关闭的企业，公司要为其申请破产清算。此外，资产管理公司还可以按照相关规定将债权和股权出售给境外投资者，以求最大限度地收回资产。

四家金融资产管理公司自成立，运用多种方式，加大不良资产处置力度，成效明显。为了保证资产管理公司顺利发展，最大限度地提高资产回收率、降低回收成本，国务院出台了一系列扶持性规定，包括资产管理公司在收购不良贷款之后同时继承其债权，债务人的负债自动转至公司，公司可行使债权人的权利与义务；公司在对不良贷款进行处置的过程中，可以在经营范围内进行贷款重组；国家免除资产管理公司的工商登记和注册手续费，并免除公司在化解不良资产存量过程中的一切税收；公司处置不良资产形成的损失需要由财政部门提供处置方案，并交由国务院审批。在这些优惠政策的支持下，资产管理公司在建立的前三年中剥离和处置国有商业银行的不良资产的成效十分显著。

（3）进一步加强对金融资产公司的管理

我国金融业继续发展所面临的主要问题之一就是寻求科学有效的政策手段和制度改革方式来化解金融风险。我国建立金融资产管理公司，目的就在于最大限度地化解银行不良资产，维护金融系统的安全和稳定，为中国经济发展扫清障碍。AMC 能否成功处置大量不良资产，已经成为外界关注中国金融界的焦点。如今，我国通过金融资产公司化解不良资产的工作虽然取得了一定的成效，但是同时也出现了新的问题。化解国有银行的不良资产是十分复杂的系统性工程，这项工程涉层面广泛，需要极强的技术支撑，专业化程度高，任务十分艰巨，因此国家必须采取有力的措施才能保证这项工程顺利完成。金融资产公司也要同时强化自己的内部管理，不断完善对内部的控制机制，制定科学、全面的收购、经营、管理和处置不良资产的流程标准，保证不良资产存量能够以高效、公开、公平、公正的形式来化解，完成自己的任务。

（4）加强金融资产管理公司与银行间的合作

处置不良资产存量还可以从银行内部角度，成立专业的管理部门。目前，我国四大国有商业银行均设有资产保全部门。将不良资产从授信部转移到资产保全部管理，能够给银行带来以下好处。一方面，可以强化专业分工，提高工作效率。授信部门专心拓展业务，资产保全部门集中管理和处置不良资产，业务内容不同、所需专业知识不同，两者各司其职在一定程度上提高了工作效率。另一方面，可以强化制约关系，防范道德风险。不良贷款在部门间转移，能够预防信贷人员的违规违纪行为，保持信贷队伍的纯洁性。

金融资产公司也要和银行保全部门加强合作，以促进银行的改革，降低资产管理公司处置不良资产的成本，公司与银行间通力合作才能保证化解不良资产存量工作的顺利进行。

3.我国化解不良资产增量的模式选择

处置已经存在的不良资产只能解决表面问题，银行仍需要寻找有效的方式预防不良资产继续增长，从源头杜绝不良资产的产生，从根本上化解不良资产带来的金融风险。

（1）健全内部管理机制

防止不良资产的新增量，主要是依靠银行内部进一步深化改革，健全信贷管理体制。1994年2月中国人民银行总行决定实行新的信贷资金管理办法，即"总量控制，比例管理，分类指导，市场融通"。1996年我国颁布《贷款通则》，从1998年1月1日起，取消对国有商业银行贷款限额管理，在我国商业银行中全面推行资产负债比例管理和风险管理，做到"计划指导，自求平衡，比例管理，间接调控"，要求各家商业银行在国家计划指导下，做到资金来源和资金运用自求平衡，并逐步达到资产负债比例管理的各类指标要求，央行以间接调控为主。

（2）提高外部监管水平

根据《贷款通则》的要求，中央银行对国有商业银行执行了严格的监管，包括严格监管不良贷款的比例、各项存贷款指标、资本充足率，严格检查各家商业银行的贷款内控制度等。严格的监控措施能够让银行业以及各商业银行加强对内部的管理。2000年后，国家派驻监事会对重点金融机构进行监管，并建立了严格的贷款审批制度，令其严格执行。措施实施后，金融机构的新发放贷款效益普遍得到提高，不良贷款也逐渐减少。2001年，中央银行从四个方面重点对银行进行了监管：第一，严格监管银行不良贷款的比例，国有商业银行不良贷款的比例要达到每年降低2%~3%；第二，严格监督国有银行的财务指标，提升其盈利水平；第三，按照国家法律规定不断提升国有商业银行的资本充足率，尽快达到国际标准；第四，根据国家规定对国有商业银行行长的经营业绩进行严格考核。

在这些措施的积极实施下，我国国有商业银行不良资产逐年化解，防范并降低金融风险工作逐渐步入良性循环轨道，这也为我国进一步深化体制改革，重构政、企、银关系奠定了良好的基础。

4.政府、企业、银行关系的重建

改革开放以来，我国的经济建设取得了一定成就。其中，每一次的改革都是与当时的历史背景相呼应。在由计划经济向市场经济转变的过程中，由于政府经济发展战略不变，在赶超战略下产生的国有大中型企业的目标也没有根本转变，因此在微观经营机制上必然采取"双轨制"，进而形成面对上级主管部门和面对市场的双重行为[①]。在这一时期，我国政府、企业与银行之间的关系处在两种体制的夹缝与摩擦之中，本身就充满着一系列深刻的矛盾与冲突，这一阶段它们之间的关系也在相应地作出调整。1994年起，中国经济体制改革明确了市场经济发展的方向，并提出金融体制改革的方向，这一阶段我国政府采取将国有专业银行商业化的改革路径。在确定商业化改革路径的过程中，中央政府起到了决策性的作用，地方政府出于谋求自身利益，间接促进政府对专业银行进行改革。另一方面，此时的银企关系也正在不断发生着变化以支持国有银行的商业化改革。

---

① 林毅夫，蔡昉，李周.产权制度改革不能解决国企问题[J].经济研究参考，1997（95）：28-29.

（1）政府行为与商业银行改革

从我国银行体系变迁的过程考虑，自1978年打破"大一统"的金融垄断体系，引入竞争机制开始，国有银行便从专业化经营时期迈入商业化改革时期。在中国银行业变迁的过程中，政府为其提供了制度支撑。政府根据历史时期特点，建立了国有金融体系并不断对其改造，同时形成科学的金融制度，从而为社会经济发展和企业发展提供充足的资金支持。

我国许多改革都是由政府强制推动的。银行业改革也是如此，政府在其中提供了决策。政府和银行间的关系可以视作一种"契约关系"。在行政集权的背景下，政府和银行之间的契约决定了银行制度的形成与变迁，同时也决定了我国银行制度环境的特殊性。制度环境对于制度变迁而言具有决定性的影响作用，因此我国银行制度变迁也是由我国政府与银行之间的契约关系所决定的。

政府对银行制度进行改造的过程是一个不断变化的过程，引起这种变化的根本原因在于契约需要跟随环境的变化而不断变化。政府对银行制度的要求是由外部环境引起的，因此银行制度要不断随着环境而变迁。外部的压力、经济结构调整等都会影响到政府的决策，进而影响银行制度。此外，政府对经济发展的认知水平得到提升后，契约往往也会发生变化。由于市场经济改革目标的确定，政府与银行之间的契约发生了变化，这种变化造成银行制度的变迁，决定了国有专业银行走上商业化改革的道路[1]。

1992年，我国把建立社会主义市场经济体制确立为市场经济改革的目标。这一年，国内金融秩序出现混乱，专业银行的一些基层机构通过拆借、附属公司转投资等方式对证券和房地产市场进行了大量不规范的投资；同时又通过"保证支付"等形式使得央行不得不增发货币，最终引起了引用膨胀。这一阶段，许多银行的净资本充足率下降为负值，理论上，国有银行已经破产，这种情况引起了政府的高度重视。银行最终的风险都要中央银行来承担，因此在20世纪90年代中期，政府逐渐加强对金融活动的监督与控制，以求化解越来越大的金融风险。为了保证金融杠杆效率不受影响，中央政府加强了中央银行制度的科学性改革来治理通货膨胀，从而改善国有银行的外部生存环境，并通过政策制定的方式加强了对银行的内部治理与风险管理。这些内容就是国有银行商业化改革的主要工作。

---

[1] 罗得志.1949—2002：中国银行制度变迁研究[D].上海：复旦大学，2003.

理顺政府与银行之间的关系至关重要。商业银行本质上是一个企业，利润最大化是其最重要的目标，其首要要求也是经营自主权。

银行商业化改革的重要外部先决条件就是消除政府对银行的干预。首先，政府不再通过行政手段对银行进行直接管理，而是通过中央银行的货币政策工具来推行金融方针政策；其次，国有银行不再承担社会补偿等方面的责任，让银行能够完全进行商业化改革，尤其是要将政策性低息优惠贷款业务剥离出去；再次，国有银行的人事任免权利交还给银行，银行通过股东会或者民主程序来进行人事任免；最后，政府以法律法规的形式来规范和约束商业银行的经营行为，并维护银行的合法权益。[1]

改革初期，中央和地方政府首先开始调整权力和利益结构，总体趋势是放权让利。这种改革趋势让政府也成为独立的利益整体，并有了自己的管理任务与目标，因此政府要通过不同的方法来提高自身的收益。

中央政府向地方政府分权可能会产生两种结果：第一，地方政府寻租行为出现的概率大大提升，因为地方政府对当地资源和经济活动的控制能力大幅度提升；第二，本地居民福利水平得到提高，因为地方政府相比于中央政府而言更适合经营本地。而地方政府究竟能够达成哪个结果则不得而知。地方政府并没有将本地居民福利最大化当作自己执政目标的义务。如果缺少制度约束，地方政府很有可能对地方的生产剩余和消费剩余掠夺殆尽，或是进行寻租行为。一种租金的存在会诱使地方政府采取各种手段维持租金的存在，这一行为又会导致其他租金产生，也就是说，寻租行为会导致地方政府持续干扰经济发展，这一行为的持续时间甚至比租金本身的寿命还要长。

对于我国而言，随着经济体制改革的不断深入，尤其是将经济发展的自主权归还给民间的过程中，国民财富逐渐开始转移，中央和地方财政的集中力逐渐下降，民间储蓄支撑下的金融能力逐渐增强。种种原因导致地方政府在接掌事权和财权之后开始寻租，为了获得支持地方治理的资源而打起了金融资源的主意，甚至想要控制银行体系的信贷资源。

20世纪90年代中期，中央提出了市场经济改革目标，要建立社会主义市场经济，同时开始推行分税制改革。从此，中央与地方政府的财政分配关系更加清

---

[1] 曹凤岐. 中国金融改革、发展与国际化 [M]. 北京：经济科学出版社，1999.

晰，财政运行机制也更加规范，财政收入分享体制确立了地方政府的独立利益主体地位，让地方政府开始积极寻求财政收入增加的路径。地方政府为了培养地方税源、增加政府收入，会不断寻求强化利用国家和地方资源的方式，以求扩大当地经济规模，也会利用国有商业银行的信贷资源不断开展新项目。

在当时的社会发展环境下，地方政府对专业银行的分支银行的指挥和控制权很大，因此许多设立于地方的专业银行分支都成了地方官员获取财政资源的工具。全国性专业银行的资金逐渐被地方分割，信贷业务也地方化，而地方政府则通过国有银行的地方分行中获取了大量金融资源。在当时经济发展的热潮之中，地方政府开始大量展开投资，但是随着经济发展逐渐恢复正常，银行坏账的问题就显露出来。因此，中央为了化解这一时期产生的不良贷款，遏制地方政府寻租的现象，于1994年起将政策性业务从国有银行中分离出来，并推动四大国有银行开始商业化改革。

国有银行商业化有效减少了地方政府对商业银行的行政干预。专业银行商业化意味着商业银行成为一个经济单位，受到法律的保护，同时不受政府行政干预。商业化的银行与国家之间的权利与义务地关系则通过法律契约的形式确定下来，银行的责任、权力和利益有机结合，地方政府也就不能再干预专业银行的经营，而是必须按照经济规律来与银行合作。

总体来说，在我国金融体制的改革过程中，政府的力量体现出明显的金融管制的痕迹。我国的金融管制具有双重性质，既有金融压抑的性质，又有弥补市场失灵缺陷的性质。

金融体制改革前和改革初期，政府的金融管制更多的是金融压抑，政府过度干预金融机构的决策。随着金融体制改革的不断深入以及金融化进程的不断推进，我国的金融管制则更倾向于弥补市场失灵带来的缺口。从我国金融管制的方法来分析，其中市场化的成分不断增加，行政干预的成分则越来越少。改革初期，政府对银行业的过度干预与管制导致国有银行资本金不足，大量不良资产产生，在一定程度上制约了我国国有银行的发展，国有银行也无法建立起符合市场经济要求并与国际接轨的公司治理结构，这在一定程度上阻碍了我国国有银行国际竞争力的提升。市场金融制度的建立要求政府必须取消对国有商业银行的过度干预，实现政银分离。中国金融制度的变迁经历了从政府完全主导变迁到各种市场势力博弈最终实现制度均衡的过程。正如周业安所指出的,中国的经济改革经历了政府逐步退出直接的制度创新领域,而诱致性变迁逐步占据主导地位的过程,这是中国经济市场化的本质。[①]中国金融制度变迁的历史也基本反映了这一事实。银行体系演进中的一个重要特征在于:银行体系变迁过程不再由政府一方决定,基于已有的分权改革,非政府主体(个人和团体)也较大程度地参与了制度的创新过程。

(2)经济转型期的银企关系改革

对于社会而言,银行和企业是最为重要的经济主体,也是人类追求和实现物质利益的主要途径。在资源配置与社会生产中,银行与企业也有十分关键的作用。资源的稀缺性以及经济人的自利性使得在社会经济活动中银行和企业一直追求利用有限的资源实现最大的经济利益,并形成十分复杂的联系。在经济改革过程中,银行和企业都需要自主经营、自负盈亏,因此它们都要改变经营意识,建立平等的合作关系。在资金供求活动中,企业和银行也必须按照市场规律进行。在经济活动中,银行与企业的地位是平等的,因此应当将自己当作市场经济中的两个法人实体,进行经济往来,建立和谐的经济关系,形成新的银企融资格局。此处所提出的银企关系主要指国有商业银行与国有企业之间的经济关系。

一直以来,国有商业银行和国有企业之间就有很亲密的关系。首先,国有商业银行的主要金融服务对象就是国有企业,因此国有企业的效益关系到国有商业银行的利益,两者一荣俱荣,一损俱损;其次,从发展历史和产权关系方面分析,国有企业的资金来源主要依赖国有商业银行。事实上,为国有企业提供信贷服务一直以来也是国有商业银行的责任,因此银行业务处理外部关系的主要内容之一就是协调银企关系。我国商业银行和国有企业关系逐渐由计划经济时期的完全依赖关系转变为相互合作与资金供需的关系。

在计划经济体制下,企业所需资本金和流动资金都由国家财政供应,国有银行与国有企业之间主要是行政管理服务性关系。对国有企业的业务成为国有银行的核心业务之一,银行业中不仅政策性银行,甚至多数商业银行也承担了很大部分的对国有企业的政策性任务。

现代许多企业都是在负债经营,理论上,存在一个企业的最佳负债率,但是如何确定这个值却没有科学的办法。有的学者根据工业化国家的以往经验数据提

---

①周业安.中国制度变迁的演进论解释[J].经济研究,2000(5):3-11;79.

出最佳负债率是50%，也就是企业债务与自有资金之间比例为1∶1。从性质方面进行分析，我国国有企业的负债存在以下特征：第一，负债水平刚性上升；第二，银行借款比例过大，达到80%以上；第三，负债资金的运行效率比较低；第四，非经营性负债较多，有很大一部分资金被用于社会福利设施的建设，或者用于各种社会摊派；第五，负债沉淀现象突出，存在大量短债长用、借债不还的现象，从而形成许多银行不良资产。到1994年年底，我国国有企业的负债率大都在70%~90%之已经超出了企业的承载极限。这对国有商业银行产生的负面影响就是造成巨额不良信贷资产。事实上，国有企业的不良债务与国有商业银行的不良债权是一体两面的关系。有的学者通过测算得出，国有专业银行的不良债权（逾期、呆滞、呆账贷款）已占国有工业企业贷款余额的25%~30%，约合5 300亿~8 000亿元。[1] 至1995年9月底，全国各类金融机构贷款总额已达到46 513.5亿元，若按25%的比例匡算，不良贷款已超过10 000亿元，数量相当惊人。由于国有企业不良债务的影响，1995年上半年四家专业银行中有三家出现亏损，只有中国银行全年盈利105亿元。中国银行实际上是国内业务亏损，国际业务盈利，其全年盈利是由国际业务的盈利抵消国内业务的亏损后获得。[2] 国有企业的过度负债让银企随时面临着债务危机爆发的风险。一般情况下，银企债务危机对国有企业和国有商业银行的经济效益都会产生一定的负面影响，在一定程度上阻碍金融改革的步伐。一旦出现突发事件，银企债务危机很可能就会爆发，从而危及社会正常秩序的保持、经济的增长以及政治的稳定。

在转型期间，银企之间的关系还面临着寻租、内部人为控制、经营目标异化等问题，要想解决这些问题，就要从制度创新中寻求办法。制度创新是制度转变的过程，其产生的根本原因在于新的获利机会出现，而现有制度无法适应新的获利机会。产权制度是其他经济制度建立的基础，因此产权制度的创新也是银企关系制度创新的核心。产权制度创新的目标在于改变产权界定的原则，以自愿交易原则来重新确立产权制度，让经济活动的外部性最大限度地内化。只有这样，经济主体的行为才能趋于合理，从而解决转型期的银企关系的矛盾。新型银企关系的基本特征主要体现为产权主体的多样化、市场调节能够起到基础性作用、自负

---

[1] 吴有昌. 现代货币危机理论及其启示 [J]. 财贸经济, 1999（3）：12-19.
[2] 谭崇台. 发展中国家向市场经济迈进时必须加强宏观调控 [J]. 经济学家, 1994（6）：25-33；122.

盈亏、主要经营目标为利润的最大化、资金关系为借贷。这也是我国银企关系制度创新的目标。在新型银企关系下,银企双方能够形成平等、互利、竞争和融合的关系,在这种关系的形成过程中,政府仍然需要加强对其的引导。新型银企关系建立为我国社会主义市场经济体制的形成奠定了坚实基础。

改革开放以来,在计划经济向市场经济成功转化的过程中,国有企业经过重组和改革,银行业与国有企业的关系也发生了本质性的变化。国有企业失去国家计划保护,开始进入市场竞争,成为自主经营、自负盈亏的利益主体,中央进行了旗帜鲜明的国有企业现代产权制度的改革。同时,我国金融制度改革也在不断推进中,四大国家专业银行逐步向商业银行转轨变型,先后建立了三大政策性银行,剥离了专业银行的政策性业务,股份制银行、城市合作银行开始蓬勃发展,统一开放、有序竞争、监管严格的金融市场逐步建立。

在此形势下,信贷资金转化为商品,银行和企业之间的业务也成为资金与商品的交易活动,国有商业银行和国有企业之间逐渐按照市场经济规律与秩序进行金融活动,改善自身经营状况。中国的银企关系改革也逐渐走向市场型银企交易模式。政府不再插手银行的决策与经营,开始站在宏观管理的高度,通过完善市场规则来引导银行之间、银企之间、金融机构之间进行公平交易与竞争,防止出现违规交易行为。银行与企业之间的交易要遵循市场的交易原则,并自行商定交易数量、范围与价格。企业破产时,银行作为最大的债权人享有优先权。由此可见,政府从法律制定及实施方面切实做到了维护银行的合法权益。

想要理顺银企之间的关系,最为关键的就是彻底解决国有商业银行的巨额不良资产问题。巨额不良资产也是困扰银行和企业的十分复杂的问题,它涉及很多层面,如市场体系的不健全、产权制度不完善、经济体制出现问题、政府管理不科学等,同时也有银行和企业自身的经营有问题等因素,因此需要从政府、企业与银行三个角度寻找原因,共同配合才能找到合适的解决办法。在解决这一问题上,国家加大了处理银企债务的力度,通过各种各样的财政补贴、发放经营性基金贷款、发行股票或企业债券、加强对国有银行的呆账坏账的核销、债转股等不同的措施来进一步化解银行的不良资产。1999年下半年起,通过"债转股"的形式,银行的不良资产开始在市场上进行交易,事实上这是债转股的实际应用。具体的实施方式如下:经部门和地方政府建议,国有资产管理公司审查后,选择市场前景较好但由于债务比例过高而导致经营不善的公司进行债转股，将公司债务的债权转移给国有投资管理公司代为管理，同时根据企业的具体经营情况将银行的债权按照一定比例缩减，转化为银行股权。合理运用"债转股"模式对于化解银企债务问题确有其独特作用。通过这种方式，国家能够通过利用市场力量和财政力量解决银行和企业遗留的问题，让国有企业摆脱债务的困扰，让国有独资企业转型成股份分散的股份制企业。同时，银行也要进一步推进商业化，不断完善金融服务以支持企业的进一步发展。因此，我们要从本质层面理顺国家与银行之间在产权问题上的联系，并通过立法的形式明确国家、银行股东与银行之间各自的权利与责任，让银行贷款能够进入效益最佳的行业与企业中，保证信贷资金有合理的效益，保障银行信贷资金的安全性与流动性。此外，国家还要加强对信贷风险的控制，通过信贷风险防范机制的建立以及信贷风险预测预警机制的完善来减少银行不良信贷资产的产生，并通过多样化的措施与手段来化解银行的不良债务。最后，企业也要加快现代企业制度建设的进程，不断提高经济效益，增强自身的经济活力，通过制度的改革让自身的产权更加清晰、权责更加明确、管理更加科学，同时也要不断调整自己的产业结构，实现产业优化与升级。

在体制新旧交替的现在，银行和国有企业之间仍然需要适应制度的转变，银企关系也难免出现问题。在资金供求方面，部分国有企业依然需要依赖国有商业银行的支持，而银行在资金供给方面也难以做到真正的自由、自主；银行与国有企业之间尚未形成真正的契约型债权债务关系，政府的隐性担保依然存在；银行与国有企业之间关系的稳定性较差，企业盲目冲动扩张，有意识地将信贷情况对银行保密，增加银行的投资风险，而银行在激烈的竞争下，为了开拓市场也越来越依赖大客户。这些问题都有待银行业体系的进一步改革与变迁。

第三节　银行业的现代化变革

从 2003 年开始，随着中国经济的快速发展，中国银行业的市场化也进入一个新的阶段。我国的主要商业银行，如国有商业银行、股份制银行等面临着财务重组和改革的问题，政策性银行在新的发展背景下，也开始了业务模式的新探索，城市商业银行进行着区域经营的拓展业务和创新改革，农村信用社也在不断进行相应的改革和探索。与此同时，外资银行也开始进入中国的市场，和国内银行进行合作时，更是发挥了相应的示范性效应。中国银行业进入市场化改革的新阶段，现代化银行体系包括股份制银行、国有商业银行等主体，同时也包含农村金融机构、外资银行、城市金融机构、政策性银行等，多层次的现代化银行正在快速形成，并在中国经济的平稳发展中起到了一定的作用。

一、我国主要商业银行改革与发展

中国银行业改革与发展的核心是包括国有商业银行和股份制商业银行在内的主要商业银行的改革与发展。这一阶段，我国主要商业银行改革与发展的核心在于产权改革和公司治理结构的完善。通过财务重组、政府注资和公开上市等一系列措施，主要商业银行的发展步入了新的阶段。

（一）我国主要商业银行的现代化改革

从 2003 年开始，我国主要的商业银行都采取了许多股份制的深化改革措施，改革的成效十分明显，我国主要商业银行的核心能力都得到了快速发展，包括资产规模、盈利能力和风险抵御能力。

1. 我国主要商业银行的股份制深化改革

对于国有的商业银行而言，股份制改革主要包括 4 个步骤，分别是化解不良资产、政府注资、引进战略投资者和公开发行上市。

（1）化解不良资产

我们以中国建设银行和中国银行为例，分析可疑类贷款处置的步骤：第一，在公开竞标的数据上，选择一家作为批发资产的公司，从批发资产公司的可疑类贷款账面价值 50% 出发，分为两行购入可疑类贷款，按照承诺的最低回收率付给人民银行的再贷款；第二，由批发资产公司将两行可疑类贷款组合形成若干资产包，通过公开竞标的方式出售给其他资产的管理公司或者是其他合格的投资者；第三，中标的投资者可以使用各种市场手段对资产包的各种贷款进行处理。在实践中，这种方法体现了公正、公开、公平的原则，并且在最大限度上结合了市场竞争的机制，强化了约束和激励的机制，不仅能够促进不良资产价值的回收，而且能够促进 4 家资产管理公司按照商业化和市场化的方向开展具体的改革。

2005年6月25日，中国工商银行招标工作组对35个可疑类贷款资产包进行了竞标活动，总价值规模达到了4 590亿元，并在当场开标，确定中标名额。从资产管理公司的收购资金成本、处置费用以及市场的利润空间出发进行计算，本次中国工商银行的可疑类贷款回收率在30%以上的程度。这次中国工商银行可疑类贷款处置和过去的贷款处理相比，取得了较大的进步：首先，强化了组织和协调的工作内容；其次，对过去的档案资料展开了详细整理，并强化了责任的处理力度；再次，规范了招标制度，将招标的资产分为了35个资产包，有利于市场竞争的进步，使得投标价格能够更加靠近不同资产包的全部价值；最后，促进了不良资产交易市场的发展，为金融市场的全面发展奠定了基础。

（2）政府注资

为支持国有银行改革，政府成立了中央汇金投资有限责任公司（以下简称"中央汇金公司"），负责对国有银行进行注资。2003年底，中央汇金公司分别向中国银行和中国建设银行注资225亿美元；2004年4月，中央汇金公司向交通银行注资30亿元人民币；2005年4月，中央汇金公司向中国工商银行注资150亿美元。通过政府注资，国有银行的资本金得到了很大补充，除去对国有银行的注资，中央汇金公司又开始对一些股份制公司注资，如对光大银行的注资。

（3）引进战略投资者行为

中国银行、中国工商银行、中国建设银行作为我国的国有商业银行，都按照自身的财产状况选择了合适的战略投资者，并明确了战略合作的具体模式。其中，中国工商银行使用了"投资银行+保险公司+银行卡"的结构，而其他两家银行都使用了"商业银行+财务投资者"的具体引资模式。在引资股份所占比例上，各行也存在一些差别。中国建设银行和中国银行引资股份占比较为明显地高于中国工商银行（表2-3-1）。

表2-3-1 国有银行引资条款的比较

比较项目	中国工商银行	中国建设银行	中国银行
引资结构	投资银行+保险公司+银行卡	商业银行+财务投资者	商业银行+财务投资者
售卖股份种类	新股	老股	50%新股+50%老股
引资价格（P/B）	1.22	1.15	1.17
净资产价格保护	直到IPO前	交割后5年	交割后4年
投资锁定期	交易完成后3—5年	IPO后三年	交易完成后的3年

续表

比较项目	中国工商银行	中国建设银行	中国银行
引资股份数	241.8 亿股	273.8 亿股	352.8 亿股
引资股份占比	7.9%	14.17%	16.19%

资料来源：https://www.cbirc.gov.cn/cn/view/pages/index/index.html

（4）国有商业银行的公开上市状况

2005年10月份，中国建设银行在香港联合交易所成功上市之后，2007年9月又在上海证券交易所成功上市。2006年6月，中国银行在香港上市，同年7月又在上海的证券交易所成功上市。2006年10月，中国工商银行在香港和上海同时上市，并开创了国内银行在境内和境外同时上市的先河。交通银行则在2005年6月于香港公开上市之后，又在2007年5月于境内上市。此外，中国农业银行也在2010年7月15日和16日于上海证券交易所和香港联合交易所成功上市。我国国有商业银行上市情况如表2-3-2所示。

表 2-3-2 我国国有商业银行上市情况

银行	境内上市时间	境内上市地点	境外上市时间	境外上市地点
中国银行	2006年7月5日	上海证券交易所	2006年6月1日	香港联合交易所
中国工商银行	2006年10月27日	上海证券交易所	2006年10月27日	香港联合交易所
交通银行	2007年5月15日	上海证券交易所	2005年6月13日	香港联合交易所
中国建设银行	2007年9月25日	上海证券交易所	2005年10月27日	香港联合交易所
中国农业银行	2010年7月15日	上海证券交易所	2010年7月16日	香港联合交易所

资料来源：根据中国银行、中国工商银行、交通银行、中国建设银行和中国农业银行的官方网站整理。

对于股份制的商业银行来说，深化改革的具体措施在不同的银行实施过程中存在一定的差异，但是其核心思想是不变的，一是补充资本金，二是改善公司的具体结构。在已经成功上市的股份制银行中，主要采取的措施是引进战略投资者和开展财务的重组。1988年，深圳发展银行上市，在2004年，开始引进国外的投资战略，从而改善公司的治理结构体系，与此同时，那些已经公开上市一段时间，但是还未引进战略投资者的股份制银行，也在努力采取积极的措施，完善公司的治理结构和内容。例如，上海浦东发展银行、民生银行和招商银行分别于

1999年、2000年和2002年公开上市。2003年之前还没有公开上市的股份制银行，更是加快节奏，进行股份制的具体完善。还有的股份制银行采取了先上市，后引进的措施，如华夏银行在2003年9月份成功上市之后，在2005年11月采取了国外战略投资者引入措施。大部分的股份制银行通常会采用先引进再上市的措施，比如中信银行、交通银行、兴业银行等。兴业银行于2004年4月引入恒生银行、国际金融公司、Tetrad Ventures Pte Ltd（新加坡政府直接投资公司的子公司）作为战略投资者，交易价格为2.7元/股。交通银行在2004年6月进行股份制改革并引进战略投资者之后，于2005年6月在香港联合交易所公开发行上市，而后于2007年5月在上海证券交易所公开上市。中信银行于2006年11月引进战略投资者之后，于2007年4月27日在香港和上海同时上市。有的股份制银行则在引进战略投资者之后还没有采取公开上市的措施。例如，广东发展银行于2006年引进战略投资者之后还没有公开上市；渤海银行于2005年成立并引进战略投资者之后，也还没有公开发行上市；光大银行则正在进行财务重组，不久将可能公开发行上市；恒丰银行和浙商银行分别在2003年和2004年股份制改革之后，还没有进一步改革动向。我国上市股份制银行深化改革时间如表2-3-3所示。

表2-3-3 我国上市股份制银行深化改革时间表

股份制银行	引进战略投资者	境内公开上市时间/地点	境外公开上市
深圳发展银行	2004年	1988年4月7日/深交所	—
华夏银行	2005年11月	2003年9月12日/上交所	—
交通银行	2004年6月	2007年5月15日/上交所	2005年6月23日/联交所
中信银行	2006年11月	2007年4月27日/上交所	2007年4月27日/联交所
兴业银行	2004年4月	2007年2月5日/上交所	—
浦发银行		1999年11月10日/上交所	—
民生银行		2000年12月19日/上交所	—
招商银行		2002年4月9日/上交所	2002年9月22日/联交所

资料来源：根据深圳发展银行、华夏银行、交通银行、中信银行、兴业银行、浦发银行、民生银行和招商银行的官方网站整理。

从这一阶段我国主要商业银行的改革和发展状况可以看出，2003年以来，我国主要商业银行的改革主要集中于财务重组以化解不良资产、引进战略投资者以改善公司治理结构和公开上市以扩大融资途径。

2. 我国主要商业银行的改革发展成效

近年来，我国主要的商业银行通过股份制的改革措施，在金融领域取得了快速的发展。首先，从资产状况来看，2014—2021年，我国商业银行总资产规模从130.8万亿元增长至281.77万亿元，持续平稳发展。截至2022年末，中国商业银行资产规模增长至312.75万亿元，同比增长10.99%，发展态势良好。[①] 这里，主要商业银行包括国有商业银行和股份制银行两类。其中，国有商业银行包括中国工商银行、中国农业银行、中国银行、中国建设银行和交通银行等5家银行，股份制银行包括中信银行、中国光大银行、华夏银行、广东发展银行、深圳发展银行、招商银行、上海浦东发展银行、兴业银行、中国民生银行、恒丰银行、浙商银行和渤海银行等12家银行。资产规模的扩大说明我国商业银行在经济中发挥的作用越来越大。如图2-3-1所示，为中国商业银行2014—2022年资产规模及增长速度。[②]

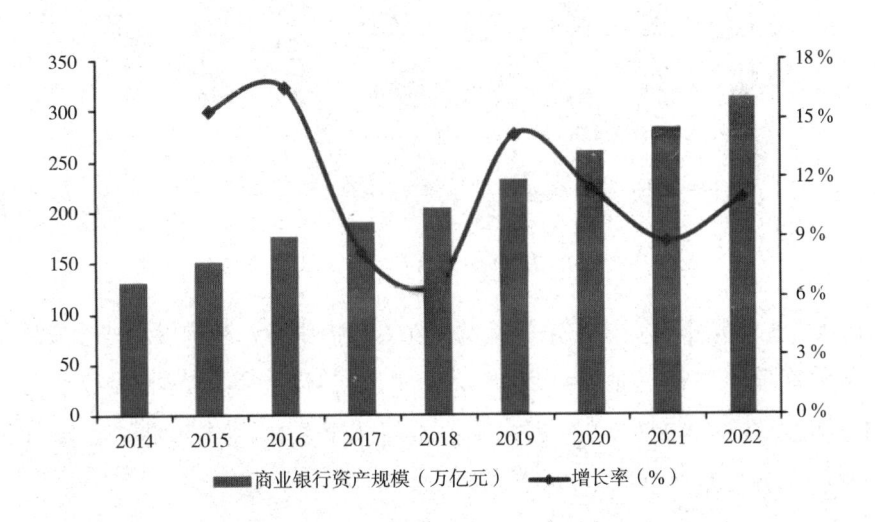

图2-3-1　中国商业银行2014—2022年中国商业银行资产规模及增长速度

[①] 搜狐网. 2023年中国商业银行行业发展现状分析 中国商业银行资产规模突破300万亿元[EB/OL].（2023-04-23）[2023-04-25]. https://www.sohu.com/a/669478556_114835.

[②] 前瞻经济学人. 2023年中国商业银行行业发展现状分析 商业银行发展态势良好【组图】[EB/OL].（2023-04-23）[2023-04-25]. https://baijiahao.baidu.com/s?id=1763948659720906829&wfr=spider&for=pc.

其次，从市场份额来看，近些年来，国内国民人均可支配收入得到了一定的提升，高净值人群规模扩大，在国民财富提升背景下，国内商业银行吸收的存款越来越多，加上国民财富管理意识的提升等，使得行业总资产规模也稳步增长。数据显示从2014—2021年，我国商业银行资产规模由130.8万亿元增长至288.6万亿元，其占银行业金融机构总资产规模比重也由78.22%提升至83.71%。[①] 由此可见，我国商业银行在国内金融机构体系中的地位越来越重要，其整体供给能力也得到增强（图2-3-2）。

2014—2021年我国商业银行资产规模及其占银行业总资产比重变化

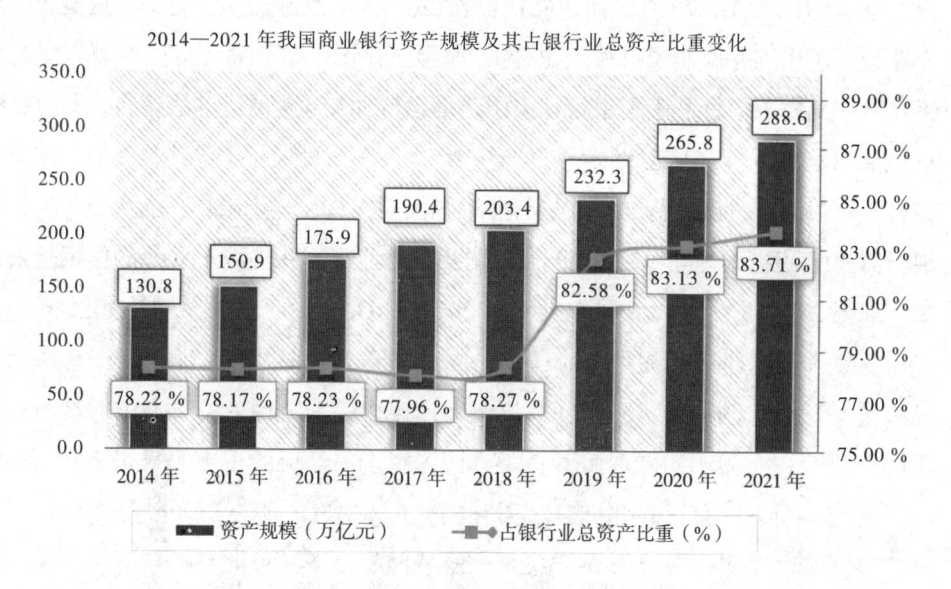

图 2-3-2　我国主要商业银行市场份额占有情况（%）

再次，如果从不良资产的角度出发，随着国内银行资产规模的快速发展，行业的负债规模也在快速地发展着。从2014—2021年，我国商业银行总负债由125.1万亿元增长至264.7万亿元；其占银行业金融机构总负债也由2014年的78.17%增长至2021年的83.97%（图2-3-3）。[②]

---

①观研报告网.我国商业银行行业：国内经济结构转型及新兴产业崛起下地方性商业银行发展潜力较大[EB/OL].（2023-01-19）[2023-03-19]. https://www.chinabaogao.com/free/202301/623656.html.

②同上。

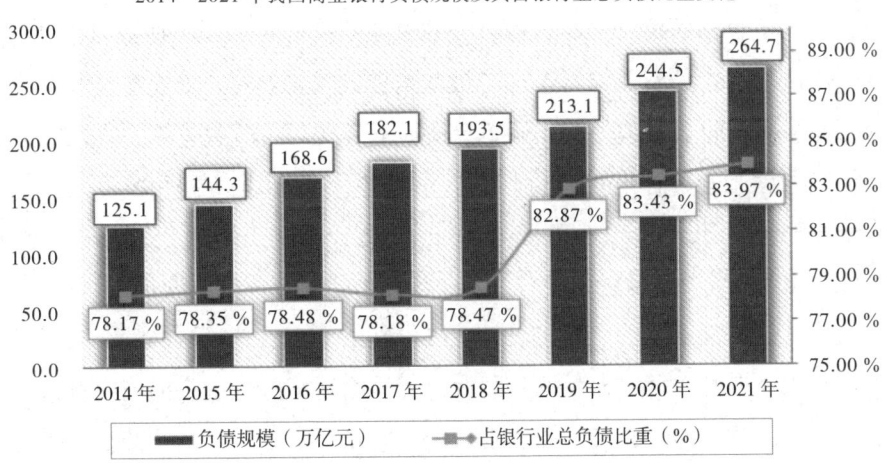

第二章 银行业的发展与变革

2014—2021 年我国商业银行负债规模及其占银行业总负债比重变化

图 2-3-3　2014—2021 年我国商业银行负债规模及其占银行业总负债比重变化

综合行业资产规模和资产负债来看，尽管近些年来两者规模双双增长，但是其增长速度并不相同，这便使得我国商业银行资产负债率呈现下降态势。从 2014—2021 年，我国商业银行资产负债率由 95.64% 下降到 91.72%（图 2-3-4）。①

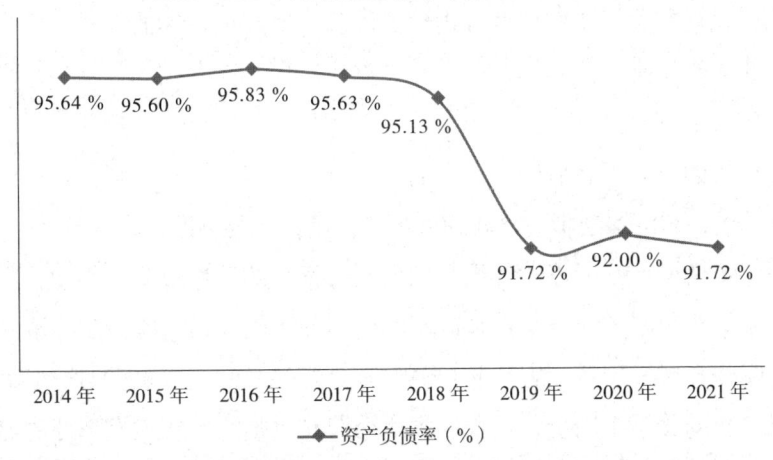

2014—2021 年我国商业银行资产负债率变化情况

图 2-3-4　我国商业银行不良资产负债率变化（2014—2021 年）

---

① 观研报告网. 我国商业银行行业：国内经济结构转型及新兴产业崛起下地方性商业银行发展潜力较大[EB/OL].（2023-01-19）[2023-03-19]. https://www.chinabaogao.com/free/202301/623656.html.

然后，从银行的盈利情况来看，在股份制不断深化之后，我国主要银行的盈利能力得到了快速的提升。商业银行与其他类型银行的本质区别是其是以营利为目的，因此盈利性是商业银行追求的最基本和最主要目标。而发放贷款是属于商业银行最主要、收益最大的资产业务活动，是其利润的最大来源。从2015—2019年我国商业银行行业净利润稳健增长，由1.59万亿元增长至1.99万亿元，行业盈利水平稳步提升；在2020年行业净利润短暂下滑至1.95万亿元；随后在2021年其又快速回升至2.2万亿元左右，行业盈利水平呈现恢复性增长。[①]

最后，从风险抵御的角度出发，在股份制改革之后，我国的商业抵御风险能力得到了快速提升。资本充足率是商业银行风险抵御能力的主要内容。在开展二轮股份制的改革之前，我国的商业银行资本充足率水平是比较低的，说明这些银行的风险抵御能力较差，在改革之后，我国主要的商业银行资本充足率都得到了一定的提升。我国股份制银行的资本充足率也有了一定改善。

（二）我国主要商业银行改革方向

从2008年开始，我国的商业银行开始了股份制改革的道路，总体上是按照"产权清晰，权责明确，政企分开，管理科学"的道路进行的，通过开展外部监管、内部改革、财务重组等内容，构建起了真正的现代金融企业制度体系，构建法人治理结构，调整经营的机制，做好内部的管理，实现可持续的发展，成为具有较强竞争力的现代商业银行。

1. 改革银行产权

如果产权的关系不够明确，那么商业银行所有权与经营权则很难达到分离的效果，权、责、利不够清晰，自我约束不够明确，从而导致银行的效率十分低下，产生了一些不良资产。所以，如果我们要提升银行的运作效率，必须从产权制度的改进入手。股份制的改革是银行改革的前提和基础，通过股份制改革的成功实行，可以明确产权的关系，从根本上解决不良贷款的问题，防范金融风险。

如果产权的关系不明确，产权的主体会存在虚置的问题。大部分的商业银行都是国有银行，银行具有自主的经营管理权。但是，由于存在产权关系不清晰、

---

① 观研报告网. 我国商业银行行业：国内经济结构转型及新兴产业崛起下地方性商业银行发展潜力较大 [EB/OL].（2023-01-19）[2023-03-19]. https://www.chinabaogao.com/free/202301/623656.html.

不明确的原因，加上国家的所有权缺位，银行的经营权不够自主，无法达到自主经营的目的，也无法自我约束、自负盈亏、自担风险。银行在市场化的过程中，遇到了一定的经营困难。

产权关系的问题会导致大量不良贷款的产生。商业银行的不良贷款总是存在存量较大的问题，这对于银行的发展来说，是非常严重的。产权的制度会随着经济组织的具体形式而产生变化，生产方式和生产力水平也会不断发展，所以我们必须合理选择、安排和调整产权制度，让我们主动地适应目前的社会和经济条件，从而达到要素的全面配置和协调。中国银行业在金融工具创新、机构扩张之后，出现了两次规模较大的战争，但是产权制度的改革存在不足，技术层面的方式并不能从根本上提升商业银行的竞争力。同时，产权制度存在多种矛盾，比如资产质量的低下、资产质量的落后、内部控制的加强、激励和约束的机制不足、产权关系存在一定的问题等，这些问题的矛盾正在日益地凸显。

商业银行产权制度的根本问题是以市场化运作为主，商业银行采取了计划性经济较为明确的公共产权制度。在金融改革开放的深化背景下，商业银行自身的商业化性质正在不断发展的过程中，也产生了政府目标和银行的盈利目标难以结合的问题。政府在帮助银行不断追求自身的利益时没有照顾到风险责任的具体问题，使得潜在性的金融风险不断上涨；官员代理制度在一定程度上缺乏约束的机制，产生了特权腐败的问题；政府的完整所有权支配问题，从根本上影响了银行的发展动力和竞争的能力。因此，只有产权制度的改革路径能够和商业银行的发展相匹配，才能够达到商业银行改革的总体目标。

中国市场经济的快速发展，为商业银行的改革提出了客观的要求，要求商业银行改变过去的产权制度安排，并将其定位为将盈利作为根本目标的经济组织，从而形成按利率流动的高效益部门，不断带动资源的协调和配置机制。为了转变传统商业银行的定位和性质，不仅需要改变传统计划经济的观念，而且需要突破现有经济法律法规对商业银行的一些行为限制。在传统的国际竞争中，我国的商业银行主要面对的主体是以盈利为根本出发点的跨国银行，而不是重视社会效益的银行，WTO的根本目标就是发展经济。银行的微观效益是社会效益得以实现的基础，其外部负效应的实现应该借助国内和国际金融监管的约束作用，所以，我们应该明确商业银行盈利性的基本规律。

总的来说，市场作用决定了商业银行产权结构的发展，在一定程度上促进了银行特性的匹配，商业银行的产权改革必须与市场关系的实现和产业特性相结合。在市场经济不断发展的背景下，我们可以将国家控股的银行股份制作为根本的出发点，逐步实现银行股权的社会化和分散化的目的，同时也必须规定商业银行的产业特性，从而推动我国现代银行制度的确立。至于产权改革过程中可能出现的技术或者形式问题，银行应该在政府的指导下，进行自主的选择。

2. 完善公司治理结构

我国主要的商业改革目标是落实完善公司治理结构。公司具体的治理评价是多种多样的，不同公司的治理评价系统存在较大的差异，依据的市场环境、公司发展阶段、法律、法规、政策也都是不同的。1998年，标准普尔创立的公司治理服务系统享誉国际，而后1999年欧洲戴米诺公司推出了公司治理评价系统，2000年亚洲里昂证券推出了公司治理评价系统，美国机构投资者服务机构建立了全球性上市公司治理状况数据库等。在国内，比较有代表性的有南开大学李维安教授牵头制定的中国上市公司治理指数（CCGINK），海通证券研究所吴淑琨的《测试公司治理的60个问题——中国上市公司治理评价体系研究》等。在此基础上，我们列出商业银行的公司治理评价指标，如表2-3-4所示。

表2-3-4 公司治理评价指标

目标指标	准则指标	因素层指标
股权结构与股东权益	股权结构	国有股比例，是否有控股股东，实际控制权，股权分置状况，股权明晰程度
	股东基本权利	共益权，自益权
	股东平等待遇	股东大会召集权，股东表决权回避制度，累积投票制度，信息获得，收益权的平均对待
	股东大会	规范度，参与度，董事、监事提名权，代理制度
	大股东行为	披露状况，关联交易，独立程度，行为伤害性
董事与董事会	董事权利与义务	董事权利与义务，董事出席董事会状况，董事知情权，董事培训，董事赔偿责任制度，董事责任保险，董事违规状况
	董事会构成	董事长，董事会结构，董事会人数，专门委员会，控股股东与董事会
	董事会运行状态	董事会召开次数，董事会议题，董事会议事规则，董事会记录
	董事薪酬	董事评价，董事薪酬水平，董事薪酬结构
	独立董事	独立董事人数，独立董事构成，独立董事独立性，独立董事表现

续表

目标指标	准则指标	因素层指标
监事和监事会	监事会构成	合理性，监事资格，非职工监事提名，外部监事
	监事会运行	监事会议事规则，临时股东大会召集，独立行使职权，列席董事会，监事会召开次数，行使监督权利的有效性，实际运行问题，监事会记录
高级管理层	任免制度	董事长、总经理关系，选聘方式，行政程度，总经理稳定性，高管层稳定性，管理层连续性
	执行保障	信息沟通，经营控制，执行有效性，多重任职
	激励机制	经营业绩，长期激励，持股状况，评估机制
信息披露与内部控制	信息披露制度基础	公司治理准则，国际会计师事务所审计，外部审计单位独立性，审计单位，公布手段
	财务信息披露	真实性，完整性，及时性，补充报告，非定期报告
	治理信息披露	治理信息披露，其他信息披露
	内部控制	内部管理架构，风险控制，内部审计（稽核），呆账准备金覆盖率

在实行这种治理结构之前，我们需要具备有效的资本市场和完善的法律和法规环境，但是中国国内目前在法律环境的建设方面存在些许问题，如对政府行政权力的制约度不足、对社会信用环境的监督不足、对违法现象的惩罚力度不足等，但是完善法律环境的建立不能够急于一时。另外，中国的证券市场成立和发展的时间较短，监管的实际水平还有待提升，上市公司的具体结构还有待于发展，投资者的投资行为还需要进一步地规范；中国股市产生的市场信号无法全面准确地反映企业的实际情况；股市对企业经理层的管理体系还不够完善，投资者的行为也需进一步地规范；中国股市的市场信号不能及时反映出企业的具体经营状况；股市在对企业管理层进行监管时，还不能够很好地反映出企业的具体经营状况，股市制度体系还有待完善。为此，如果中国要想达到完全市场化的治理模式，还有很长的道路要走。

因为我国金融体制和经济体制的发展道路，商业银行一般都是国有独资性质的，在大中型企业中也是国有企业为主体，虽然从表面上分析，国有银行和国有企业都是国有性质的，但是它们的产权都被不同的部分和地方所分割了，产权之间的关系是错综复杂的。国有企业和国有银行都在治理结构上存在一定的不足之处，所以它们的产权运行效率都较为低下。如果使用关系型银行治理结构模式，也就是将存在缺陷的国有企业用来改善存在缺陷的国有银行，这一结果绝对是不甚明朗的。

在规划我国商业银行的具体治理结构模式的过程中，我们应该考虑到中国向市场经济发展的过程，还应该考虑到商业银行面临的各种危机，商业银行是怎样处理并解决商业银行中国产权的问题的，从而形成有助于商业银行发展的公司治理性结构。

3. 完善制度建设

在我国银行业的具体发展过程中，还有一些具体的问题不能仅仅依靠公司治理得以解决，我们还必须面对转型时期具有中国特色的一些问题，比如完善内部和外部管理，推进金融不断创新。

（1）内部管理

银行的内部管理是银行效率高低的主要决定因素，那么我们该如何完善银行的内部管理呢？第一，建立对内部人有效的激励约束机制。一方面，要建立有效的商业银行高级管理人员选聘机制，可考虑面向海外和社会广泛招聘人才，将真正懂业务、有较高道德水准的专业人士推举、选拔到董事会。董事会应该搭建起责任追究和效率评价的总体制度。另一方面，要改革商业银行高级管理人员的任免和考核体制，逐步尝试市场化运作机制，建立功能齐全的商业银行经理人市场。第二，加强综合经营。促进金融机构在公司治理结构完善中发挥的重要作用，强化内控的机制建设过程，促进金融企业服务水平、盈利能力、资产质量的提升。金融机构应该搭建起经理班子、监事会、董事会、股东大会的基础架构，使得金融机构内部的执行、监督、决策处在一个较高的水平，并能够达到相互制约的效果。如果我们要加强对普通员工和管理人员的管理，我们就应该在机构内部推行激励的机制。在促进公司内部治理结构不断强化的基础上，强化内部的控制作用，强化内部授权授信管理，使得内部审计、内部合规性检查起到的作用能够得到保障，同时使得外部审计的效果能够得到保障。第三，完善科学、合理的董事会制度。在银行的治理结构中，董事会起到了核心的作用。目前，改制银行董事会都设立了统一的专业委员会，共5个，分别是薪酬委员会、风险政策委员会、审计委员会、战略发展委员会、关联交易控制委员会。董事会要将5个专业委员会的作用利用起来，从而实现对银行的科学管理和有效治理。比如，董事会应该从审计委员会的报告中总结，确认银行经营管理的实际状况，银行是否具备高水平的审慎性、合法性、合规性等，审计委员会不仅可以通过外聘审计师这一途径了解银行内部的经营状况，也可以通过银行内部的稽核部门获得相应的信息。第四，明确银行内部不同机构的职责，提升具体的管理水平，严格要求组织机构的具体职责和各事宜的决定流程。商业银行开展股份制的改革，不仅是为了满足市场经济客观发展规律的要求，也是我国具体国情对金融市场的具体要求。从这一角度出发，做好商业银行公司治理的具体工作在于明确不同组织机构的具体职责，建立起全面平衡的机制。尤其是要规范股东所有权的行使。股东不能直接性地干预到银行的正常经营过程中，而是应该通过行使股东的表决权和质询权达到这一目的。第五，在发挥董事和审计委员会职能的基础上，强化监事会的具体职能。具体的内容包括：明确监事会的独立性特征；赋予监事会在一定程度上的管理人员罢免权利；明确监事会的责任追究制度；明确监事会和监管机构的路线汇报制度。

（2）外部管理

要做到对外部管理的完善，就要考虑以下三个方面的内容。第一，放松管制，促进市场竞争。放松对金融业的管制，鼓励金融创新，促进金融服务市场的竞争。加快利率市场化的改革步伐，从"存款利率上限管理和贷款利率下限管理"迈向真正的市场化利率管理，使商业银行能够充分利用利率杠杆管理风险、获得收益。鼓励金融创新，在有效设立"隔离墙"的同时促进混业经营，拓宽商业银行盈利模式。管制的放松，必然带来金融产品市场的竞争，从而实现对商业银行有效的外部治理。第二，加强健全外部监督体系。商业银行业务的运作过程和公众利益是息息相关的，我们必须增加业务运作的透明度和公众监督的总体力度。一方面，我们应该促进国有商业银行的上市速度，通过股份制改革和完善，满足公众对银行的监管需求。我们可以为银行增加监管的外部压力，促进公司治理过程的不断完善，切实将银行与机关化的运行机制隔离开来，保障商业银行的改革成效。另一方面，我们要推进信息的披露制度完善，只有促进财务会计信息的强制披露，商业银行的信息公开才能够得到保障和完善，从而得到社会的全面和广泛监督。同时，我们要促进中介机构的完善。第三，完善《中华人民共和国公司法》（以下简称《公司法》）的建设。如果要达到商业银行公司的治理完善目标，不仅需要建设完善的治理制度，还应该明确相对应的公司法律制度。目前，我国在公司治理方面表现出了一定的局限性，主要表现在公司的法律制度建设方面。我国《公司法》对董事个人的约束力度不强；法定代表人和相对应的权利和职责挑战了公司董事会和个人责任制的体制状况；独立董事制度以及监事会制度依然存在一定的缺陷，这对公司内部监督体制的完善造成一定的阻碍；如果信息披露制度的规范不够明确，那么信息披露机制的建立也会存在一定的问题；在我国的《公司法》中，关联交易，尤其是控股股东滥用权力导致的问题均没有得到体现，使得这一问题也日益严重，并成为我国治理实践中存在的普遍性问题。商业银行在改革的过程中，不仅需要我国《公司法》相关法律制度的发展和完善，从而帮助银行公司构建科学、合理的制度，而且需要我国《公司法》不断借鉴国际制度的经验，从而完善银行治理规则。

4. 充实银行资本金

我国商业银行存在资本金不充足的问题，在实际的发展过程中，如果按照资产的实际情况进行核算的话，资本的真实性也不能够得到保证。2004年2月27日，银监会发布了《商业银行资本充足率管理办法》。这一办法的要求使得银行资本更为充足，在管理上体现为可操作化、数量化、微观化的特点。在学习并参考《巴塞尔新资本协议》框架的基础之上，形成"资本硬约束"，并对融资渠道和融资结构作出"市场化"的调整，进一步明确"经济资本"分配制度，推动全面化的风险管理实施，从而促进银行的快速发展。

我们需要建立更为灵活、效率更高的"资本"管理模式。目前，我国对商业银行的资本充足情况提出了更高的要求，覆盖的范围更为全面，计量方式也更为严格，并提升了风险资产的权重，降低了我国现存的商业银行的资本情况，在一定程度上满足了银行对于资本金的需要，推动了我国商业银行组合渠道的发展，满足了不良贷款的发展状况，建立了持续发展的资本补充机制。另外，根据我国金融市场发展的情况和我国的法律法规建设要求，我们调整了合规监管资本的具体内容。尤其是在二级资本的种类方面，我们应用了混合类型的债务工具，为商业银行补充了新的资本金来源，促进银行高效地补充资本，提升了资本的充足效率。

国家重新明确了商业银行资产的风险占比，取消了对一些国家银行的优惠风险权重；对于9种质押物和个人住房贷款，将以认真负责的态度赋予其优惠的风险权重。这将有助于商业银行更好地进行风险管理，同时也有利于商业银行加强自身的经营管理能力。在商业银行的业务建设方面，应积极推进中间业务的总体发展，以丰富收入的来源。和贷款业务相比较而言，中间业务对资本的总体要求比较低，且能够促进利润的增长，从而在很大程度上降低银行的风险水平，使其更容易达到资本的发展要求。

在宏观经济水平不断提升的背景下，商业银行面临着一系列"资本金"后续储备不足和规模快速扩张之间的矛盾，同时银行资本回报率等收益指标正在逐渐降低。随着银行业竞争的加剧以及监管要求的提高，商业银行需要通过建立有效的资本约束机制来实现对自身经营业绩与风险状况的综合评价与监督。现代银行业的稳健性已被国际社会广泛认可，这是由于其受到严格的资本限制。长期以来，我国银行业一直缺乏对资本的全面认识，再加上内部治理结构和激励机制存在一些缺陷，导致其倾向于采用"外延式"的发展策略和偏好。在"规模倾向"的总体影响下，商业银行一般都会采用两种途径提升资本的充足率，分别是降低资产规模的增长速度、售出相关资产，但这两种提升方式的上限有限制，导致我国商业银行在资本金充足度和资产扩张两方面存在着矛盾。

国家应促进商业银行股权的设置专业化，建立以最大化经济增加值或股东价值为目标的绩效导向的公司治理体系，同时将外部监管和市场约束的作用结合在一起，以实现银行在可控风险下的持续性发展。我国银行业将逐步放开市场准入条件，鼓励国内银行积极吸收外国资本。根据WTO的时间要求，我国银行将逐渐放宽外资银行在不同地区和产品的限制，以促进全球金融市场的发展。《境外金融机构投资入股中资金融机构管理办法》于2003年底颁布，旨在优化境外金融机构在中国市场的投资策略，从而能够提升外资入股的实际比率。随着我国金融体制改革的不断深入，银行业开放进程不断加快。在一系列新的体系和制度的支持下，我国的13家股份制银行，正在积极吸引世界范围内的投资者和资本，尤其是那些经验较为丰富的投资者。股份制商业银行在资本金补充方面取得了卓越的业绩。

根据商业银行的资本情况，我们可以将商业银行划分为三种类型的银行，并相应地制定监管措施，以防止资本充足率的下调、限制银行的利润分配等，甚至提出商业银行不断调整高级管理人员的要求，从而采取不同类型的监管措施。我国商业银行应借鉴发达国家在银行业实施分类监管中积累的经验，采取分类监管的方法。商业银行的创新将受到监管理念的引导，通过风险和效益的分配、权利和义务的实施来达到引导银行创新的目的。因此，在银行经营中引入分类监管是一种可行的选择。银行在进行分类监管时，通过监督检查和一定的处罚稳定资本水平，从而形成一种固定的激励机制，以引导商业银行开展分类监管的行动。随着发展政策本身存在的差异性，银行之间存在的竞争将会逐渐激烈，最终导致银行业加快改革的步伐。同时，在未来几年内，商业银行之间的竞争也可能加剧。商业银行的经营信息透明度可以通过披露标准的提高得到保证，这将为银行风险的暴露风险传递作出保证，从而实现投资者和市场的双向沟通。

（三）我国主要商业银行改革措施的分析

通过前面对我国主要商业银行改革的回顾，可以发现，改革的措施主要有三种：政府注资、引进战略投资者和公开发行上市。通过政府注资，补充了资本金，化解了不良资产，解决了历史的包袱；通过引进战略投资者，除去补充资本金，更重要的是改善了银行的公司治理结构，提高了银行运作的效率；通过公开和上市的活动，进一步增强了银行的资本实力，同时也促进了银行所有者的多元化结构。

1. 政府注资的经济分析

不良资产问题是我国主要商业银行上市绕不开的一大障碍，采取何种措施对我国主要商业银行进行财务重组，解决历史遗留下来的问题是我国主要商业银行改革的第一道关卡。

对于国有商业银行来说，其财务重组主要依赖政府的资金注入。从理论上说，这种注资是合理的、可行的。国有商业银行实行财务重组具有以下意义。首先，国有商业银行改革可以通过注资摆脱过去体制问题中存在的束缚。由于历史遗留问题，国有商业银行广泛存在着资本充足率较低、不良资产比率较高的问题。过去，国有商业银行曾希望通过自己的努力减轻负债的压力，但实际上，沉重的不良资产负担不仅妨碍了国有商业银行自身所应该得到的客观评价，而且使其陷入不良债权累积的循环过程。凭借政府注资的行为，中国建设银行和中国银行的资本充足率都超过了《巴塞尔协议》中规定的比例，同时这两家银行在原有资本金的帮助下，降低了两大银行的不良资产比例，最终解决了历史遗留金融问题，为银行的上市做好了准备。其次，通过注资引入外部审计机制，提升了国有商业银行资产状况的公开性。国有商业银行在改制上市中，可以向社会公众公开披露其财务资料和资产情况。国有商业银行的经营活动覆盖的社会面广，因此根据国家规定，必须及时公开和经营有关的信息。实际上，大多数国有商业银行的资产、负债和财务状况都被看作是行业中的机密，这些机密往往被银行的内部人员隐瞒着，从而使得公众很难较为快速地获得全面的信息。政府资金注入的活动，即是对两家大型国有银行的资产负债状况进行全面核查，从而在一定程度上提高了银行财务状况的透明程度，便利了广大群众的监督活动。[①]

2. 引进战略投资者的经济分析

商业银行资产规模的扩大，需要足够的资本金作为支撑，然而我国商业银行存在比较严重的资本金约束。如何扩大融资渠道，这是一个关乎银行发展的关键性问题。通过引入外部的战略性投资者，商业银行的资本金约束问题得到了明显的改善。而更为重要的是，通过战略性投资者的引入，银行的治理架构得到了改良，银行相应的经营和管理模式以及内部控制机制得到了完善。

具体而言，第一，推进了公司治理的完备性。通过境外战略投资者的引入活动，商业银行的股权结构和股东结构问题得到了明显的改善，从而实现了投资主体的多元化和公司治理的优化。引入国外的战略投资者，有助于完善商业银行董事会的结构，这些海外战略投资者的金融业经验十分丰富，为国内银行提供了管理领域的经验以及广阔的国际视野。此外，引进境外战略投资者有助于优化商业银行董事会下属的专门委员会的结构，促使这些专门委员会有效运转。第二，有利于加强内部控制机制建设。在改制过程中，商业银行一般都聘请财务顾问和知名的咨询公司进行内部组织结构的设计，采用比较国际化的做法设计内部控制的框架。这些银行得到了技术支持和内部控制等方面的服务，以快速推进风险项目的建设、内部评级的控制、数据的集中效果。第三，有助于提升企业的经营管理水平。通过引入战略投资者，可以为银行带来更多的发展机会。有助于商业银行快速学习到观念先进的经验和技术，特别是在核心竞争力十分突出的领域，如产品开发、定价和风险管理等方面，与战略伙伴建立合作关系，使我国的商业银行

---

① 丁明智. 对国有商业银行注资式改造的深层思索 [J]. 内蒙古科技与经济，2005（6）：6-8.

在较短的时间内提高了经营管理水平,实现了建设"一流现代化商业银行"的战略目标。第四,有利于促进上市成功。商业银行走向资本市场,一方面可以建立可持续融资的资本补充机制,另一方面可以利用资本市场严格的监管促进商业银行经营管理水平的提高和核心竞争力的提升。我国商业银行能够实现上市目标的关键是吸引了来自海外的战略投资者。这一措施在交通银行上市的成功案例中得到了充分的验证。作为全球最顶尖的金融集团之一,汇丰银行在国际资本市场上的声望极高。在投资者的投资决策过程中,汇丰理念的引入极大地推动了交行的发展。引入战略性投资者,不仅能够为银行带来更为先进的技术和经验,而且能够提升金融管理的实际效益,维护金融市场的稳定发展。

3. 公开发行上市的经济分析

银行在公开上市活动的帮助下实现了融资渠道的进一步拓展,从而有效解决了资本金问题。在我国银行业改革中,上市融资具有十分重要的意义。公开上市发行股票能够辅助企业的融资过程。商业银行的公开上市不同于一般工商企业的上市,商业银行所募集的资本均可用于弥补其资本金不足的问题。上市后,商业银行将不再面临因自身盈利能力下降而导致的经营风险和财务风险,从而增强了其市场竞争力。随着银行的公开上市和财务问题的解决,银行还可以通过向原股东配售新股以及向新的投资者增发新股的方式,为银行吸引更多的资金。

尽管资本金的补充对于我国主要商业银行的发展而言具有至关重要的意义,但上市的根本目的在于优化银行的公司治理结构,提升其在国际市场上的影响力,而非单纯的资金筹集。从具体情况来看,我国主要商业银行已经基本具备了在海外上市的条件,并开始了市场化之路,借助股份制的公司治理体系,从而锻炼和提高了银行的市场适应能力,最终实现了银行价值的最大化。在银行上市的过程中,一方面明晰了产权的界限,促进了股权的多元化发展,这为银行的发展带来了积极的影响。另一方面,由于我国商业银行的特殊地位和功能,我国银行上市实现了所有权和经营权分离的目的。我国主要商业银行通过引入大量分散化投资者,实现了投资主体的多元化股权结构,从而改变了国有独资的股权结构或一股独大的股东问题,对解决政府干预银行经营的问题起到了一定的作用。在引入的多元化投资主体的帮助下,银行制度正在走向规范化的发展道路。此外,一旦商业银行成功上市,一些国内外大型集团将以股东或利益相关者的身份参与银行的日常管理活动，从而使得主要商业银行受到市场的约束。这些因素使得银行在面临外部压力时会主动进行改革，以提高自身竞争力。当银行的经营状况引起股东的不满时，他们通常会采取强制措施，改变银行的组织架构，或者将整个银行进行收购或兼并。在遵循法律规范的前提下，通过制定公司章程，合理分配股东会、董事会、监事会和经理层的权力，建立起富有成效的权力平衡机制，达到银行的决策目的。

银行上市后，银行数据和经营业绩的公开性得到了保障，这要归功于股票市场强制信息披露制度对银行的约束。长期以来，我国的各类企业都难以解决财务数据存在的真实性问题，这是由于制度上的限制、社会诚信环境的缺失以及中介专业化水平的不足等多种因素共同导致的。在市场经济条件下，上市公司的数据真实性与会计信息质量息息相关，会计信息质量决定着公司价值，影响资本市场效率的高低。多年来，商业银行一直未能解决数据真实性的问题，只有通过股票市场强制性信息披露这一手段才能有效解决。通过一系列制度安排，上市公司数据的真实性和业绩的透明度得到了最大化的保障。在我国，由于证券市场的发展还不成熟，上市公司信息披露存在一些问题。为确保上市公司的股东和债权人的权益得到保障，股票市场规定必须对其进行外部审计，这是由外部审计师进行的一项独立展开的审计工作。在财务报表发表之前，外部审计师可以向财务报表使用者提供关于会计报表信息的其他建议或说明。如果外部审计师能够明确指出报表符合审计准则，那么在报表中就会涉及审计责任的信誉问题。外部审计的独立性和内部审计存在根本上的区别。此外，必须认识到信息披露与股票价格之间存在着紧密的内在联系，任何虚假信息都是不能出现的。根据市场的相关理论，股票市场所呈现的信息将会体现在股价上。因此，上市公司发布虚假会计信息会损害投资者利益，会导致股票价格出现异常上涨，一旦被监管机构发现，上市公司将失去公信力，并受到严重的惩罚。在股票市场中，虚假信息和内部交易等不规范行为将会受到严格的制约，相关责任人将面临责任追究和惩罚的风险。

在银行和高管的业绩评估中，股价扮演着至关重要的角色。在改革之前，国有商业银行和高管人员的评价标准存在着较为主观的问题，这导致主要商业银行和高管的业绩评价缺乏客观的评价标准，而且评价对软性指标的依赖程度较高，如报告和宣传等，这种情况容易出现道德风险的危机。股票价格是市场（包括机构投资者和专业分析师）对银行经营业绩和未来盈利能力的综合评估和预测的结果。高管的努力程度和经营管理能力在股价上得到了最客观的体现，如高管路演时展现出的专业能力能够影响 IPO 价格。此外，股票价格的上涨推动了评价标准的商业化进程。在商业化的推动下，评价标准得以实现量化和统一化，从而提升了评价的精准度和准确性。①

通过财务重组、引进战略投资者和公开上市等一系列措施的实施，我国主要商业银行的经营状况发生了明显的好转，逐渐向现代银行靠拢，逐步开始在世界经济舞台上发挥出越来越大的作用。

二、多层次银行体系的完善

国有商业银行和股份制银行占据了中国银行业较大的市场份额，在中国经济的发展中发挥了重要作用，然而，它们并不是中国银行业的全部。政策性银行、城市商业银行、农村信用社、外资银行等金融机构在各自不同的领域也发挥了一定的作用，它们与国有商业银行和股份制银行一起构成了多层次的银行体系。多层次银行体系的逐步完善和发展就体现在各种类型银行的进一步改革与发展上。

（一）政策性银行的深化改革

1. 政策性银行的发展状况

政策性银行技术在人们的日常生活和工作中得到越来越广泛的应用。随着我国社会经济的蓬勃发展，社会对政策性银行的需求量也将随之呈现增长趋势。

中国政策性银行技术的发展始于 1990 年后期，经历了四个阶段：技术引进—专业市场引进—技术完善—技术在各个行业中的应用。

目前，国内的政策性银行已经比较成熟，并且越来越多地推广到各个领域，扩展了终端设备、独特服务、增值服务等产品和服务，二十多种产品系列涵盖金融、交通、民生服务、社会福利、电子商务和安全领域，全面使用政策性银行的时代已经到来。

在政策性银行发展的同时，我国的社会主义市场经济体制已基本建立，经济运行已从短缺经济过渡为剩余经济，有效需求不足成为制约国民经济持续稳定高

---

① 黄学玲. 国有商业银行公开上市的经济学分析 [J]. 国际金融研究，2007（6）：18-22.

速增长的主要矛盾，与此同时还存在一些与市场经济不相适应的体制性障碍。我国政策性银行传统的经营方式已经不太适应经济发展的要求，政策性银行必须以市场业绩为支撑，转变经营方式，主动适应市场变化。

2. 政策性银行改革的理论基础

我国政策性银行改革的理论基础是开发性金融。所谓开发性金融是介于政策性金融与商业金融之间的一种独立的金融形式。开发性金融指的是，具有政府特定赋权的法定金融机构，以市场化的运作方式和市场业绩为支柱，主要通过融资推动制度建设和市场建设以实现政府特定经济和社会发展目标的资金融通方式。作为金融中介的一种形态，开发性金融借助国家信用，通过发行开发性金融债券从金融市场中筹集资金，以市场业绩和政府特定经济社会发展目标为经营目标，向经济社会中迫切需要资金的领域主动提供资金支持，并以提供资金获得的回报偿还发行债券应支付的本息。

与传统的政策性金融不同，开发性金融不是以保本微利为目标，直接以优惠的存贷款利率或条件贯彻、配合国家特定经济和社会发展政策，而是将国家信用和市场业绩相结合，通过为具体项目进行融资来建设培育市场从而实现政府目标，以市场化方法把政府、市场、金融的力量结合起来。与商业金融不同，开发性金融拥有"四性"目标，即盈利性、安全性、流动性和实现政府特定经济与社会发展目标的特性。开发性金融主动寻找商业金融和政策性金融融资困境，主动建设和培育市场，在市场成熟后逐渐退出，商业金融进入。

3. 国家开发银行的改革与发展

在开发性金融的指导下，国家开发银行对国家的"两基一支"行业作出一定的贡献。国家开发银行以开发性金融理论为指导，提高投资效益，减少传统简单财政投资的重复、单一和低效投资，使同样的资金规模发挥出更大的投资乘数效应，促进国民经济的长足发展。近十年来国家开发银行在关系国家经济发展命脉的基础设施、基础产业和支柱产业重大项目及配套工程建设中，确实发挥了长期融资领域主力银行的作用。

以开发性金融为指导，国家开发银行对促进区域经济均衡发展作出重大贡献。我国区域经济增长不平衡问题，长期以来都是一个急需解决的瓶颈问题。商业性金融的逐利本性使得其会将资金自发地投向市场相对完善、投资回报率较高的东部地区，一般不愿涉足中西部落后地区的投资。传统的政策性银行会在政府的强行指令下投资到弱势地区，但由于缺乏市场经营理念和效益约束，政策性银行没有动机关心贷款资金是否能收回，投资项目是否能获益，导致大量资金资源被浪费和简单消耗，投资成效不显著。基于开发性金融理论，国家开发银行积极调整投资项目选择方式和资金投入方式，加强项目建设期管理，用先进的全面风险管理机制提高贷款回收率，不仅有效促进区域经济均衡发展，而且为自身创造了大量的盈余利润，减轻了国家的财政负担。

以开发性金融为指导，国家开发银行在解决中小企业的融资困境中发挥了一定的作用。中小企业的融资困境在各国普遍存在。与大企业相比，中小企业更加依赖企业之间的商业信用、设备租赁等来自非金融机构的融资渠道以及民间的各种非正规融资渠道。这些融资特征一方面反映出与中小企业的经济灵活性相对应的金融灵活性，另一方面也反映出中小企业发展过程中由于金融压抑所面临的"瓶颈"约束。

解决中小企业融资困境的关键在于消除借贷双方之间的信息不对称问题，国家开发银行基于开发性金融理论创造性地建立了一种新的中小企业融资模式，并应用此模式在全国范围内成功完成了多笔中小企业贷款项目，部分弥补了中小企业的融资缺口。组织增信是中小企业开发性金融支持模式的核心。组织增信是指政府赋权的金融机构以国家信用为基础，将政府的组织优势与机构的融资优势相结合，建设市场配置资源新的基础平台和支柱，从而增加机构和市场所需要的信用，控制风险和损失，有效弥补现有金融制度的不足，实现促进中小企业发展的目标。政府组织增信不同于财政信用和财政拨款，它不是靠补贴与国家贴息资金运转，也不是对政府信用的简单分配，而是在依靠政府信用运转的基础上，不断运用和放大政府信用在市场建设中的功能与作用，它将政府的组织优势与开发银行的融资优势相结合，成为组织增信的社会功能，成为市场经济分配资源的新的基础性平台和支柱，通过建设市场实现政府意志。开发性金融机构是国家法定的金融机构，国家为其投入资本金，并赋予其在市场上发行金融债券的特许权，最为关键的是国家赋予开发银行特殊的法律地位和准主权级的政府信用。因此，政府信用是开发性金融机构的市场化运作和市场业绩的基础。

以开发性金融为指导，国家开发银行的改革取得了重大成效，为了更大地发挥其在经济发展中的作用，国家开发银行的改革目标于2007年被确定为商业性金融机构，要采用商业化的运作方式。国家开发银行将在中国的经济发展中发挥更加重要的作用。

4.中国进出口银行的改革与发展

（1）出口卖方信贷业务得到进一步发展

中国进出口银行的出口卖方信贷业务具有显著的官方性质，贷款人的信贷资金全部由国家财政提供，其主要用于贯彻国家相关的产业政策、贸易政策、金融政策和财政政策，信贷本身不以营利为目的，体现出政府对于特定部门的强有力的金融支持。

（2）出口买方信贷业务迅速发展

中国进出口银行办理的出口买方信贷业务，是在参照经济合作与发展组织颁布的《关于官方支持的出口信贷准则的约定》中的相关条款的基础上，由中国进出口银行向国外借款人发放的中长期贷款，主要用于进口商即期支付中国出口商货款，促进中国资本性货物和技术服务的出口。

（3）中国政府对外优惠贷款业务开展

中国政府对外优惠贷款是中国政府向发展中国家政府提供的具有援助性质的中长期低息贷款。中国进出口银行作为国务院指定的该项贷款的承贷银行，负责优惠贷款的项目评审、协议签订、贷款发放、贷后管理和本息回收等相关工作。商务部作为对外优惠贷款的政府归口管理部门，负责政府之间框架协议的签署工作。按照国际通行的做法引入对外优惠贷款这一信贷品种以来，中国进出口银行的对外优惠信贷业务一直稳步增长，近几年来更显示出良好的发展态势。

5.中国农业发展银行的改革与发展

中国农业发展银行在开发性金融的指导下，业务范围逐步拓展。一是根据国务院粮食市场化改革的意见，将传统贷款业务的支持对象由国有粮棉油购销企业扩大到各种所有制的粮棉油购销企业。二是金融监管总局批准中国农业发展银行开办粮棉油产业化龙头企业和加工企业贷款业务。三是金融监管总局批准中国农业发展银行扩大产业化龙头企业贷款业务范围和开办农业科技贷款业务。四是金融监管总局批准中国农业发展银行开办农村基础设施建设贷款、农业综合开发贷款和农业生产资料贷款业务。从业务收缩到业务的再度扩展，体现了中国农业发展银行在逐渐确定自身定位，通过不断试错，逐渐找准市场定位，为实现政策目标打下基础。

近年来，中国农业发展银行积极展开新业务的探索：

首先，积极开展贷款营销，促进新业务有效发展。截至2022年10月末，农业发展银行贷款余额为76 926亿元，年内新增贷款突破1万亿元，达到10 047亿元，新增贷款同比增长97.7%。①

农业发展银行有关负责人表示，2022年以来，在经济下行压力较大的情况下，农业发展银行全力以赴加快信贷投放，开辟办贷快速通道，优化办贷流程，推动贷款集中投向保障国家粮食安全、农业农村基础设施建设、农业现代化等重点领域和重点项目，坚决守好"三农"基本盘。

其次，大力发展商业储备贷款业务。中国农业发展银行在认真总结商业储备贷款业务试点经营经验的基础上全面推开商业储备贷款业务，建立了商业储备信贷管理模式，积极配合各级政府落实商业储备计划，有效调控了相关地区化肥、食糖等商品市场，稳定了农资价格，保护了农民利益，较好地发挥了服务"三农"的新平台作用。

再次，大力发展非粮棉油产业化龙头企业贷款业务。中国农业发展银行积极探索非粮棉油产业化龙头企业贷款业务的运行规律，立足新业务的特点，明确业务发展政策和思路，建立了新的业务经营管理模式。在贷款经营管理中，倡导推行了客户培育理念，建立了非粮棉油龙头企业贷款项目库，与有关政府部门建立了业务合作关系，强化了相关行业分析，组织开展了专业培训，择优选择支持了一批产业代表性强、经济效益好、社会影响大的贷款项目，实现了业务的良好开局。

最后，开展农业小企业贷款业务。在总行和各试点行的共同努力下，农业小企业贷款业务试点获得了圆满成功，探索了一套符合农业小企业和中国农业发展银行特点的贷款经营管理模式，培养了一支农业小企业贷款管理专业队伍，取得了业务发展、企业欢迎、政府满意、社会关注的显著成效。

多样化的农村金融结构比单一的结构更能迅速反馈信息，提供各种机会，更加能够适应和促进农村经济的发展。因而充分发挥农业发展银行的功能，在农村

---

① 新华网.农发行年内新增贷款突破万亿元[EB/OL].（2022-11-07）[2023-03-21]. https://baijiahao.baidu.com/s?id=1748831517064345469&wfr=spider&for=pc.

引入新的投融资方式和新型的金融机构，并优化各个金融主客体之间的比例，最终建立农村金融支持体系，是解决"三农"金融支持问题的最优途径。中国农业发展银行刚刚从全力支持国家政策的束缚中走出来，其经营管理模式都还处于新一轮探索扩展阶段。因而，在我国"三农"问题的金融支持事业中，中国农业发展银行必将起到举足轻重的作用。

（二）城市金融机构的发展壮大

1. 城市金融机构发展状况

我国的城市金融机构主要包括城市商业银行和城市信用社两类，其中城市商业银行占据了绝大部分。城市金融机构的发展主要体现在城市商业银行的发展上，而城市商业银行在近年来发展迅速。截至2021年年末，我国城市商业银行总资产规模为45.1万亿元，同比增长9.7%，占银行业金融机构的比重为13.1%。对此，我们认为，2021年我国城市商业银行总体发展向好，经营发展稳中有进。[1] 同时，城市信用社的规模在近两年里却不断缩小，因为近年来很多城市信用社逐渐改组成为城市商业银行，所以，其资产总额才会有所降低。

从所有者权益来看，近年来，城市商业银行的所有者权益不断增加，2022年二季度末，我国金融业机构总资产为407.42万亿元，较上年同期增长9.7%。[2] 此时，城市信用社的所有者权益也有很大上升，但是与城市商业银行相比，仍然显得很小。

2. 城市商业银行跨区域经营的发展

近年来，城市商业银行发展的一个重要特点就是跨区域经营的发展。城市商业银行跨区域经营是其发展的内在要求。城市商业银行业务局限于一城一市，严重束缚了其业务发展，特别是对于规模已经发展到一定程度、所在城市市场空间已经很小、资产质量相对较高、亟待对外拓展的优秀城市商业银行，更在一定程度上遏制了其发展空间。经营区域的限制导致了很多问题的产生。

---

[1] 新京报.中银协：我国城商行总体发展向好，截至去年末资产规模超45万亿[EB/OL].（2022-10-31）[2023-03-29]. https://baijiahao.baidu.com/s?id=1748214451647461490&wfr=spider&for=pc.

[2] 知乎.2022年二季度末全国金融业机构总资产、负债及所有者权益统计[EB/OL].（2022-10-18）[2023-03-21]. https://zhuanlan.zhihu.com/p/574669159.

首先，不利于不良资产的消化。2023年2月15日，银保监会（现为金融监管总局）官网披露的《2022年商业银行主要监管指标情况表（季度）》显示，去年末商业银行正常类贷款余额175.64万亿元，在全部贷款中占比96.12%。这一占比与上年末相比提高0.16个百分点，反映出信贷资产质量有所提高。① 虽然个别城市商业银行可通过资产置换等方式由政府帮助解决，但对于绝大多数城市商业银行来说，仍需通过发展盈利来自行消化，而经营范围受限严重制约了城市商业银行规模的扩大和盈利能力的快速增长。

其次，不利于降低贷款集中度和控制风险。一些城市的经济总量集中在几个产业甚至少数几家企业，城市商业银行的贷款也就不可避免地集中在这几个产业或企业上，造成贷款的行业集中度、客户集中度过高，贷款组合面临较大的系统性风险。一旦该地区或该行业的经济出现波动，就可能产生较大的损失。这种风险聚集不仅对城市商业银行自身，甚至对当地金融系统的稳定都将产生较大冲击。

再次，不利于金融资源在更广范围内的优化配置。城市商业银行在注册所在城市吸收存款，由于地域限制，贷款也只能在当地投放，弱化了金融资源配置的效率。

最后，不利于创造公平合理的竞争环境。对城市商业银行尤其是优质城市商业银行来说，地域限制意味着城市商业银行在业务发展到一定规模时就会碰到上限，无法避开。以大连银行为例，该行在大连市贷款规模排名第一，存款规模排名第二，在当地的发展潜力已达极限，地域限制严重制约其做大做强。同时，现在资金跨地区流动日益频繁，尤其是要求银行能够提供跨区域经营服务，如异地结算、异地存取款等，在这方面，城市商业银行有着天然的劣势，难以吸引到跨区经营的优质客户，一些利润高、风险小的中间业务也无法开展。而中心城市，如北京、上海、广州、深圳等，是国有银行、股份制银行和外资银行业务拓展的重点，金融市场竞争异常激烈，地方性银行本身就相对弱小，需要得到公平的监管政策，否则将在竞争中处于更加不利的地位。

从现实来看，城市商业银行的跨区域经营有如下四个方面。

第一，实现跨县经营，即到所在地市下属县域设立分支机构。这是跨区域经

---

① 金融野叔.2022：商业银行不良贷款指标变化[EB/OL].（2023-02-20）[2023-03-21].https://baijiahao.baidu.com/s?id=1758340315880705209&wfr=spider&for=pc.

营的第一步。按照管理部门有关规定只要符合股份制商业银行在县域设立分支机构的有关条件和程序，城市商业银行也可以在县域建立分支机构。

第二，实现跨市经营，即在行政区划内或者在具有同一城市群以及经济紧密区特征的地区，跨市成立分支机构。要实现跨市经营，原则要求监管评级达到城市商业银行中等水平。

第三，实现跨省经营，即在同一传统或现行经济区域内跨省设立分支机构。只有监管评级达到股份制商业银行中等水平的城市商业银行，才有资格实现跨省经营。现在城市商业银行界最关注的是这一步，已经获批实现这一跨越的城市商业银行有上海银行、北京银行、宁波银行、盛京银行、大连银行、天津银行、杭州商业银行等。

第四，实现在全国范围内经营，即在全国范围内进行机构网点的合理布局。目前尚无一家城市商业银行实现在全国范围内经营。

一般而言，城市商业银行实现跨区域经营有三种方式。第一，合并重组，即由省政府牵头，将省内城市商业银行、城信社合并重组为一家独立法人银行，借机实现省内跨市经营。第二，兼并收购，即通过并购外地城市商业银行、城信社间接实现跨区域经营。如哈尔滨市商业银行收购双鸭山市城市信用社、包头市商业银行收购赤峰市城市信用社、银川市商业银行收购吴忠城市信用社、西安银行通过换股并购汉中城市信用社等。第三，自我扩张，即不借助外力，而通过提升经营管理水平，达到或超过监管部门《股份制商业银行风险评级体系》《商业银行内部控制指引》标准，报经有关部门审查批准，实现跨区域经营。以杭州商业银行为例，先在市内余杭、富阳、建德、桐庐建立支行，然后在舟山等地设立省内分行，接下来跨出浙江省在长三角中心城市设立分行，依靠自身努力通过"三步走"完成区域性银行的转变。[①]

3. 城市商业银行公司治理结构的完善

城市商业银行改革与发展的另一个重要问题是公司治理结构的变化。公司治理结构的改革是城市商业银行发展的必然。[②]

近年来，我国城市商业银行的治理结构有了一定的发展。随着民营资本进入

[①] 姚建军. 城市商业银行跨区域经营分析 [J]. 南方金融, 2008 (1): 49-50; 14.
[②] 朱科敏. 城市商业银行上市与公司治理结构优化 [J]. 上海金融, 2008 (1): 40-42.

城市商业银行，城市商业银行的股权主体突破了地域限制，股权结构开始逐渐分散，部分城市商业银行地方政府的股权比例出现明显下降，民营资本参股比例有所提高。民营资本的进入使得城市商业银行的治理结构有所改善，进而使其经营策略也发生了一定的变化。随着对外资和合资金融机构入股中资商业银行开放的不断推进，许多城市商业银行逐渐被外来资本所关注。外资金融机构入股城市商业银行带来股权结构多元化的同时，还在董事会层面强化了制衡关系，对城市商业银行完善公司治理结构起到一定的推进作用。

（三）农村金融机构的深入改革

1. 农村金融机构的发展状况

近年来，我国农村金融机构发展迅速。这里，农村金融机构主要包括三类，即农村信用社、农村商业银行和农村合作银行。其中，农村商业银行和农村合作银行大都由农村信用社发展而来。农村商业银行和农村合作银行的所有者权益也增长很快。

2. 农村信用社的改革思路

我国农村信用社的改革一路走来起起伏伏，也伴随着一系列问题的产生，如长期以来农村信用社经营状况不容乐观，多数信用社亏损严重，信贷资产质量差，不良资产居高不下，金融风险高度集中，有的甚至资不抵债，难以持续经营。

在经营目标上，很多农村信用社都把利润最大化作为自己的经营目标。信用社及联社许多经营行为上表现出较强的商业性，在一定程度上偏离了"合作"的本性。在管理方式上，虽然农村信用社与农业银行脱钩，在经营管理上却没有体现"一人一票"的民主管理制度。农村信用社虽设有社员代表大会、理事会、监事会，但社员代表大会没有社员代表，即使有社员代表也不召开社员代表大会，理事长由信用社主任兼任，监事会由会计兼任。在服务方向上，背离了主要为农民服务的发展方向，农村信用社的经营活动，没有和广大社员的生产经营活动相结合，与社员没有直接的联系。在资本充足率方面，2002年年末，全国农村信用社资本充足率仅为8.45%[①]，存在极大风险隐患。这些无疑会加剧农民融资渠道的不畅，阻塞农业和农村经济的发展。

---

① 肖杰. 农信社资本状况调查[J]. 中国金融, 2015（4）：93-95.

2004年8月17日国务院办公厅发布的《关于进一步深化农村信用社改革试点的意见》明确提出,农村信用社改革要坚持市场化的改革取向,以服务农业、农村和农民为宗旨,按照"明晰产权关系、强化约束机制、增强服务功能、国家适当支持、地方政府负责"的总体要求,同时明确规定,在国家监管机构依法实施监管的基础上,由地方政府负责对农村信用社的管理,即管理权下移至地方政府。农村信用社改革有三种模式:合作制、股份制、股份合作制,这三种模式各有优缺点。

合作制模式下的信用社,坚持合作制的基本原则,把原来县乡两级独立法人体制改制成县联社统一法人,并在此基础上组建省联社,原乡镇信用社以分支机构形式存在。这种模式一方面有利于信用社产权明晰,规范内部结构,发展资金规模优势,满足农村资金需求,改善农村金融秩序,另一方面有利于较好地贯彻落实国家的支农政策,真正实现立足"三农",支持农业经济发展的目标。但是,这仅仅是内部结构的修补,无法完全克服信用社所有权主体现实缺位、政府干预严重、"三会"虚设、民主管理不到位等缺陷。

农村商业银行是由辖区内农民、农民工商户、企业法人和其他经济组织共同发起成立的股份制社区性地方金融机构。在这种模式下,信用社改制成为农村商业银行,可以实现所有权、经营权、监督权三权分立,规范的股份制明晰了产权,强化了约束机制,利润和风险由股东按出资比例分享和承担,解决了所有者缺位问题。但是,该模式容易形成地方政府干预金融资源分配,利润最大化和支农目标有时难以均衡。另外,它适用范围较狭窄,只有经济发达地区适用,而在广大的西部地区则不具备适用的条件。

农村合作银行是由辖区内农民、农民工商户、企业法人和其他经济组织入股组成的股份合作制社区性地方金融机构。该模式采用的是股份合作制,把合作制的互助和现代企业制度结合。这种模式下,产权得到明晰,股东代表大会作为权力机构实行"一人一票制",能体现大多数小股东和农民的意志,有利于自身的发展壮大。但是,该模式依然会导致改革的不彻底性,难以彻底解决所有者缺位和民主管理等问题,其内在稳定难以保证,很容易向合作制或者股份制一头演化。[①]

[①] 刘然.浅析我国商业银行战略转型的趋势与路径[J].时代金融,2013(29):138-139.

在实践上，我国农村信用社由于资本构成的多元化、职能定位的多元化，在长期的发展过程中已形成四大利益主体，即国家、地方政府、农村信用社和农民。而这次中央政府大力推进农村信用社改革的意图是为了对农村金融资源进行重新分配，强化服务"三农"的功能，对农村信用社的补贴和注资，也是为了解除累积的历史包袱，刺激信用社参与改革的热情，激活服务农村的功能，最终最大的受益者应该是农业、农村和农民。其一，国家的宏观调控使地方政府更加关注"三农"，地方政府的依法管理会使农村信用社更好地服务"三农"，信用社规范经营会增强自身服务"三农"的能力，尽管利益主体是多元的，但最终受益的是农民。其二，很多省市选择成立省级信用社而没有选择农村商业银行，就是为了避免商业银行因追求利益最大化而偏离服务"三农"的倾向。其三，国家对"三农"的扶持，除财政专项支持外，另一方面是通过对农村信用社的政策性补贴使农民受益。因此，在农村信用社承担有政策性业务的情况下，国家对农村信用社的补贴和注资不能说是短期行为，它是扶持和加快我国农业发展的措施之一。[①]

3. 农村信用社的改革成效

农村信用社的改革取得了阶段性成果。在改革措施发生之后，农村信用社的资产质量有所提高。同时，以准确掌握农村信用社信贷资产的真实风险状况、加大支农力度为目的的农村信用社贷款五级分类工作已基本完成，改变了长久以来的"一逾两呆"四级分类方法。国家在中央银行资金支持、财政补贴、税收减免三个方面对农村信用社予以了一定程度的政策支持。随着各项扶持政策的逐步落实，农村信用社历史包袱已得到初步化解。由此，农村信用社服务"三农"的功能也得到进一步强化。农村信用社的改革已经取得了很大成果。

此外，村镇银行开始在我国农村崭露头角。所谓的村镇银行是指经国家金融监督管理总局依据有关法律、法规批准，由境内外金融机构、境内非金融机构企业法人、境内自然人出资，在农村地区设立的主要为当地农民、农业和农村经济发展提供金融服务的银行业金融机构。法律规定村镇银行不得发放异地贷款。

村镇银行是我国银行体系中的"新生儿"，其初始试点省（区）共有6个，分别是四川、青海、甘肃、内蒙古、吉林和湖北。随后，有关部门决定将试点范围扩至全部31个省区市，其中浙江是目前村镇银行最活跃的地区。比如，位于

---

① 许圣道.农村信用社改革的"路径依赖"问题[J].金融研究，2006（9）：37-42.

宁波的宁波鄞州合作银行已经发起或参股了广西平果国民村镇银行、新疆五家渠国民村镇银行、邛崃国民村镇银行等村镇银行。

作为一种新型的银行类金融机构，村镇银行的出现必将使农村的资金融通更为便利。设立村镇银行旨在促进农村地区形成投资多元、种类多样、覆盖全面、服务高效的全方位服务体系，有效解决农村地区金融网点覆盖率低、金融供给不足、竞争不充分等问题，更好地加强农村金融服务，促进和谐社会发展和社会主义新农村建设。

（四）外资银行的进入与发展

1. 外资银行在华发展基本状况

2001年加入WTO后，中国政府遵守"入世"承诺，逐步放开外资银行业务、客户和地域方面的限制。2001年12月，取消外资银行办理外汇业务的地域和客户限制，允许外资银行经营对中国企业和中国居民的外汇业务，在上海、深圳、天津和大连4个城市向外资银行开放人民币业务。2002年12月，在广州、青岛、珠海、南京、武汉5个城市向外资银行开放人民币业务。2003年12月，在济南、福州、成都和重庆4个城市向外资银行开放人民币业务；允许外资银行在已开放人民币业务的地域经营对中资企业的人民币业务。2004年12月，在昆明、北京、厦门、沈阳和西安5个城市向外资银行开放人民币业务。2005年12月，在汕头、宁波、哈尔滨、长春、兰州、银川、南宁7个城市向外资银行开放人民币业务。2006年12月，取消外资银行经营人民币业务的地域和客户限制，允许外资银行对所有客户提供人民币服务；取消对外资银行在华经营的非审慎性限制。伴随着上述限制的解除，外资银行在中国得到迅速发展。

第一，随着开放程度不断加深，在华外资银行保险机构数量和资产稳步增长。截至2022年12月末，外资银行在华共设立了41家外资法人银行、116家外国银行分行和135家代表处，营业性机构总数达911家，外资银行总资产3.76万亿元。境外保险机构在华共设立了68家外资保险机构和79家代表处，外资保险公司总资产2.26万亿元。

2022年，银保监会（现为金融监管总局）批准施罗德交银理财有限公司、高盛工银理财有限责任公司开业。截至2022年年底，外方控股的四家理财公司全部开业。同时，第五家外方控股的理财公司——法巴农银理财有限责任公司获批筹建，①并于 2023 年 7 月 1 日成立。

第二，在华外资银行业务扩展迅速，但总体市场份额仍然不高。截至 2021 年年末，外资银行在华资产总额 3.79 万亿元，同比增长 0.21%，占全国商业银行总资产的比例为 1.31%。②

第三，外资银行采取了与中资银行既竞争又合作的战略。在对外开放过渡的几年里，外资银行的很多业务仍然受到限制。为此，外资银行积极寻找在华业务的战略合作伙伴，积极参股中资银行业，以弥补其自身在业务网点、人民币资金、客户信息等方面的不足，增强其市场竞争力。

2. 外资银行进入的动因和策略选择

近年来，外资银行在我国快速发展有其深层次原因。从世界经济的发展来看，国际贸易和国际投资的迅猛发展、技术进步带来的交通和通信上的便利、金融管制的放松、外资银行相对国内银行的优势、地理距离的远近等为银行的跨国经营创造了条件。现有关于跨国银行的文献主要讨论了三种银行国际化的动机。③首先，跟随客户。一个银行跟随现有的客户到海外，可以获得竞争优势。采取这一行动的明智之处在于不会失去客户，否则东道国银行可能将客户夺去。跟随客户策略可以用来解释为什么外资银行选择进入某一特定国家的市场。其次，寻找市场。寻找市场意味着出于某些原因，银行进入新的市场是有利可图的。寻找市场策略是一个扩张性的策略。在市场的寻求上东道国特定的因素尤其重要，意味着外资银行进入某一特定东道国主要是被东道国市场的盈利机会所吸引。最后，追随领先者。银行业市场通常是寡头结构。因而，外资银行进入决策某些时候仅仅是对竞争对手行动作出的反应。在跟随领先者动机下，如果某一银行的竞争者已进入海外市场，那该银行就会决定进入同一市场。跟随领先者的缘由在于，银行不想失去竞争优势和市场份额。

---

① 中华人民共和国商务部.金融业对外开放为掘"金"中国市场提供新机遇[EB/OL].（2023-03-27）[2023-04-03]. http://12335.mofcom.gov.cn/articledwmy/zcxx/yjwz/202303/1937121_1.html.

② 中国银行业协会外资银行工作委员会.在华外资银行发展报告 2021[EB/OL].（2022-09-30）[2022-09-30]. https://baijiahao.baidu.com/s?id=1745389618907887015&wfr=spider&for=pc.

③ 朱晓艳，徐光.外资银行进入中国的动因分析[J].浙江金融，2007（11）：14-15.

此外，中国经济体制的特点在影响外资银行进入时也扮演了重要的角色。[①]首先，显性的和隐性的制度壁垒对外资银行进入的影响很大。中国可以直接通过具体的外资合并的限制或阻止单一的收购来减少外资兼并的数量，也可间接使金融体系中结构产生不和谐或限制外资银行的业务范围来达到同样目的。而且银行业本身的特点也会影响外资银行的进入，如果政府希望本国拥有最大的金融机构，则会构筑高度集中的市场，外资银行很难进入。其次，监管的相对严格性也是影响银行外资经营的一个方面。外资银行更愿意在对外资银行业务监管较少、较轻的国家设立分支机构。因为严格的监管将使这些银行付出较多的监管成本，从而削弱其相对竞争优势。最后，法律环境和法律的质量也会影响外资银行的进入。外资银行的业务介入中国的银行市场，势必受中国的法律环境和法律质量的影响，特别是金融业法律、法规。另外，目前的中国是一个典型的不完全市场。进入不完全市场以获得半租金效应也会吸引外资银行进入中国市场。中国相对于欧美发达国家还存在着许多不完善的产品和市场，这是由于进入壁垒和市场分割形成的，因此进入的投资者有动机对这个市场投资，在这个市场完全打开之前成功者将获得半租金效应。因为它们可以比后来者获得更多的利润，这也证明了进入中国寻找新利润机会是外资银行开拓这个市场的动因。

近年来，外资银行进入中国市场采用了合作竞争而不是绝对竞争的方式，有其必然的原因。首先，根据资源依赖性观点，外资银行和中资银行都具有各自独特的竞争优势。外资银行的竞争优势主要表现在经营管理技术优势、国际声誉优势、薪酬待遇、激励制度优势、产品与业务创新优势以及国际网络优势等方面。而中资银行的竞争优势主要表现为本土经营优势、国家信誉的支持、政策优势以及人文优势等方面。由于中外银行存在的竞争优势的差异性和资源的相互依赖性，中资银行和外资银行建立战略合作伙伴关系也可以看成是一种务实的做法。中外银行通过合作竞争共同提高金融服务水平，改善金融资源配置效率，促进资金合理流动，降低金融风险，共同把中国金融市场的蛋糕做大，只有这样中资银行和外资银行才都能够获得更大的生存空间，实现双赢的良好局面。其次，根据博弈论的观点，中外银行之间的竞争是动态的竞争。在动态博弈中，由于信息相对完

[①] 彭说龙，苏骏锋.外资银行进入中国市场的动因、影响因素和模式选择研究[J].金融研究，2007（6B）：48-55.

备,博弈具有重复和多阶段性,中外银行采取相互合作的态度是其最优选择,而激烈的对抗只会造成两败俱伤。最后,根据交易成本的观点,中外银行合作竞争的伙伴关系的建立就是为了获得一种成本最低的制度安排。驱动中外商业银行合作竞争的根本动力是经济利益,合作所带来的利益要大于不合作的利益。我们可以将中外商业银行的合作竞争看作是经济主体间分享合作剩余的活动,合作行动的完成包含创造合作剩余和分配合作剩余两个过程。对于参与合作的任何一方而言,合作剩余一定要大于不合作或竞争剩余,否则各方就没有参与合作的动机。中外银行竞争合作的目的就是要实现资源互补或提高资源配置的合理程度,从而为中外银行提供合作剩余的源泉。当然,参与合作的各方,由于参与合作的具体情况不同,会有不同的合作剩余产生。

(五)多层次银行体系的逐步完善

1. 中国银行业深化改革的轴线

2003年以来,中国银行业进行的一系列改革和发展与以往存在明显的差别。通过前面对各种类型银行的详细分析,可以看出,近年来,中国银行业的深化改革主要体现在改善银行产权结构、完善银行组织构架、强化银行核心业务和加强银行风险控制和管理能力四个方面。

首先,改善银行产权结构。我国商业银行产权结构的重塑实际上是把银行的组织变革与产权制度的改革有机结合起来,通过调整法人治理结构来理顺产权关系,通过确立最高决策和监督机制来明确产权主体,通过理顺政企关系从而使我国商业银行尤其是国有商业银行真正成为企业法人。近年来,各大银行接连进行的H股、A股重组上市可以视为中国银行业产权改革的大规模启动。通过股改,银行的公司治理形态已经初步形成,成立了股份有限公司,建立了一整套包括公司章程、"三会"议事规则在内的制度体系。

其次,完善银行组织架构。对我国商业银行组织架构改革的思路是,组织的高端部门设置要能够完整地体现战略意图,条理化、常规化;组织的低端部门设置则灵活多变,动态化、有机化;按照业务和非业务条线分别设计组织类型,业务部门率先尝试组织变革,实现垂直纵向的事业部(或超事业部)制组织形式,条线管理的层次减少,信息传递更加畅通,围绕目标客户和市场细分灵活制定业务发展策略，确定核心业务，适当利用网络型组织形式外包部分不具备盈利性和竞争力的非核心业务；非业务条线在原有职能制组织结构的基础上，横向分工，适当分流，严格控制成本预算，通过借鉴矩阵制组织形式与业务部门有机穿插和并合起来，以建立高效、有序、精简的配套保障体系。例如，对客户服务、市场营销、策略研究等开拓性业务领域的部门，主要推行更为灵活的分权自主的组织形式，以保证这些战略业务单位能够对市场变化作出及时的判断、研究和反应；而对风险控制、内部监督等管理控制部门则可以推行相对稳定的组织形式，以保证对风险的有效识别、计量、控制。另外，相应的人事管理、后勤保障等部门也应该考虑到内部两类组织形式的实际情况，根据不同的情况、不同的需要分别设计人事管理制度以及后勤保障体系。

最后，强化银行核心业务。我国商业银行固有的业务模式和产品并未切合市场需求，而是让市场和客户反过来去适应银行原有的业务分工以及开展方式，这在国有银行垄断经营和缺乏竞争的时期是可行的，但面对加入WTO后金融市场的开放和竞争已经不能适应。由此，我国商业银行的改革也包括了以下内容：通过对当前市场导向的判断和对客户群的分析，根据市场需求，重新组合和选择适合于银行自身发展、定位的核心业务流程，强化核心业务使分工更趋专业化，提高相关领域的专业化服务水平和工作效率。

新形势下，必须加快强化银行内部风险管理控制的制度建设，强化风险意识传导，持续优化信贷客户结构，增强风险管控能力。通过一系列改革措施，中国银行业的公司治理结构、组织构架、风险管理水平和核心业务能力都得到了很大的改善和提高，中国银行业的整体水平迈上了一个新台阶。

2. 多层次银行体系的形成

大约到2003年，我国形成由作为中央银行的中国人民银行，国家开发银行、中国进出口银行和中国农业发展银行三家政策性银行，工、农、中、建四大国有独资商业银行，各种股份制银行及其他银行类金融机构组成的多层次银行体系。然而，那时我国的银行体系功能仍然很不完善，需要进一步进行改革。从2003年到现在，中国银行业的改革上了一个新台阶。中国人民银行的中央银行职能进一步完善，国有独资商业银行逐步开展了股份制改革，成为国家控股商业银行；原有的各种股份制银行进一步完善了公司治理结构并提高了经营管理水平；政策性银行也在开发性金融的指导下逐渐展开了适合自身发展的改革；城市商业银行和农村信用社等也在不断地提高自身的服务水平。中国银行业正在从多层次的银行体系向由服务功能完善的中央银行、政策性银行、国有控股商业银行、股份制商业银行、城市商业银行、农村信用社以及其他银行类金融机构组成的多层次现代化银行体系转变。

从不同的角度出发，可以更深入地了解中国银行业的架构。从银行所有者的角度看，中国银行业包括中资银行和外资银行，其中中资银行是市场的主要组成部分，外资银行占据较小份额，主要起到示范和服务外资企业的作用。中资银行的所有者分为国家和私人两类，国家控制的银行是主体，民营银行所占比重还比较低。从银行企业制度的角度看，中国银行业包括股份制银行和合作制银行两类，其中股份制银行是市场的主导，占据了市场较大份额，合作制银行正处于改革之中。从二元经济结构的角度看，中国银行业包括城市银行和农村银行两大类，分别在城市发展和农村发展中发挥着重要作用。

第四节　银行业变革过程中遇到的问题

一、政府、企业与银行关系的改革问题

政府的权力在我国推进金融体制改革的进程中，表现出对金融领域监管和限制的明显痕迹。在金融体制改革前和改革初，金融管制更多地表现为金融压抑，政府对金融机构的决策呈现出比较强烈的政策色彩，国有企业在这一背景下，与银行之间的关系发生了一定的改变甚至扭曲，从而出现了很多的不良贷款和坏账。我国金融管制主要表现为以行政权力作为基础，以牺牲市场效率为代价，并通过行政化的方式来实现经济发展目标。随着我国金融体制改革和金融深化的持续有效推进，金融管制的重点逐渐转向弥补市场失灵的缺陷，从金融管制手段的角度来看，市场化因素逐渐占据主导地位，行政干预因素则逐渐减少。在这种情况下，我国金融自由化进程已经逐步加快，虽然在转型期间有众多难题未得到妥善解决，但是未来的改革前景依然广阔。

（一）政府与银行业关系存在的问题

纵观中国国有银行体系的变迁过程，从1978年打破"大一统"的金融垄断体系、引入竞争机制开始，大致经历了专业化经营时期、商业化改革以及综合改革三个阶段。中国银行业的发展历程经历了从单一市场体系的"大一统"，到如今以中央银行为核心、国有商业银行以及政策性银行为主体、多种银行并存的多元市场体系。从历史的角度来看，中国的转型特点根植于长期稳定的双重社会结构之中，即国家的集中强势以及经济下层组织的分散。这种二元结构导致我国的经济体制改革始终没有触及国家与企业间的关系。两个层次的结构之间，缺乏一种有效的连接方式，即金融制度的安排，这种连接是缺失的。在这个社会结构中，出现了一股强有力的政府力量，充分根据各个不相同的历史时期，建立、改革与优化国有金融体系，同时及时规划和安排金融制度，以满足国家经济建设与企业发展所需的大量资金。

我国长期以来对银行业所有制结构实行严格控制，由于以控制金融资源为目的，因此四大国有银行的国有产权结构相对单一，这种结构不利于建立有效的委托代理关系，对银行公司的治理既产生了十分不利的影响，又在一定程度上对提高银行效率产生负面作用。具体体现为以下四个方面：一是在所有者缺位的情况下，代理人的道德风险变得异常严重。在国有企业中，国有股东代表国家行使所有权，银行作为企业的出资人，所有权与经营权不一致，因此产生了委托人、管理者之间的信息不对称性的严重问题。因为国有资产并非国务院国有资产监督管理委员会与银行高管人员的私人财产，所以国有资产的代理人，并未表现出对银行经营效益的强烈关注。如果国有企业存在经营者与职工之间的利益矛盾，那么国有商业银行的经营行为必然会扭曲，从而使经营绩效下降。二是银行的经营管理受到政府过度干预与政企不分的负面影响。政府在经济发展过程中扮演着重要角色，职能包括提供公共产品与公共服务，促进社会公平以及维护社会秩序等方面。作为委托方，政府要求代理人除了追求商业目标，还需积极实施政策性的目标，导致政策性贷款的出现，从而最终使得银行的经营负担进一步加重。然而，在出现经营损失的时候，代理人却能够以政策性亏损为借口，推卸责任，导致经营责任难以确定。此外，政府也不允许商业银行过度负债经营，这使得银行高管人员有可能利用政府信息优势操纵银行业绩，从而导致信贷资产质量下降，甚至破产清算。三是严重扭曲了经理人的考核与选拔机制，阻碍和影响了对高管人员实施激励与约束的效果。在我国国有商业银行中存在着严重的"人治"现象，经营者的业绩不能真实地反映其努力程度和实际贡献。四是单一的国有产权垄断，会妨碍建立所有者内部的相互监督和制衡机制，从而削弱内部治理能力。五是国有银行实行股份制后，国有股东在一定程度上实现了控股地位，但仍不能从根本上消除代理问题。政府所提供的存款保险消除了债权人和存款户对监督代理人的激励风险，同时也决定了国有银行难以真正破产或者关闭，即便遭受巨大的损失，也能够借助财政手段进行弥补，这毫无疑问加剧了代理人在道德方面的风险。由此可知，单一国有股权导致了所有权虚置，削弱了股东的利益保护功能，为了克服单一国有产权结构所带来的多种弊端，需要对国有银行进行股份制改革和创新，并积极鼓励非国有产权，特别是民营与外资产权进入我国银行业，快速建立适应现代商业银行制度的金融产权结构，从而使国有银行既获得独立的自主经营权，又得到了独立的法人财产权，成为自主经营、自负盈亏、自担风险以及自我约束的市场竞争实体。

国有银行长期以来顺从于政府的命令，向国有企业提供了很多巨额贷款，虽然在体制外快速扩张，但在体制内依旧保持平稳的增长态势。随着经济体制改革的深入和经济发展水平的提高，原有的国有银行管理体制已不能适应新形势的需要，迫切需要变革和创新。中央政府和国有银行之间形成一种相互依存、相互影响的关系，其中包括领导与被领导的互动，也包括指挥与被指挥的相互配合。在这种体制下，国有银行成为一个特殊的经济组织，并拥有一套独特严格的管理制度和方法，以保证信贷资金在特定区域的安全运行。这一制度安排的实践证明，对于维持体制内的经济增长具有显著的成效，促进了国民经济的长期增长。然而，其负面影响也是显而易见的：一是导致信贷市场结构的垄断，从而削弱了效率。二是国有银行因失去独立的法人地位，成为政府的从属机构，其商业化的进程受到影响和阻碍。三是相对于国外领先的银行，尤其是国内的股份制商业银行，国有商业银行所积累的不良资产仍然相对较高，不仅限制了它们自身的发展，而且限制了它们对国有企业的支持。四是在国有银行与民营银行之间存在着严重的信息不对称现象和道德风险问题。五是由于缺乏国有银行的支持，新兴体制外领域的发展受到了阻碍，从而对整体经济的进步产生了不利影响。2022年年末，六大国有银行的不良贷款余额集体走高。从资产质量方面，除邮储银行外，其余 5 家不良贷款率均较上年出现回落。① 具体见表 2-4-1。

表 2-4-1　2022 年六大国有商业银行不良贷款增减情况

国有大型商业银行	截至 2022 年年末不良贷款余额	不良贷款余额较 2021 年年末增减	截至 2022 年年末不良贷款率	不良贷款率较 2021 年年末增减
工商银行	3 211.70 亿元	增加 277.41 亿元	1.38%	-0.04%
建设银行	2 928.25 亿元	增加 267.54 亿元	1.38%	-0.04%
农业银行	2 710.62 亿元	增加 252.80 亿元	1.37%	-0.06%
中国银行	2 316.77 亿元	增加 228.85 亿元	1.32%	-0.01%
邮储银行	607.36 亿元	增加 80.51 亿元	0.84%	0.02%
交通银行	985.26 亿元	增加 17.30 亿元	1.35%	-0.13%

此外，地方政府对我国商业银行的市场化经营也存在着很大的干扰。地方政府往往单纯追求经济增长速度和税收的增长数量，通过大规模融资和举债，不遗余力地推进开发区和城市建设，同时实施"形象工程"与"政绩工程"，不惜付出任何代价，这些都是造成目前我国地方债务问题的重要原因。因为债务与还款之间存在的时间差，政府大规模增加债务不仅会对自身造成还债压力，而且会"运转正常、建设有方"，暂时刺激经济的有效增长，从而在一定程度上促进了地方官员的短期行为。再加上各地方政府之间的竞争，使得地方政府对当地商业银行的正常经营施加压力。事实上，地方银行的主要股东是政府，政府任命的官员也是地方银行官员的主要来源，这为地方政府充分利用当地丰富的金融资源，实现政府官员自身的目标提供了很大的可能性。与此同时，地方性银行的成长与发展，也受到了一定的制约。为了弥补地方财政缺口和扩大投资需求，地方政府大多会通过发行公债、债券融资等方式筹集资金。自 1978 年改革开放，虽然地方政府面临着预算外资金大幅增加的挑战，但因为资金纵向分配体制始终未被打破，所以他们开始寻求独立、自主运用这些资金的机会，不仅追求比存入国有银行更高的回报，他们还希望在当地建设项目。这种需求与国家财政对信贷资金的要求不相符合，因而必然会引起地方银行向中央政府融资的行为发生，所以在特定的时间段内，地方性信贷机构呈现出了大量的涌现趋势。随着经济体制转轨和市场体

---

① 澎湃新闻. 国有六大行去年日赚近 37 亿，个人住房贷款不良率集体走高 [EB/OL]. （2023-03-30）[2023-04-06]. https://baijiahao.baidu.com/s?id=1761804343002414559&wfr=spider&for=pc.

系发育过程中出现的新问题,以及由此引起的对金融体系的冲击,我国金融业逐步向国有专业银行过渡,并形成以国有商业银行为主体、多种金融机构并存的格局。地方性城市商业银行等信贷机构,作为经济金融体制改革的产物之一,已成为当地主要的金融力量,它们以灵活方便的服务方式和相对较低的贷款利率,吸引了大量的民间资本,并逐渐成为我国金融市场中不可缺少的组成部分。同国有银行相比,自地方银行创立之初,便显露出了固有的缺陷:规模小、建立机制不够充分与完善,都从根本上影响了地方银行的效率与发展的潜力。加之其与地方政府之间明确的裙带关系,使其在自身建设与业务拓展中都显示出固步自封的态度与强烈的依赖观念,偏离现代银行的发展态势。实际上,地方银行亦有自身独特之处:资本金源自地方企业、居民以及地方财政;服务对象大多集中在地方中小型企业与人民群众,以满足他们的需求等。另外,我国商业银行与地方性银行之间存在着较大差别,这就决定了它们在经营管理中会形成各自不同的特点。地方银行因其独特的特色,在为中小企业提供服务的时候,能够有效地克服信息不对称的问题,这是国有银行所无法比拟的。

在改革初期,政府对银行业的过度干预和管制,使国有银行的资本金不足的同时,也积累了大量的不良资产,从而限制了国有银行的进一步发展,与建立符合市场经济要求以及国际惯例的公司治理结构相偏离,严重阻碍和影响了我国银行业,不断提升国际竞争力的进程。因此,我们应该改变这种不合理的体制,建立市场化的银行经营机制,为了确立市场金融制度,政府必须逐步实现国有商业银行的退出,以达到政银分离的目的。同时,政府还应继续鼓励和引导民间资本进入银行业,使其能够发挥更大的作用。地方政府在干预地方城市商业银行的经营时,应当避免过度干预,以确保地方城市商业银行的正常运转。

(二)国有企业与银行之间存在的问题

在银行业处理外部关系的过程中,国有企业和银行间的互动始终占据主导地位,对银行业的改革、优化与发展具有不可或缺的意义。我国银行和国有企业关系可以概括为以下三个阶段:计算经济——完全依赖关系;转轨经济——相互合作关系;市场经济——竞争关系和资金供需关系。

随着市场经济的演进与利益相关方的日益多元化,银行与国有企业的目标、行为开始逐步改变,银企关系的特征在市场经济中萌芽并逐渐加强。从计划经济到市场经济的转型过程中,银行作为市场主体,对经济的调控作用日益增强。银行和国有企业在新旧制度交错的时代,正处于制度转型的适应期,导致了两者之间的关系出现摩擦与碰撞,从而使得银行信贷风险增加,企业贷款变得更加棘手。当前,我国商业银行与企业之间存在的信贷不对称现象越来越突出,已经严重制约了经济持续健康稳定的增长。以下3个方面的问题,是其主要体现。

1. 资金供求

国有企业对银行的资金需求呈现出刚性依赖,银行对企业的资金供给表现出较大程度的被动。我国国有企业长期以来,缺乏积极探索多元化融资渠道的动力与热情,并且融资模式单一,缺乏多元化的融资方法。国有企业融资主要是依靠政府投资项目、国有商业银行贷款及政策性金融。在这种情况下,企业对银行资金的依赖性很强,并由此导致了国有商业银行资产质量低下、不良贷款率居高不下等问题。国有企业在体制改革之后,因为国家财政无法提供充足的资金供给以及金融市场的滞后发展,未能及时建立企业部门与社会富余资金的系统性交易机制,所以企业储蓄严重短缺,同时财政退出形成的企业资金需求缺口没有得到弥补,最终对银行业形成严重的刚性依赖。银行系统的脆弱性主要源于不良资产比例过高所带来的信贷风险,银行在面对储户存款与利息支付时,承受着巨大的财务压力。

2. 债务债权关系

银行和国有企业之间存在潜在的信用风险,尚未建立起真正的契约型债权债务关系。由于银行和国企均属于非完全竞争市场结构,在一定程度上具有信息不对称特性,所以银行与国企间也会产生信息不对称问题。银行和企业之间的关系,实质上是信用契约关系的一种,为了有效维持信用的偿还与有偿性,双方必须缔结契约或者达成协议,以对双方施加强制性的约束。由于银行与国有企业在产权、经营理念等方面有较大差异,所以二者间存在严重的信息不对称,银行很难准确判断企业财务状况及未来发展前景,无法有效地监督、控制企业。为了保护国有企业,国家与地方政府经常采取补贴或企业倾斜政策,导致贷款项目的损失受到政府隐性担保的"预算软约束"影响,从而使企业信用观念薄弱,缺乏还贷意愿,法律约束能力也比较薄弱,银行缺乏硬性偿还的具体要求以及对资金的及时监督管理。同时银行缺乏充分的追贷激励和行为约束，甚至在某种程度上，银行可能更偏向给高风险项目融资，发放低质量贷款，形成对国有企业的"隐性补贴"。同时，银行对贷款事中、事后的监督都比较弱，造成不良资产日益增多。

3. 稳定性

银行与国有企业之间的稳定性差。随着经济规模的增长和市场逐渐建立，企业盲目冲动扩张，银行之间专业分工逐渐模糊，业务交叉，在竞争激烈，甚至无序的银行市场中，可以为银行带来效益的企业客户群，实际上并不稳定，国有企业在各家银行间摇摆，导致一家企业可能会出现多户头以套取资金的情况，有些地方还出现了存款招标、贷款招标等情况，甚至有的大户可以决定和影响银行的决策，使银行不考虑资源的浪费和流失，盲目地拉客户，最终使银行开拓市场成本增多的同时效益下降。除此之外，银行之间的信息封锁与企业对自身情况的保密意识，都会不可避免地使得银行的投资风险上升。

（三）银行与政府和企业关系的发展空间

要想协调我国政府、银行与企业之间的关系，势必要重点解决如下问题。

第一，政企不分，产权制度不完善。一直以来，我国实行的是单一的产权制度，四大银行都是国有独资银行，其资产全部归国家所有并由国家统一进行经营。这种产权关系存在着产权边界不清和资产权责不明确的弊端，银行无力以独立法人身份走向市场。作为国有银行和国有企业双方都属于同一个所有者——国家，没有成为真正自主经营、自负盈亏的独立法人和规范的市场主体。国有企业和国有银行之间的融资行为实际上是一种"内源融资"，它们之间发生的融资行为只是银企之间的资金供给制。从银企双方签订合同开始就要受到政府部门的干预等诸多非经济因素的约束。合同生效后，国有企业没有内在压力和自我约束力为保障自身的生存和发展尽快清偿债务，银行和企业两者之间只是一种虚拟的债权债务关系。作为银行的业务仍然带有明显的行政色彩，倾向把贷款投向政府支持的行业和产业，没有把利润最大化作为自己的经营目标，使得安全性、流动性和盈利性的原则难以实现。另外，有些银行甚至主动扩大贷款规模以满足国有企业旺盛的资金需求来支持地方经济发展。这些都导致了银企之间资源配置的低效率和高成本。

第二，缺乏完善的信用体系，信用意识薄弱。信用问题一直是困扰我国银行和国有企业关系的一个严重问题。一方面，由于产权关系制度等，政府以国有者的身份介入银企之间，因此部分银企之间的信用关系不平等。实际上在这样的产权制度框架下，很难确立真正的信用准则与金融秩序，建立起真正规范的信用关系难度也很大，增加还款和付息的困难。另一方面，国有企业受计划经济的影响较深，企业资金来源渠道单一，在政府支持下，在向银行申请贷款的时候，普遍存在一种不计成本的倾向，具体而言就是注重投入、投放、总量、数量，轻视偿还、管理、结构、质量，最终产生非常沉重的债务负担。由于国有企业整体信用意识淡薄，还贷意识差，而银行缺乏强有力的信用监测制度，银企之间也缺乏有效的沟通，加上金融账户管理制度尚不完善，因此债权人和债务人之间信息不对称问题极为突出，在改制过程中，一些国有企业利用机会恶意悬空与逃废银行债务，加速信贷资金风险的形成，从而使银行信贷资产质量日益恶化，最终对金融机构的信贷投放能力与贷款信心产生严重的制约和影响。转轨时期，由于法律法规难以在短时间内建立健全，对企业违约，特别是对企业借款不还现象约束不力、惩罚不足，因此信用问题日益加剧。

第三，银行缺乏有效的激励—约束机制。在国有银行向商业化体制转型的期间，国有银行并未真正建立起自我约束机制，导致了经营风险与效率低下的问题仍旧存在。长期以来，由于受计划经济体制的束缚影响和缺乏自我约束机制，国有银行信贷资产缺乏风险防范机制，许多贷款或是由于行政干预或是由于内部控制不严而被用于没有效益或效益低下的项目上，形成不少不良贷款。在银行内部，存在着一种由内部人掌控的状态，他们利用自身所拥有的信息优势与控制权，以谋求个人私利为目的，追求效用最大化与小范围的收入，但代理成本并不低，这不仅损害了国家与集体的利益，也对银行的运营产生了负面影响。国有银行虽然是一个独立于政府之外的经济实体，但经营活动与整个国民经济密切相关，尽管股份制改革已经实施，但国有银行仍然处于我国银行业的垄断地位，依然享用着国家的行政资源，其经营业绩的好坏与经营层的努力关联度不高。我国银行业普遍面临的问题有：决策机制不健全，在经营决策方面缺少一定的约束机制；没有建立起强有力的利益制衡机制；稽核审查制度不健全，不良资产比重过大，潜伏着巨大的经营风险。这些问题的突出表现为盈利能力不强、资产质量不高和改革进展缓慢等。这些都严重影响到了我国银行和国有企业之间的良好关系。

第四，金融法律体系不健全。相对于我国的国有企业改革和金融改革都逐步走向正轨并取得重大进展而言，金融法律体系整体相对落后。在改革的过程中，违法经营、管理不善、严重危害金融秩序、损害公众利益现象时有出现。针对金融信用的法律界定不明确，缺乏规范信用活动的专门法律，一直以来中央也缺乏相应的法规制度。对企业违章信用贷款行为的处罚和制裁明显滞后于经济发展的需要。银行维护正常的金融信用关系缺乏有力的法律武器。另外，由于缺乏健全的信用评估机制，无法区分企业信用的好坏，导致优良主体退出市场或放弃优良原则。一些地方政府从地方利益出发，以牺牲银行利益为代价，甚至在面对企业逃避相关债务行为的时候，保持默许或者怂恿的错误态度，助长和促进企业的"无信"不良行径，从而使银企信用关系的良性发展缺乏强有力的法律保障。

为了加速国有商业银行的商业化进程，中央政府明确了国有商业银行向独立国有控股商业银行转型的改革方向，同时采取了一系列改革措施。通过一系列改革措施，国有商业银行的自主权得到相应的增加和拓展，从而使中央政府和国有商业银行间原有的关系得到初步改变。

政府为了有效克服单一产权结构所带来的多种不利影响，对国有商业银行进行了商业化的改革，积极鼓励非国有产权，特别是民营与外资产权进入我国银行业。股份制改造之后，国有商业银行的控股情况如表2-4-2所示。

表2-4-2　国有商业银行股份制改造情况

	上市时间	发行总额（万元）	控股股东	控股比例
中国建设银行	2007-9-25	900 000	中央汇金投资有限责任公司	67.49%
中国银行	2006-7-5	649 351	中央汇金投资有限责任公司	67.49%
中国工商银行	2006-10-27	1 495 000	中央汇金投资有限责任公司	35.33%
			中华人民共和国财政部	35.33%
交通银行	2007-5-15	319 035	中华人民共和国财政部	20.36%

股份制改革对我国国有商业银行的发展具有重要意义，提高了银行业的竞争力。对国有银行进行股份制改造只是改革的一步，要真正建立起与现代商业银行制度相适应的金融产权结构，使国有银行能够实现独立的法人财产权以及自主经营权，成为一个具有自主经营、自负盈亏、自担风险和自我约束能力的市场竞争主体，必须采取相应的改革措施。

首先，要继续推行利率市场化改革。中央领导在1993年提出，我国利率改革的长远目标是建立一个以市场资金供需为基础和前提，以中央银行基准利率为重要调控中心，并且由市场资金供需决定各种利率水平的系统市场利率体系，就某种意义来说代表着我国利率市场化改革的开端。至2007年1月1日，上海银行间同业拆借利率SHI-BOR开始正式发布，实现基准利率基础上的短期利率市场化，被誉为利率市场化改革的"突破口"。在此过程中，中国人民银行累计放开、归并或取消的本、外币利率管理种类为119种。[1]当前，我国的利率体系已经实现了市场化，有了一定的基础，货币市场利率已基本放开，除了人民币存贷款利率这一关键性因素尚未实现市场化，其他金融产品与服务的价格，均已经初步确立了市场化的定价机制。随着金融机构改革与利率市场化的不断深入，人民银行将持续扩大其利率定价的自主权，进一步完善和优化利率的管理，借助中央银行的间接调控手段，科学引导利率，将优化和完善金融资源配置以及调控宏观经济运行作用充分发挥出来。从经济学的角度讲，市场均衡总是比政府管制下达到的均衡更有效率，而所谓利率市场化，就是要让利率成为真实地反映资金市场供给与需求的价格，从而实现资金的有效配置。可以预见，利率市场化必将带来银行业更加激烈的竞争，我国商业银行将真正成为市场主体，参与到市场的竞争中，这对我国商业银行在竞争模式、经营理念、风险控制等方面都提出了新的挑战，商业银行的生存与发展需要具备现代经营机制、管理水平以及自我发展、约束的能力，唯有如此才能在激烈的竞争中脱颖而出。为了适应市场化利率环境，商业银行必须借助各种方法完善以市场为导向的管理体制与经营机制，不断强化自主经营，促进自我发展，摒弃非银行自身的发展目标，严格遵循市场环境与内在条件切实制定与实施的经营目标，更好地促进银行自身稳定持续发展，同时理性安排从事经营管理活动和净化经营的职能，从而实现向真正的现代化商业银行的转型。

其次，完善和优化国有银行的股权架构，是必要的一项措施。我国现行的商业银行体制存在着一些问题，在一定程度上制约了银行业整体竞争力的提高。政府在我国国有商业银行的股份制改革中扮演着至关重要的角色，是最主要的利益

---

[1] 白雨禾，吴为业.论商业银行中间业务定价权的归属问题[J].时代金融，2011，(3)：10.

相关方之一。国有银行的塑造是由政府主导的,而非市场竞争的结果,即使实现了资本结构的多元化,建立了董事会、经理层和监事会,但是因为国家的绝对控股和旧体制的一系列惯性作用,政府对银行的干预仍然根深蒂固。从目前看,我国国有商业银行还缺乏真正意义上的公司制改革,根本原因在于产权不明晰、权责不明,导致所有者缺位和监管失效,从而使公司治理成为一种空谈。例如,董事长和行长的行政级别保持不变,但他们的任命必须经过组织部门的批准,同时党委与董事会的权力存在重叠,这些因素都可能成为有效公司治理的潜在问题和障碍。若缺乏一套职责边界清晰和相互制衡的组织架构作为保障,公司治理将不可避免会效率低下。若政府职能不及时转型,银行所面临的诸多问题将无法得到妥善解决,事实上银行治理的根本在于政府自身的治理能力,因此银行改革的关键就是要解决好政府与银行的关系问题。政府肩负着对国民经济进行宏观调控的重要责任,无法避免利用银行系统的人力资源,但是政府必须用审慎的态度理智介入银行的经营管理,以确保其稳健运营。银行治理与政府之间存在一个博弈关系。在当前形势下,也许可以考虑一种市场化机制,以缓解政府与银行目标之间的不协调状态,如通过政府在银行的股东权益,对银行因政府行为遭受的财务损失进行一定程度的赔偿,以最大限度地避免和降低政府行为对银行预算造成软约束,最终避免政府因素导致的银行治理失效。

在短期内,为了实现资本结构的多元化和国有股结构的调整,可以考虑在坚持国家绝对控股的前提下,以一种合理、科学的方式引入非国有资本,如把财政部持有的股份转移给汇金公司,减少并消除国家行政机构直接持股的情况,这一做法虽然会使国家行政干预上市银行的成本增加,但是却削弱了国家绝对控股所带来的一系列负面影响。从历史来看,国有银行股权集中于中央政府或中央政府指定的机构手中,这种制度安排导致了"所有者缺位"与"内部人控制"现象的产生。站在中长期的角度来看,随着国家宏观调控能力的增强和市场发育的持续完善,国有银行中的国有股逐渐适度退出,这将为非国有资本提供更加广阔的运作空间和平台,从而推动国家从绝对控股向相对控股的转变。唯有在国有银行股权结构中,民营股特别是外资股所占比重达到一定程度时,才能真正形成对国有股的约束力,从而建立起有效的公司治理结构。

最后,建立一种以市场为导向的全新银行与企业之间的关系。不管是商业实体、企业还是金融机构、银行，它们均是独立的市场主体，各自拥有独特的地位。无论是从现在还是未来的视角看，银行与企业都必须以市场规则为指导，明确自身定位，促进自身发展，以达到两者之间的平衡。

银行与企业之间的资源分配应当遵循市场化原则，确保各自独立运作。现在我们已经进入一个新阶段，即从计划经济向市场经济转变时期，随着整个社会金融资源和与金融服务供求市场的不断扩大，银行与企业在选择方面的自主权也日益增强。在此情形下，银行所提供的金融服务与金融资源已经发生了翻天覆地的变化，与以往截然不同。在这样一个竞争非常激烈的环境中，银行业必须要建立起一套适应市场经济要求的银企关系模式，即银行与企业的新型的关系。银行应当致力于提供卓越的产品与服务，以便吸引更多高品质的企业，企业则应根据自身需求选择适合自己的银行，从而更好地满足金融服务和实际需求。所以，随着时代的变迁，银行与企业之间的地位逐渐趋于平等，呈现出一种新的趋势。从这个意义上讲，银行和企业之间已经不再是过去那种不平等的关系，而是一种新型的合作关系，一种双赢的局面。随着国有企业与国有银行的不断深化改革，这两个实体都成为市场经济条件下的重要主体，企业能够根据自身成本、管理方式等，决定与选择服务价格、金融服务方式等，银行则能够根据自身对企业的评价、风险程度等诸多因素，选择为哪些企业提供服务等，这些都将越来越趋向市场化。

在银企关系改良问题上，政府要起到领导作用。政府是经济发展政策、目标的制定者，构建新型银企关系需要政府在政策上的正确引导以及在行政上对部门之间有针对性地进行协调。为促进新型银行与企业关系的建立，政府应当致力于创造优越的经济环境，建立完善的宏观调控体系，规范市场运行规则和管理体系，并建立健全社会保障体系，切实转变职能，减少行政干预，还银行和企业自主经营权、自主决策权。在开放经济的条件下，我国更应依靠政府进行宏观调控，从而引导企业进行产品开发，提高企业经济效益，增强银行对企业的信心，缓解银企关系中的矛盾。随着市场化进程的推进，银行和企业间所面临的挑战，更多地体现在信息的不对称性上。由于信息不对称性产生的信用风险成为影响银行生存发展的主要障碍，为了促进银行和企业之间的合作，必须建立一套和市场经济相适应的信用体系和制度，以消除和降低银行和企业之间信息的不对称性，从而确保信息沟通渠道的有效性。在这个过程中，银行作为一个重要角色起着非常关键的作用，唯有充分掌握相关信息，才可以进行科学的风险评估和合理控制风险，同时严格遵循不同客户的需求特点与风险水平，不断研究和开发综合产品技术，调整与制定更加具有多样化的完整业务流程，以满足市场的各种不同需求。银行和企业双方的博弈过程也就是信息不对称产生的过程，企业的诚信状况会影响到银行的贷款决策，从而影响到整个经济环境，若企业信息披露不充分，信用环境恶劣，将会对银行和企业之间的交易产生一定的负面和阻碍影响。因此，建立有效的银行和企业信息共享机制显得尤为重要。当前，建立银行和企业间信息沟通机制已成为一项紧迫的任务，需要政府、银行和企业三方共同合作，尤其是政府金融监管部门应该借助立法等方法，强制借款人将信息披露出来，同时政府应该严厉惩罚银行隐瞒真实信息的不良行径。

二、金融资源城乡区域分配问题

现代金融理论认为，金融资源是经济持续成长的强大推动力，对经济发展具有先导作用。由于金融发展对经济增长有重要影响，所以反映金融发展水平的金融资源分布的地区差异也是导致城乡区域经济发展不平衡的重要因素。改革开放以来，中国地区经济发展差距迅速扩大，全国各地工业化、城市化和市场化水平存在很大差异，在市场经济的作用下引导金融资源流向也产生了较大差异，最终逐渐形成多个经济区域，这些区域之间的金融发展呈现出明显的不均衡状态。

（一）我国金融资源的城乡分配问题

随着资本不断地追逐利润，很多的金融资源，源源不断地从农村、农业领域、贫困地区流向城市、非农业领域、发达地区。这种状况使得农村金融与经济增长之间呈现出一种逆向关系，即农村地区金融服务不足，农村经济却快速发展。在农村地区，金融资源的匮乏和大规模转移是两个相互交织的问题，需要采取相应的措施来解决，这两种因素造成农村金融供给与需求严重失衡。因为城乡发展不平衡，中国金融体系呈现出明显的城市化趋势，所以金融资源分配不均。

我国农村的经济结构和金融结构之间存在着一种不对称的关系。农村金融的架构安排并未遵循经济、集约以及效率的原则，而是以行政体制、行政区划以及政府层次序列为基础，形成高度耦合的组织模式。这种二元制的农村金融结构不仅影响了农村金融的功能发挥，而且在一定程度上制约着农村经济发展水平，同时由于农村金融制度的不合理安排，正规金融机构在向农村和农业提供贷款或效率方面存在不足。在我国农村，由于政府的限制，非正规金融的发展一直处于"黑市"状态，农村金融业务的"非农化"，进一步加剧了农村金融资源的匮乏。

我国农业与农村所获得的贷款投资规模和农业在国民经济中的占比非常不协调，同时也和农户存款、农村人口所占比例不匹配，使农业生产经营效率低下，制约着农村经济发展。为了追求更高的利润和更低的风险，商业性金融机构先后离开了农村地区和农业领域，中央财政在支持农业方面的力度也不大，还有提升的空间，这一切使得农民的收入下降、购买力降低，导致了农民对金融需求的减弱。在农村地区，有的金融机构需将农村资金带离农村与农业领域，导致资金外流现象非常严重，农村金融形势堪忧。

2020年全国家庭储蓄15.30万亿元，较上年增长12.35%。其中，城市储蓄15.56万亿元，较上年增长20.06%；农村地区储蓄7341万亿元，较上年下降50.58%；农村家庭储蓄占到全部储蓄总额4.80%。农村劳动人口总数为3.33亿人，占到全国就业人口中的43.07%；农村地区劳动者年度总储蓄2 203元，城市劳动者年总储蓄33 060元，全社会劳动者年度人均总储蓄为19 770元；农村地区年度家庭储蓄占比极低，显示农村贫困，通过劳动人口转移、农村产业发展提升农民收入水平是推动经济快速增长的有效策略。

在中国经济改革的全过程中，农村金融仅充当了农村经济剩余的"输送通道"，而非"资源配置者"，这种角色无法充分满足农民的实际融资需求。农村金融市场因不当的金融政策发生扭曲，致使农村信贷资金快速外流，农村资金供应面临严重的不足。金融自由化使得金融机构之间竞争激烈，农村金融市场的垄断局面被打破。金融政策的限制以及由此导致的农村信贷市场价格的扭曲，使农村信贷资金的短缺程度进一步加剧。在农村金融市场需求方面，农户与中小企业逐渐成为需求主体，农村工业企业与非农产业则成为主要受害者。正规金融机构由于缺乏足够的资本支持，不能有效地将农村闲置资源转化为贷款产品，同时也因为正规金融供给的减少，部分贫困地区的农民陷入高利贷的泥潭，进一步加剧了他们的贫困困境。

（二）我国金融资源的区域分配问题

自 1978 年改革开放，我国在经济建设方面取得了引人注目的成就，然而东部、中部、西部之间的发展差距持续扩大，呈现出明显的不均衡状态。我国的经济发展呈现出一种由东向西逐渐减弱的阶梯状特征，这反映了我国全社会在资金配置方面存在的不平衡情况。

我国东部地区是金融资产分布的主要区域，即使是分支机构和从业人员分布较为平均的政策性银行和邮政储蓄机构，其资产分布也呈现出东部大于中、西部的态势（表2-4-3）。

表 2-4-3　2022 年 1—8 月我国金融机构贷款在各省市分布情况（万亿元）

地区	8月末人民币存款余额	比2021年同期增长（%）	8月末人民币贷款余额	比2021年同期增长
全国	252.4	11.3	208.3	10.9
北京	21.1	9.2	9.2	8.0
天津	3.7	9.1	4.1	2.6
河北	9.7	12.5	7.4	12.2
山西	5.2	16.1	3.6	9.8
内蒙古	3.1	16.2	2.6	6.9
辽宁	7.4	6.4	5.4	−0.7
吉林	3.2	11.4	2.6	6.8
黑龙江	3.7	10.8	2.5	3.8
上海	17.9	15.6	9.4	11.4
江苏	21.0	11.2	19.7	14.6
浙江	18.5	15.4	18.3	15.3
安徽	7.3	13.2	6.5	14.8
福建	6.9	15.6	7.2	13.1
江西	5.2	10.6	5.1	12.2
山东	14.1	11.8	11.8	11.8
河南	9.0	9.6	7.4	8.3

续表

地区	8月末人民币存款余额	比2021年同期增长（%）	8月末人民币贷款余额	比2021年同期增长
湖北	7.8	11.2	7.0	12.5
湖南	6.9	13.1	6.0	11.4
广东	30.3	10.7	23.3	11.6
广西	4.0	7.6	4.3	11.8
海南	1.2	10.4	1.0	4.4
重庆	4.8	8.3	4.9	8.1
四川	10.8	12.1	8.8	15.9
贵州	3.3	8.9	3.9	11.2
云南	3.9	8.7	4.1	9.6
西藏	0.5	-4.4	0.5	3.8
陕西	6.0	13.9	4.7	10.9
甘肃	2.5	10.0	2.5	6.4
青海	0.7	3.9	0.7	3.7
宁夏	0.8	10.5	0.9	8.0
新疆	2.9	11.7	2.7	11.1

实际上，股份制商业银行和城市商业银行的金融资源分布，受到区域要素禀赋等客观因素的制约，同时也受到区域经济发展目标、战略等因素的影响。就区域金融协调发展机制而言，一个地区的金融配置机制在该地区的金融体系中得到了充分体现。由于我国地域辽阔，各区域间存在明显的差异性和不平衡性，这种不均衡性主要体现为区域金融资源配置效率的差别。从东西部区域金融资源协调性的角度来看，区域金融资源的分布呈现出多个方面的差异。

首先，就生产要素的禀赋而言，东西部地区的差异是导致东西部金融资源配置不同的一个根本原因。从资本市场发育程度看，东部地区资本市场发育较早，但由于历史原因，中西部地区资本市场发育滞后于东部。由于生产要素禀赋的差异，金融资源、生产要素以及人才流向中国东南沿海地区，从而使得地区资源的不平衡状态加剧。区域经济发展的差异主要源于中国生产要素禀赋的差异，这种差异在区域金融政策机制方面主要表现为金融政策供给的单一性与区域金融环境二元化之间的冲突和矛盾。在相同的金融供给制度下，由于金融资源的趋利性，西部地区的收益相对较低，东部地区的收益相对较高，因此金融资源也必然呈现出向东部地区流动的趋势，同时由于中西部地区的资金需求大于东部地区，因此中部地区的资金短缺问题日益凸显。中国东西部地区的金融资源呈现出明显的地域差异，东部地区金融资源相对充沛，西部地区比较匮乏，使区域金融分化加剧的同时，也导致区域金融成长梯度的差距日益扩大。

其次，就区域金融资源配置的体制成因而言，中国东西部经济市场化程度的差异导致中国东西部金融制度环境呈现出十分明显的二元特征。区域金融资源配置效率是衡量区域金融协调程度和金融可持续发展水平的重要指标。西部地区的金融资源配置仍未完全摆脱对计划手段的依赖，因而呈现出明显的行政主导特征。从微观层面看，由于西部地区资本形成能力相对较弱，因而在金融市场上的融资行为更多地受到政府管制。在东部地区，金融资源的配置环境已经形成一种市场运作模式，可通过价格和竞争等市场手段来优化资金的配置。该二元特征主要表现在以下三点：一是存在着资产组成、融资渠道、外资流入以及对外开放等方面的不平衡状态。我国东部地区的金融资源已经呈现出多样化的构成和分布，这一趋势在区域间也得到了充分的体现。在西部地区，融资渠道相对单一，缺乏多样化的投融资手段。随着经济发展水平的提高和市场化进程的加快，西部地区与东部之间的差距进一步扩大。在东部地区，以股票市场为主要渠道的融资方式已经成为资本市场的重要组成部分，同时中国东西部地区在吸引外资方面呈现出明显的地域差异。随着金融业对外开放的推进，东部、中部以及西部地区的经济水平、制度供给呈现不平衡的状态，最终导致外资金融机构的分布呈现出明显的地域差异。二是区域间货币资金的流向和资金流通模式。在东中西部经济发展不平衡中，资金流动是导致区域差异的主要原因之一，由于东部金融资源配置机制市场化导向，东部地区的资金配置效率显著高于西部地区。即使西部地区的非国有部门，可以充分利用资金，但却无法获得足够的资金供应确保其有效运作。三是金融体系的组成和金融市场的成熟度。在东部地区，金融主体正在积极推进市场化运作，金融组织体系已经相对完善，金融市场的成熟程度也相对较高。相反的是，西部地区的国有金融机构占据了绝对的主导地位，在其影响下股份制商业银行的分支机构数量并不多，同时中小型金融机构的业务发展速度缓慢，外资金融机构主要聚集在东部地区。

最后，由于东西部地区金融资源的分配存在差异，因此区域金融风险的形成机制也呈现出多样性。随着时间的推移，中国的金融相关性不断加强，经济关系也逐渐呈现出金融化的趋势，经济结构金融化使区域产业结构趋于合理化，但这种优化主要体现为金融资源向东部地区集中，而非向中西部地区的转移。在经济关系金融化的进程中，资金对生产要素的导向功能得到了增强，资金配置效率也得到了明显提升，与此同时也产生一定的负面影响，即区域金融系统性风险增加。由于经济结构与产业结构变化所带来的资本投资需求增加，因此东部地区的信贷资源相对集中，中西部地区的信贷资金却较为分散。在金融资产增速高于实物资产增速的情况下，金融资源配置的不平衡分布导向效应得到了强化，这种状况导致东部沿海地区大量信贷资金流入中西部地区，中西部地区大量信贷资金流出东部地区。此举使得东部地区金融资产的泡沫性风险进一步加剧，也使该地区金融市场处于不稳定的状态。在西部地区国有银行融资结构单一以及资产收益率低的情况下，若西部地区采用更多的地方性、保守性以及平衡的金融资源配置方法，会提高和增加地区已存在的高流动性风险。

（三）金融资源城乡区域分配的改革方向与选择空间

首先，实施差异化的金融宏观调控策略。借助宏观调控手段，政府能够贯彻国家的产业政策，从而推动经济的平稳增长。由于各地区经济发展水平和产业结构不同，全国整体经济结构的失衡，考虑到我国经济中较为发达的地区扮演着至关重要的角色，因此在制定宏观调控政策时，更倾向于以这些地区的经济运行情况为基准。对于缺乏金融资源的中西部地区而言，这种无视地区差异的宏观金融政策，大多会带来更为不利的影响，同时由于西部与中部之间存在着较大差距，西部的货币政策效果也将受到一定程度的影响。假如是因为过度投资引起的经济过热，那么大多是从东部地区开始的，并且可能出现的产能过剩局面也将更加恶劣。然而，由于国家实行的信贷收缩政策，即使中西部地区的投资并不过度，也可能被迫缩减投资规模，最终迫使中西部地区的经济增长放缓。因此，为了保证中西部地区经济稳定地持续增长，必须对金融宏观调控进行相应改革。鉴于东部地区资金来源多元化，除银行信贷外，中西部地区主要依赖银行信贷，所以统一的金融宏观调控政策，可能会在一定程度上削弱其有效性，同时对中西部地区的经济稳定和增长产生严重影响。为了确保金融宏观调控政策的有效性，必须根据各地区经济形势的差异，实施差异化的政策，避免简单粗暴的"一刀切"做法。

其次，实施个性化的金融治理策略。为了缩小不同经济地区之间的差距，需要实施差异化的金融管理政策，以适应金融机构所处地区的实际情况，包括准备金比率、利率等多个方面。目前，我国正面临西部大开发战略的实施，中西部欠发达地区应积极推进市场化改革进程，加快金融体系建设，以支持该地区的经济增长。从国外经验看，美国曾实施过会员银行法定准备金率，不但根据银行规模大小，而且根据银行所处的三类地区分别制定，如1935年纽约、芝加哥、圣路易斯的国民银行都属于"中央储备城市银行"，活期准备金率为26%，其他16个城市较大的国民银行为"储备城市银行"，准备金率最高为20%，其余不发达地区如阿肯色州、俄克拉何马州、得克萨斯州国民银行为"乡村银行"，准备金率为14%。[①] 参考、借鉴和汲取美国的成功经验，我国可考虑对中西部金融机构实行较低的存款准备金率要求以及优惠利率资金，用于增加和丰富中西部地区的金融资源，从而吸引更多的股份制商业银行与外资商业银行，在该地区设立分支机构，推动区域经济的平衡发展。

最后，为了缓解金融资源配置的城市化倾向与农村金融资源的外流，必须逐步消除中国金融制度安排的内生性。这需要加快建立完善的社会保障体系，同时建立健全税收征管制度，剥离由金融部门承担的政策性和社会性负担，即向利益集团提供利益补偿。除此之外，推动和促进利率市场化深化改革，积极发展中小金融机构，科学、合理引导和指引农村非正规金融的发展道路，也会在一定程度上起到纠偏金融资源配置的城市化与农村金融资源的外流的作用。

三、银行业竞争不充分问题

（一）寡头垄断：中国银行体系的市场结构特性

市场行为与市场绩效的决定因素是市场结构，企业在特定市场结构下的行为

---

① 张企元. 区域差距与区域金融调控 [J]. 金融研究，2006（3）：156-165.

特征将对其最终市场绩效产生影响。随着时间的推移，中国银行体系的演变也伴随着其市场结构的变化，这种变化不断地影响着银行体系的运营绩效。深入探究中国银行体系市场结构的演变机制，将有助于我们更全面地理解其变革过程。

CR4所代表的是某一行业中排名前4家的大型企业所占比例，该比例越高，则意味着该行业的垄断程度越高，如表2-4-4和图2-4-1所示，除了个别年份除外，我国商业银行各项指标的CR4都在60%以上，根据贝恩（Behn）基于集中度的市场结构分类标准，2007年以前，市场的各项指标均在75%以上，银行市场属于极高寡占型；然而在2007之后各项指标的CR4都有一定的回落，资产、负债及股东权益都在75%以下，那么此时市场处于高度集中寡占Ⅲ型；2014年之后，各指标的CR4在60%以下，此时市场属于中（上）集中寡占型，所以可以理解为我国商业银行市场属于寡头垄断。随着金融改革的不断深化，资产、负债及股份权益指标CR4值逐渐下降，说明我国银行的改革取得了一定的成效。[1]

表2-4-4 2007—2016年中国商业银行市场集中度CR4指标（%）[2]

年份	资产	负债及股东权益
2007	78.4	81.17
2008	72.78	72.16
2009	72.14	71.31
2010	70.07	69.36
2011	67.58	66.81
2012	64.79	65.65
2013	63.73	64.86
2014	62.07	63.7
2015	59.91	62.05
2016	58.22	60.51

---

[1]张海南.我国商业银行的市场集中度[J].今日财富（中国知识产权），2019（3）：75-76.
[2]同上。

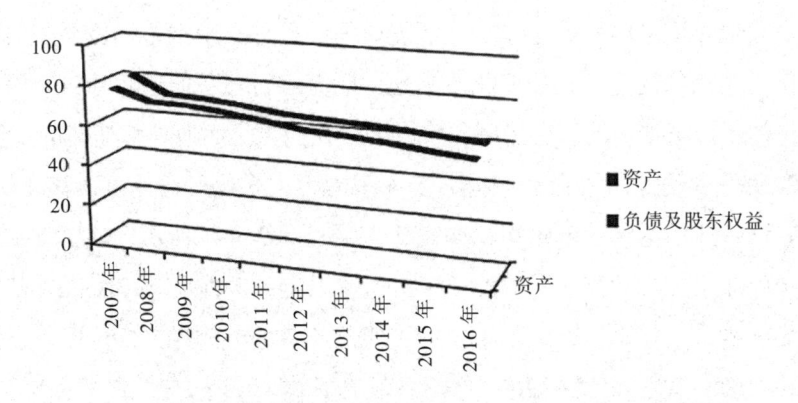

图 2-4-1　2007-2016 年我国商业银行市场集中度 CR4 指标变化趋势（%）

（二）我国银行业寡头垄断的形成原因

我国银行业高度集中的市场结构并非源于竞争，而是由于历史和现实保护政策，最终形成的行政性垄断，这种垄断主要源于制度变迁因素，将政府与市场的双重力量淋漓尽致地展现出来。随着经济市场化进程加快以及银行监管体系的不断完善，我国银行业的垄断性正逐步减弱。我国银行业的市场结构，对银行业的市场行为、市场绩效等方面均产生了影响，从而形成一个复杂多元化的金融生态系统。

首先，我国银行业市场结构的高度垄断性，充分凸显了国家制度的独特印记，同时也是政治制度与经济制度的高度凝聚。在计划经济体制下，银行业属于国有垄断部门，在市场经济条件下则表现为非国有经济占据着主导地位，这与计划经济时期形成的"政企不分"有本质差别。在政治上实行社会主义制度的背景下，银行业的国有产权必须占据主导地位，所以这种高度集中的市场结构，并非源于自由的市场竞争，而是由政府制定的政策安排所决定。随着社会资金需求总量的增加和需求方式的多样化，自 1978 年改革开放，中国面临着资金供给体系不完善和市场化改革进程的双重压力，因此需要建立一套比较完善的银行系统。我国银行业的改革势在必行，除了引入新兴的商业银行，还对原有的中国人民银行进行了重组，重新组建了 4 家国有商业银行和 3 家政策性银行，同时进一步明确了中国人民银行的中央银行职能，外资银行也开始进入中国市场。随着经济发展和金融创新的深入，至此我国银行业市场环境发生变化，外资银行也开始逐步走入中国市场。随着时间的推移，银行业的市场结构逐渐从完全的垄断向更为集中的市场结构转变，市场竞争因素持续且有效渗透到银行业之中，商业银行之间的激烈争夺，也降低和削弱了垄断倾向。同时，政府对金融业的管制逐渐放松，使银行业竞争更加自由和充分，最终形成以寡头为主的市场竞争格局。市场经济体制的要求，促使银行业市场结构发生了转变，这一演变轨迹延续了制度变迁所带来的影响。随着我国经济发展水平提高和金融市场化进程加快，我国的银行业已经从计划经济时期的政府主导型向市场经济时期的竞争导向型进行着转换，未来银行业将继续受益于这种制度变革所带来的深远影响。我国银行业市场结构的演变是经济体制变革的一种独有外在体现，随着市场因素的持续性加强，相应的政府干预逐渐减弱。4家国有商业银行积极主动应对市场竞争，不断改革和优化，以快速适应新的市场环境。新兴的商业银行也在为自身的利益努力奋斗，为市场发展注入了一股充满活力的新力量。随着市场自主力量的进一步提升和增强，中国银行业的垄断竞争结构，正朝着更加深入的方向不断演进。

其次，在改革开放初期，为与经济与金融体制改革的需求相适应，四大国有银行被重新建立与恢复，但它们在金融体系中的垄断地位并非源于市场竞争，而是由于它们固有的非商业性特征所导致的，这也就决定了与其他非国有商业银行之间存在着不同的经营方式和市场定位。国有商业银行依托国家财政的支持，资本额相对较高，其他非国有商业银行则主要由地方财政、相关管理部门以及企业投资。因此，国有商业银行与其他非国有商业银行在资产质量、经营规模以及盈利能力等方面都存在着很大差距。国有商业银行的信誉优势源于业务经营的独特性，这种独特性形成一种无形的资本，其价值难以估量。

最后，国有商业银行的网点布局，始终遵循行政区划的规定，逐级建立，以确保高效运作。随着金融创新和竞争程度的加剧，银行间业务交叉越来越多，同业竞争更加激烈，使银行之间的竞争力日益加剧。国有银行被视为全民所有制企业，作为资金分配的重要部门，主要职责是为国家积累资金，因此银行规模和分支机构数量要更大、更多。现如今，国有银行已经构建起遍布全国的分支机构网络，非国有商业银行的分支机构则受到了十分严格的监管和限制。新的商业银行虽然在当前的经济市场化进程中应运而生，对高度集中的格局造成一定的冲击，但这种行政性垄断格局仍未得到根本性的改变。究其根源是在我国经济体制改革的过程当中，金融控制作为一种有效的宏观调控手段，在国家层面发挥着重要作用，同时由于我国的金融体系仍然以国有企业为主体，国有商业银行也具有较强的垄断性，所以为了实现宏观经济的调控，国有商业银行必须在机构上占据绝对优势，在业务上处于绝对垄断地位，并且加强对金融的严格控制。长期以来，我国对银行业实施了严格的政府监管，以确保银行业的稳健发展。国有商业银行的垄断地位得到了维护，管制政策的实施在一定程度上削弱和降低了市场竞争的激烈程度，从而保护了国有银行的权益。由此可知，四大国有商业银行的寡头垄断地位，主要源于历史与现实的保护性政策，而非市场竞争中提高效率和改善经营业绩所带来的成果。

（三）我国银行业竞争的特点与发展趋势

就我国国有银行而言，和其他股份制商业银行、非国有银行、外资银行相比较，所追求的竞争目标存在着根本性的差异。国有银行所追求的竞争目标在于最大化存款收益，其他银行则致力于最大化盈利。我国的国有银行在与其他银行的竞争中呈现出独有的特征，这是由于它们所处的市场环境和竞争环境的不同。鉴于我国国有银行长期占据主导地位，规模庞大和机构众多的垄断优势，使得其他银行仅能在"边缘地带"，和国有银行相竞争。我国银行业的竞争格局主要围绕着国有独资商业银行和非国有商业银行之间的角逐展开。随着国有商业银行的原有专业分工领域的限制被逐渐打破，它们之间的竞争行为也变得越来越激烈，呈现出不断升级的趋势，在此过程中，国有商业银行的垄断优势逐步被削弱。这种竞争是在特定历史条件下形成和发展起来的，国有银行之间的地位变化揭示了它们之间的竞争格局。

因为国有银行的竞争目标集中在存款（或贷款）领域，而非利润方面，所以它们之间的竞争缺乏内在的约束机制，主要采用组织扩张与费用竞争等手段。由于地域上的限制和经济发展水平等原因，在不同地区、不同行业之间存在着明显差别，这就造成了不同区域内银行机构数量不均衡。在国有银行间的竞争中，费用竞争被视为价格竞争的一种形式，主要特征是以变相抬高利率的方式进行，从而导致了成本竞争的出现。

可以概括我国银行业竞争的趋势为如下四种。

第一种趋势是国有商业银行与股份制商业银行之间盈利能力的差距虽然有所

缩小，但总体差距仍然较大（表 2-4-5）。这种趋势表明，国有商业银行与股份制商业银行相比，虽然其资源配置效率相对有所提高，但仍然较低。

表 2-4-5　2020 年国有商业银行与股份制商业银行销售利润情况对比

项目	国有商业银行	股份制银行
营业收入（亿元）	31 082.15	9 079.21
净利润（亿元）	10 923.30	2 415.14
销售净利率	35.14 %	26.60 %
营业支出（亿元）	17 822.79	6 174.33
业务及管理费（亿元）	7 856.57	2 612.92
义务及管理费占营业支出比重	44.08 %	42.32 %
信用减值损失（亿元）	7 412.98	3 370.79
信用减值损失占营业支出比重	41.59 %	54.59 %
其他成本费用（亿元）	2 553.24	190.62
其他成本费用占营业支出比重	14.33 %	3.09 %

①总资产周转率（资产利用率）。企业的盈利能力直接受到资产周转速度的影响，若资产周转缓慢，将会占用大量的资金，从而使资金成本增加的同时，降低企业利润。在 2020 年，股份制银行的总资产周转率达到了 3.26 %，这一数字比国有商业银行高出了 1.23 倍，从侧面表明了该银行的资产利用效率远高于国有商业银行。

②总资产收益率。银行的总资产收益率是一项重要的指标，它反映了银行在特定时期内每一单位资产所产生的净收益，同时也反映了银行在利用全部资源获取利润方面的能力。2020 年，国有商业银行的资产收益率高达 0.93 %，比股份制银行高出 0.06%，这表明盈利能力优于股份制银行。

第二种趋势是国有商业银行之间的差距在拉大。由于在商业化改革的程度上存在不同，四大国有商业银行的盈利能力开始出现分化状况。条件好、商业化改革较快的国有商业银行，如中国建设银行、中国银行，其利润率也较高，而中国农业银行则出现了亏损，相互之间的差距在不断拉大。这一趋势表明在国有商业银行之间的资源配置效率正在提高，在市场竞争的作用下，国有商业银行作为一个整体正在发生改变。

第三种趋势是各股份制商业银行的销售利润率开始呈现平均化趋势，相互之间的差异在缩小。这一趋势表明在股份制商业银行之间的资源配置效率是较高的。由于股份制商业银行经营管理体制是面对市场竞争的，因此市场竞争能够使其资源由低效率的地方向高效率的地方流动,促使不同银行间盈利能力的差距逐渐缩小,利润率出现平均化趋势。

第四种趋势是由当前的寡头垄断的市场结构向垄断竞争的市场结构方向发展。如表2-4-6所示,可以明显地体现出垄断竞争市场结构较完全垄断市场结构更加健康与完备。随着市场化步伐的发展,加之业务发展多元化的进程,市场化竞争与选择会向更有利于银行业发展的市场结构方向演进。

表2-4-6 完全垄断市场结构与垄断竞争市场结构的对比

场结构	完全垄断的市场结构	垄断竞争的市场结构
企业目标	完全信贷计划	利润最大化
分支机构设置	依据行政区划	合理化调整网点分布
经营方式	粗放型	集约型
服务质量	服务意识差,质量低	服务意识增强,质量提高
业务种类	种类单一,缺乏其他业务品种	业务多元化,大力发展中间业务
技术与业务创新	缺乏创新激励,技术落后	积极开拓新业务,应用新技术
广告宣传方法	宣传意识较弱,忽视形象塑造	注意宣传和企业形象
价格策略	严格执行国家统一利率	存在"高息揽储"现象
降低消耗	不重视降低消耗,成本高	重视降低消耗,内部挖掘潜力,降低成本提高竞争力
行为约束	软约束,缺乏外部压力和内部激励	硬约束,市场压力大,建立激励约束机制,追求高效率
经营自主权	缺乏自主权,政府干预较多	拥有经营自主权,政府干预少

另外,从总的情况来看,无论是四大国有商业银行还是股份制商业银行,平均利润率在长期内都呈现出下降趋势,这表明竞争对商业银行的资源配置有直接的影响。

四、银行业内部控制与外部监管的发展问题

(一)银行业内控机制的现状

1. 风险管理机制不健全

(1)信用风险

信用风险是最古老、最重要的风险之一,也是我国银行业一直面临的主要风

险。我国银行业面临的信用风险主要表现出以下几个类型：工商企业贷款的信用风险，居民消费贷款信用风险，票据业务信用风险，信用价差风险，结算信用风险。改革开放以来，我国经济飞速发展，然而资本市场的滞后发展却与之不协调，银行业成为非金融部门主要的融资渠道，这就使得信用风险大量积聚。由于我国的信用体系一直非常脆弱，很长一段时间，我国商业银行大都受到不良资产问题的困扰，尤其值得注意的是，因为国有独资银行承担了大量政策性任务，仅贷款中就有70%被提供给了国有企业，所以导致了信用风险的产生。2022年，六大国有银行的信用卡贷款余额累计达3.39万亿元，较上年末增加31.78亿，微增0.09%。

具体来看，截至2022年末，建设银行和农业银行的信用卡贷款余额较高，邮储银行贷款余额增幅较大。从不良率来看，邮储银行和交通银行偏高，农业银行和建设银行较低。建设银行和农业银行的信用卡余额居前二，分别约为9 248.73亿元和6 476.51亿元；邮储银行的信用卡规模相对偏小，为1 822.66亿元（表2-4-7）。

表2-4-7　六大国有银行2022年信用卡不良贷款情况[①]

余额排名	证券简称	2022年信用卡贷款余额（亿元）	信用卡贷款增幅	增幅排名
1	建设银行	9 248.73	3.20%	3
2	农业银行	6 476.51	3.33%	2
3	工商银行	6 401.52	−7.54%	6
4	中国银行	5 203.90	2.62%	4
5	交通银行	4 777.46	−3.01%	5
6	邮储银行	1 822.66	4.23%	1

总体来说，虽然商业银行不良贷款率近年来有了很大的下降，但和国际水平相比仍存在着较大的差距。伴随着我国金融市场的日益开放，银行业将不可避免地受到外部因素的影响，并且只要经济增长速度放缓，这种影响将会变得更加显著，同时极有可能造成新的信用风险。

改革开放以来，我国银行业得到了快速发展，但我们仍然不能忽视信用风险

---

① 面包财经. 国有银行信用卡业务透视：贷款余额近3.4万亿 邮储银行、交通银行不良率偏高[EB/OL].[2023-04-29]. https://www.163.com/dy/article/I4UUH2VD05198SGG.html.

对银行造成的潜在影响。近年来，银行业面临的信用风险主要有以下三种表现。

一是银行资产负债的期限不匹配，短期贷款的投放比例呈下降趋势，中长期贷款的比例则持续攀升；随着时间的推移，短期存款所占比例逐渐攀升，银行存款则呈现出越来越活跃的趋势。可见，期限不匹配所带来的问题进一步恶化，造成信用风险敞口增大。

二是银行信贷行业集中度过高，行业风险积聚较为明显。我国经济呈现出以制造业、房地产、交通运输等为龙头的蓬勃发展态势。尤其是，近两年来，房地产行业蓬勃发展，导致了房地产贷款的高居不下，在"去库存"的大环境下，地产行业的高杠杆率也成为各界关注的焦点之一。在当前宽松的信用政策和延续的地产金融政策的背景下，市场对1月份地产需求，是否能够实现企稳回升表现出了浓厚的兴趣。2022年底，中央加大对房地产企业融资支持力度，"金融16条""三支箭"先后落地，企业融资环境得到改善，一定程度促使住房开发贷款余额增速提升。①

银行信贷过度集中于房地产业，房地产业过度依赖银行资金，要引起我国银行业的高度警醒，以避免发生类似于美国次贷危机的金融危机。

三是在银行业传统信贷业持续有效扩张的经营模式下，传统的风险管理方法与手段已经无法胜任，使得银行业在面对经济增长放缓的压力的时候脆弱不堪。由于中国银行业一直以单一、扩张型的传统业务为创造利润的主要途径，因此商业银行在经济高速发展的进程中经常性地忽视风险，侧重于追求自身利益最大化，导致银行的中长期贷款比例与规模均出现了显著的增长。此外，金融机构贷款的快速增长导致其存贷比也大幅上升。一旦经济增长放缓，从银行贷款结构、外部经济环境变化、宏观金融调控力度、工业企业经营效益来看，我国商业银行在应对经济增长放缓的挑战时将面临巨大的困境，很难从容地应对，并且不良贷款的反弹压力也不容忽视。

（2）市场风险

市场风险指的是汇率、利率、股票价格以及商品价格四个方面的不利变动分别带来的风险。市场风险对商业银行的经营具有重要影响，尤其对于国有大型银

---

① 水泥网.2022年房地产贷款增速继续回落，今年信贷"开门红"或超预期[EB/OL].（2023-02-07）[2023-03-23]. https://www.ccement.com/news/content/35739831697985001.html.

行而言更是如此。长期以来，政府对我国利率、汇率等可能引发市场风险的因素实施了严格的管制，导致大多数商业银行无法准确地认知市场风险，并及时提供与其相对应的措施。在利率管制下，银行对利率、汇率变化非常敏感，一旦利率、汇率发生变化就会影响到贷款的定价和资产组合选择。随着我国金融业市场化进程的加速和利率、汇率市场化改革的持续有效推进，尤其是从 2005 年开始实行以市场供求为基础，同时具有一定管理性的浮动汇率制度以来，汇率波动幅度在其影响下逐渐加大。在这种情况下，银行如何有效规避利率、汇率波动所带来的金融风险，就成为一个重要课题。在 2007 年中，我国利率进行了罕见的多次调整，人民币升值预期更加强烈，股票价格和商品价格也出现了剧烈的波动，更是给银行带来了巨大的市场风险。同时，面对国际竞争，我国银行业金融创新带来的金融产品日趋复杂化，以传统业务为主的经营理念已逐步被大力发展中间业务的趋势所替代。因此，银行业面临的市场风险将更加明显化和复杂化。

（3）操作风险

操作风险包括内部欺诈、外部欺诈、就业政策和工作场所安全性等银行业所面临的风险。尽管我国早已提出操作风险的概念，但将其与其他两种风险并列为金融机构所面临的三种主要风险，实际上是近年来的一项重要举措。目前，操作风险是我国银行业的主要风险来源之一，其在银行风险中的比例远远大于国际银行业水平。根据媒体公开报道，2000—2012 年，我国银行业共发生操作风险损失事件数千起，平均带来的损失从数千元到数亿元不等。[1] 当然，媒体报道仅仅是中国商业银行操作风险发生情况的冰山一角。近年来，中国银行业操作风险案件呈逐年上升趋势，其突发性、职务犯罪严重，案件发生呈二级分布，即集中于低频高额与高频低额案件。

鉴于我国社会信用基础薄弱，银行在风险管理方面起步比较晚，我国银行业还没有真正形成，与现代银行业发展具体要求相适应的风险管理文化。随着业务的快速发展和风险管理的不断变化，风险管理人员的风险管理理念尚未达到适应的水平。同时，风险管理方法落后于时代发展，风险管理方法也比较单一，对客户信息掌握不够充分，致使银行面临着一定的信用风险损失压力。近几年，银行业虽然已逐渐加强在风险方面的意识，但全面有效的风险管理理念仍未确立，风

---

[1] 张帆. 我国商业银行操作风险事件分布特征及影响分析 [D]. 天津：南开大学，2015.

险管理战略在实施的过程当中缺少一致性。随着金融领域的深化与创新以及市场的日益开放，银行业的经营范围不断扩大，银行越来越重视信用与市场风险。

  银行商业化改革以来，我国在信用风险管理组织机构的建设方面经过持续的深入探索与创新改革，实现了信用风险管理分工的精细化和专业化发展。目前，我国银行业主要由四大国有商业银行、股份制银行以及城市合作金融机构等构成，它们均设有专门的信用风险管理机构，以应对潜在的信用风险，同时这些机构都有较为明确的风险管理框架体系。然而，从组织架构的层面来看，信用风险管理机构在管理的过程当中既缺少权威性，又缺少独立性，这使得其在实践中难以发挥应有的作用。风险管理部门在各级层面没有独立于经营部门行使监管权力，而是和业务经营部门归属于同一层面或者上一层面的行政领导管理之中，控制作用难以得到充分发挥。此外，在内部控制体系的构建方面，依旧存在着许多制度上的空缺或落实不到位等问题，这些都是当前急需解决的。

  长期以来，我国商业银行在风险管理方面比较注重和强调定性分析，管理期间依赖计分模型、财务比率分析等方法。近年来，随着计算机技术及互联网技术的飞速发展，国际金融市场发生了变化，对风险管理也提出了新的挑战，许多国家开始采用现代风险管理理论来加强银行的风险管理。尽管这些分析方法在强化风险管理中扮演着不可或缺的角色，但相较于国外银行广泛采用的风险管理方法，我国银行业缺乏先进的风险管理模型，也缺少满足风险计量要求的数据支持，导致资产评估的准确性低，很难实现更深层次的风险细分，最终使我国银行业的风险管理长时间停留在资产负债指标管理以及头寸匹配管理的水平上面，风险测算统计工作也没有真正地实现科学化与制度化。

  风险管理信息系统的建设滞后相对比较严重，导致在数据分析、管理决策等方面难以快速响应。由于缺乏充足的业务信息，银行无法构建相应的资产组合管理模型，从而无法精准掌握风险敞口，这对于风险管理来说是一大挑战。风险管理过程中的许多数据不完整，不能真实地反映风险状况。风险管理的决策科学性受到信息失真的直接影响，同时也增加了风险管理方法量化的难度。因此，建立一套适合我国国情并能满足银行业发展要求的风险信息管理系统显得非常重要。尽管我国各大商业银行均拥有与风险相关的信息系统，但至今仍未实现一体化的整合。现如今，主要应用于风险管理的是一套以计算机为主的管理信息系统，其他系统则采用不同类型的数据库来存储和处理各类业务数据。银行在面对这些系统的互联困难、数据重复录入等问题时，难以实现信息的可比性，最终对自身风险的判断水平产生影响。

2. 银行内部治理结构仍不完善

银行的公司治理与风险管理深受其产权结构的影响，这种影响是显著的。企业的所有权结构是企业在追求利润最大化时产生的内在结果，它反映了企业在竞争激烈市场中的地位和影响力。在我国商业银行中，由于所有者缺位导致经理人自利性的问题比较普遍，因此银行经营者会采取各种方式来损害股东利益。为了降低经理人偷懒行为所需的监督成本，同时减少懒惰所耗费的资源价值，通过内部和外部施加各种压力的方法和手段，将偷懒行为降至最合理的范围之内。有的研究表明，过度集中股权可能会带来负面影响。相较于分散的股东，大股东的投资更为集中，缺乏多样化的灵活资产组合，因此承担的风险也会更大。这就意味着，在一个市场中，如果大股东拥有较高的持股比例，那么它所带来的收益将会高于其付出的成本。在我国，国有商业银行的低效率与高风险为这一学说提供了相应的理论支撑。

3. 内部制衡机制存在缺失

商业银行的经营管理得以加强，这要归功于股东大会、董事会和高级管理者这三个相互制约、影响以及促进的公司治理机构。在上市公司中，由于国家持有高度集中的股权，大股东所委派的董事成为董事会的主要控制者，因此董事会结构不完善、公司治理的制衡功能失效，形成"一股独大"的不合理的股权结构。由于缺乏多元股权制衡机制，董事会已演变为大股东会，无法及时有效地约束经营管理者。在商业银行内部，各部门职责划分不清，导致信息传递不畅等问题，使经营者难以真正了解银行经营情况，从而影响到银行效率。我国商业银行的效率低下、效益不佳与整体竞争力较弱，是由于在各种重要事项中仍然坚持着传统的决策模式所导致的。作为银行公司治理机构的核心，董事会拥有法人财产控制权，是公司最高决策和监督机构。因此，如何建立高效合理的董事会结构成为现代金融企业制度建设的一项迫切任务，尽管股东大会是最高权力机构，但是每一项公司决策均必须由其决策，这无疑会带来一定的成本与缓慢的效率。

董事会应当灵活运用权力，为经营者的决策设定明确的前提条件，使其了解董事会的权力安排，并使其行为与该权利的安排相适应，积极制定、科学实施和董事会战略相符的重要决策。董事会成员的选举是股东大会的一项权力，但罢免程序必须遵循严格的程序，不得随意进行。如果董事会被解散或者被撤销，股东大会有权决定董事会成员的任免，以确保董事会能够有效地行使自己的职权。由于股份制商业银行经营班子的任免权归属于政府，因此银行的经营管理非常容易受到政府的相关干预，并且作为股东利益代理人的经营班子，无论是在权力、收益，还是在责任等方面，均存在着高度的不对称性问题。由于政府和银行之间存在信息不对称性，因此政府通过行政手段影响银行的经营决策，所造成的政府与银行之间的博弈结果便是银行的效率低下。因为银行经营者缺乏内在的动力，仅对股东与银行的利益进行较好的维护，所以公众无法及时有效地监管政府与银行。银行在此情形下所追求的经营目标倾向于内部人，以便于内部人实现最大利润，然而这也容易引发"内部人控制"难题，同时银行所面临的各种金融风险，以及国有资产的流失，都是由此带来的负面影响。随着董事会成员和经营者之间的相互兼任现象，内部人控制现象在实践中必然呈现出日益增多的趋势。在股东大会和董事会中，国有股份占据着至关重要的控制地位，这一点不容忽视。因此，如何防止董事会成员滥用权力损害公司利益，就成为我国国有企业改革必须解决的一个重大问题。提名委员会由独立董事组成，按照特定条件提名董事会成员，以确保董事会的独立性，而在此过程中，独立董事扮演了至关重要的角色，发挥着关键性的作用。

4. 激励约束机制仍需完善

现如今，我国的国有商业银行尚未成立薪酬委员会，工资制度、人事管理等方面仍然采用机关的管理模式。在目前经济环境下，国有商业银行要想获得良好的绩效和持续发展，必须对原有的管理模式进行改革。鉴于我国国有商业银行的错综复杂性，管理层亟须建立一套合理的激励和约束机制，以实现长期和短期激励的有机结合，从而构建一个全面的激励体系。一些国内学者认为，改进激励机制的目标在于提高合同收益，同时降低控制权所带来的回报。相对于控制权激励而言，合同激励呈现出更为显著的激励效应。在商业银行内部，各部门职责划分不清，导致信息传递不畅等问题，使经营者难以真正了解银行经营情况，从而影响到银行效率。合同激励作为显性激励的一种形式，其个人责、权、利的差异集中体现在合同所带来的收益中,对个人产生了一定的激励效应和作用。需要注意的是,单纯依赖合同收益作为激励机制,只会引起经营者对其短期行为的关注,从而将银行长期经营绩效的重要性所忽略。在采用股权激励措施时,必须遵循"选择性激励"基本原则,具体而言就是对期权、限制性股票等,采用倒金字塔形的持有模式,以确保激励措施的有效性和可持续性。国有商业银行缺乏一套制度性的长期激励机制,用于促进员工分享经营成果,最终限制了他们的努力程度。在当前经济下行压力较大的情况下,银行经营面临着很大的不确定性,银行高管人员薪酬也成为社会关注的焦点,高级管理人员的薪酬受到行业标准和上级各主管部门的制约,这是一种普遍存在的现象,需要引起足够的重视。同时,由于国有商业银行对经营者实行年薪制管理,经营者大多以牺牲自身的经济利益为代价,换取个人收入增长,使其无法承担相应的经营风险。所以,在国有商业银行获得经营控制权的同时,由于激励机制的扭曲和监督约束机制的弱化,银行内部追求短期利益和效益最大化的过程一定会促使银行资源配置的扭曲以及经营效率的降低,同时也会增加信贷风险。

5. 缺乏有效率的银行家选择机制

我国中央政府对国有商业银行高级经营管理者的任免权长期保持不变,国有商业银行的重要职位则由政府委派人员担任,尽管政府官员享有国有商业银行经营者所选择的实际投票权,但是站在法律层面上他们并非剩余索取者,因此政府官员的投票权显得过于廉价,同时也缺乏激励来选择最合适的经营者。此外,政府所委派的官员和银行家所追求的目标存在差异性。现代商业银行的经营管理素质和决策能力,需要具备职业化银行家所具备的相关素养与技能。银行家的职业发展过程就是一个不断地提高自身综合素养和业务技能,完善知识结构和工作方法的过程。银行从业人员的经营行为,直接受到董事会和外部市场的评估和判断,为了更好地生存竞争和实现个人价值,他们会以最大化利润为追求目标,对所经营的银行尽责尽职。因而,在银行家与政府之间存在着一种委托代理关系,即银行家通过向政府派驻官员来达到自身利益最大化的目的。由于政府官员在国有商业银行经营管理中发挥着主导作用,其权力被滥用,造成了国有商业银行经营效率低下,国有资产流失等问题。政府所委派的官员经常以追求职位晋升和政治权力的获取为目标,这必然会导致银行的经营效率下降。

（二）银行业的外部监管效率的问题

随着金融改革的不断深化，近年来，中国的银行业监管取得了较大进展，在防范银行业风险、促进银行业发展中发挥了重要作用，并逐步实现了银行监管体制的现代化、市场化，反映了我国银行业发展的客观需要。随着中国金融市场的不断开放，银行业的监管和管理正面临着专业化和国际化的迫切需求。尽管我国金融发展的历史与体制原因，导致监管体制从中央银行分离出来，实现了金融监管和货币政策的分离，同时进一步加强了银行业在监督方面的管理，但是当前我国银行监管体制仍存在一些问题。

1. 银行业监管目标模糊

在发达的市场经济国家中，银行业的监管目标和中央银行的货币政策目标是不相同的。货币政策的主要目的在于通过各种方式实现宏观经济目标，为了维持货币的稳定性，需要相应地调整货币供应量这一工具。银行业监管主要关注银行业的风险状况，防范系统性金融风险，主要目标在于实现国家经济发展过程当中的具体目标，其中最为重要的是确保存款人的权益得到保护，同时维护金融体系的稳定和安全。在确保国家货币政策目标实现与宏观调控措施实施的过程中，银行业监管也必须维护存款人的权益和利益，确保金融机构的合法权益与公平竞争，有效预防、降低与化解金融风险，从而保障和提高金融体系的安全性。由于我国现行金融法律体系存在着一些缺陷，因此银行监管的目标无法达到预期效果。将银行业监管目标和货币政策目标混淆，过度强调和重视货币政策目标，严重忽视银行业监管的目标，会在一定程度上限制银行业监管的效力。

2. 银行业监管内容狭窄，方法相对比较单一

银行的监管范围应当涵盖从市场准入到市场退出的所有业务活动，然而我国现今银行监管的内容与范围存在着相当多的问题。在银行体系中，商业银行既作为经营主体又作为金融中介，承担着向社会提供资金并创造利润的职能。我国银行监管部门的重点一直集中在机构与业务审批上，监管内容的重点是银行审批以及经营合理性，对于银行日常经营的风险性监管机构的规范和完善程度还有待提高。银行监管当局过分重视银行风险状况，却在一定程度上忽视了对银行风险管理方法与能力的监管；银行经营中的操作风险与市场风险未得到足够的关注，导致风险监管的范围过于狭隘等。银行业的监管形式涵盖了内部监管、外部监管、

自我管理和社会监督，这些形式共同构成了银行监管的核心，而法律、经济与行政手段是三种主要途径。在各国的监管实践中，对不同类型的商业银行采取了各种不同的监管方法。我国银行业的监管方式相对单一，主要采用行政手段进行由上到下的外部监管措施，将计划、行政命令与经济处罚作为主要方法，缺乏行业自律组织，与目前金融全球化发展迅速，竞争日益激烈的趋势不适应。由于缺乏完善的法律法规，没有办法真正地做到违法必究与有法可依，同时社会监督机构也没有形成完整的监督机制。

3. 银行业监管专业性不足

监管工作既缺乏专业化系统管理，又缺乏一个统一的平台对现场、非现场进行及时监管，对市场准入信息进行集中有效的管理。监管期间所形成的监管档案，没有成为电子化资料进行集中管理与使用，导致没有一个平台可以提供完整的历史资料，只能通过丰富的经验，对被监管机构的历史情况进行认识和了解。

在银行监管领域，现场检查、日常监管审批等均需一支精通监管业务的专业监管团队。在不同国家或地区，银行业监管所采取的方法是不尽相同的，只有精通业务经营、财务状况以及内控制度，同时熟悉相关业务的监管人员，才可以精准地掌握金融机构的风险状况，了解市场变化可能对金融机构带来的一系列潜在危害和影响，从而将监管作用充分发挥出来，真正实现风险预警、识别和控制。监管人员的专业素养存在缺陷，因为他们缺乏特定的培训，只需具备相应的水平和能力，就有可能被分配到监管岗位上。此外，由于缺乏针对不同层次、不同专业的监管人员培训机制和分等级的资格考核标准，相当一部分监管人员的知识水平难以跟上市场发展的实际需求。

4. 银行业监管组织缺乏有效的配合

银行业监管部门、市场监督以及内部审计未能形成协同合作的有效机制。在内外监管部门之间，缺乏有效的信息交流机制，导致信息传递不畅，进而影响监管效果。由于缺乏信息共享平台，外部监管与商业银行自身经营管理脱节，因此部分违规问题未能及时发现并得到纠正。人民银行、监事会、审计署等在对商业银行开展现场检查的时候未能充分沟通检查项目的对象与计划安排，从而造成监管资源的严重浪费。除此之外，市场监管与中介机构，未能充分发挥其应有的职能和作用。商业银行缺乏独立客观的评价体系，不能准确反映自身风险状况，因此其经营风险不断积累。我国大多数非上市商业银行在信息披露方面，缺乏一定规范性与完备性，严重的甚至存在部分恶意虚假的信息，导致市场参与者在判断与分析的时候，出现偏差与混乱的现象，从而难以将监督和制约商业银行的经营管理作用充分发挥出来，同时由于监管机构与被监管者之间缺乏直接沟通，导致监管者不能及时发现并纠正商业银行违规违法问题；监管部门尚未充分利用外部审计部门所拥有的丰富专业资源和信息渠道，以提升监管效率。

（三）银行业内部控制和外部监管的发展空间

银行业的健康发展需要内部控制和外部监管两方面共同作用，科学的内部控制机制是先进公司治理的重要内容，而有力的外部监管是约束商业银行自身行为的重要保障。在未来银行业改革中，应该重点关注以下三个方面。

第一，建立科学的风险管理体制和激励约束机制。风险管理体制和激励约束机制是现代金融企业内部控制的关键环节。确立完善的风险决策规则与议事程序，同时明确各项业务决策的权限与责任，以确保决策的有效性和透明度；不断加强风险管理委员会的有关职能，实现对风险管理政策、程序以及授权的一体化评估，从而提升风险控制的能力；完善人力资源开发体系，构建合理有效的人才结构。为适应现代金融企业制度的要求，商业银行需逐步构建适应其特点的人力资源管理机制，实行全员招聘制度，优化人力资源结构；对劳动用工人事制度进行一系列的深化改革，将具有竞争性的机制巧妙融入其中，废除干部的行政等级，各级管理人员实行聘任制；根据岗位的职责、风险和贡献，积极构建职务管理序列与岗位管理序列，确保与岗位需求相符。

第二，应当加强不同监管机构之间的协同配合，确保监管工作的无缝衔接和高效执行。当前，中国的金融监管体制依旧属于分业监管模式，对于不同的监管对象，通常采用三家机构进行监管。随着银行业逐渐进入转型时期，其经营模式开始呈现出混合经营的趋势，同时混业监管和金融监管联席会议制度也应运而生。为了保证金融监管协调机制的顺利实施，国家需要出台具体的法律法规，将金融监管联席会议制度化、法律化。出台细则，对工作规程、职责分工与问责机制作出明确规定并予以严格执行。然后，按法律规定，各司其职，形成公平高效的表决机制，对"一行三会"的会议加强协调，尤其是中央以下的各级监管部门，联席会议更要合理分工、加强配合、形成合力。

第三，强化市场约束机制。与政府监管不同，市场约束的监管主体是投资者、债权人等市场参与者，通过对银行所披露信息的分析，借助于市场的力量对银行进行约束。市场约束源于参与市场的各利益相关主体，深化与补充政府监管的措施，从而确保有效性和稳定性。当前，我国银行监管的主要方式是外部行政监管，市场约束的力量还比较薄弱。为保证我国银行业的健康有序发展，有必要引入市场约束来加强我国的银行业监管，提高银行监管的效率。加强市场约束机制的重要前提是有效的信息公开披露制度，唯有银行定期将关于资本水平与风险状况的信息发布出来，才可以使市场参与者更加精准地评估银行风险抵御能力，这也是在一定程度上对银行经营者施加的强有力的外部约束。在实际工作中，还要强化商业银行信息披露工作的真实性、完备性和可获得性；规定信息披露的方式，将自愿披露与强制披露相结合，并以补充报表披露的形式对报表附注中没有规定披露的内容进行补充；完善虚假披露、不按期披露的惩罚制度，强化个人责任。

五、现代金融业务发展与国际化经营问题

随着我国金融业开放程度的不断提高，由传统银行体系向现代银行体系转变成为一个急需解决的问题，银行业务的现代化发展已成为提升其综合竞争力的重要策略。但是在这个过程中，我国商业银行还存在一些不完善的地方，未来还有进一步改进的空间。

（一）现代金融业发展问题

我国银行业在开展现代金融业务方面还有很大差距，其原因主要有包括以下3个方面。

1. 业务环境不配套，阻滞创新进程

在我国，由于社会信用制度、环境的不健全、不理想以及部分市场主体缺乏诚信，银行业对于那些需要高度社会信用的衍生类业务品种的业务创新存在担忧。我国银行业要实现金融资源的合理配置，就必须加快金融创新步伐。我国的金融业采用了严格的分业经营和监管模式，和国外银行业普遍向全能型和综合化方向发展形成一定的反差，对金融业务领域的交叉与互通产生一定的限制和影响，从而逐渐形成我国银行业业务创新的制度性制约。除此之外，银行业的创新受到政

策法规不完善的制约,尤其是在新产品的专利保护和推广运用方面,法律责任的界定不够明确等。

2. 人才和技术支持落后,影响产品创新

科技进步在发达国家引发的技术性业务创新,意味着金融业务创新的方向与主流,为金融领域注入新的活力。实际上,我国银行业在多个方面存在一定的差异,如人才结构、人员素质等。目前,国有商业银行对技术创新投入不足,创新能力弱。在传统金融向现代金融转型的过程中,部分管理者缺乏创新思维和意识,导致在转型过程中显得力不从心;一些基层从业人员的业务技能和知识结构已经过时,无法与银行业务在新形势下的发展创新需求相适应。由于先天投入不足,网络建设、虚拟业务等方面均未达到发达国家的水平,因此硬件设备的发展和投入仍有待加强。

3. 创新动机存在偏差,偏离市场化原则

在市场经济条件下,金融业务创新的最终动机是尽可能多地争夺市场资源并追求最大化利润,然而有一些商业银行则是为了创新不断探索。由于缺乏系统的研究与策划,同时没有全面调查市场的需求,在业务创新的过程当中,未能充分认识到其作为满足金融消费者需求的基本前提,从而在社会上的认同度不尽如人意,出现许多不计成本甚至负效益的业务创新。这种非市场行为不仅无法获得预期收益,而且破坏了金融领域的良好秩序。

(二)国际化经营问题

金融改革30年来,我国银行业的国际化程度已取得令人瞩目的成就。2006年起,我国商业银行开始了海外并购战略,不仅可以增强银行资本实力,还是一条探索综合经营的捷径,可以通过并购不同业务类型的金融机构或非银行金融机构业务向客户提供不同的金融产品和全面的金融服务。

1. 风险防范和控制机制不完善

随着全球化进程的不断深入,中国银行业逐渐融入国际金融生态系统之中,我国商业银行会面对来自国际金融巨头的强有力挑战,并且面临的金融风险也会不断攀升。在这种形势下,加强风险管理成为商业银行经营管理活动的重要内容。卓越的风险管理能力,将成为未来商业银行竞争的重要核心。现如今,中国商业银行迫切需要解决的问题是如何有效地预防与控制新兴金融风险的产生，将已形成的金融风险及时消除和化解，同时在和跨国银行的竞争过程当中保持优势。从世界范围看，商业银行风险无处不在，无时不有，商业银行在面对经营风险的时候，也会应对汇率、利率等风险。因此，建立完善的商业银行风险管理体系，对于提高商业银行竞争力具有十分重要的意义。发达国家的金融财团作为全球金融资源的主要配置者，已经不满足于经营领域的正常利润，而是借助引发金融风波的方式持续性地获取超额利润，这就迫使中国商业银行在国际化发展的过程当中，应该充分认识和了解建立现代商业银行全面风险管理体系的紧迫性和迫切性。

2. 金融产品缺乏创新

由于我国商业银行在科技开发、产品管理等方面的滞后性，因此产品开发速度缓慢，很难产生有市场冲击力的好产品，同时也难以保持产品的生命力和竞争优势。总体而言，我国金融产品的创新水平相对较低，一些在国际上广泛使用的金融产品，尚未得到充分的推广和应用。期货、期权等在国际上被使用的创新产品，实际上也处于十分明显的滞后状态。

3. 对国际银行管理缺乏了解

为了在国际舞台上取得成功，银行必须遵守国际金融公约并尊重国际惯例，了解国际通行的银行业务经营规范、标准等，同时在经营管理方式上和国际银行的惯例保持一致。要使我国商业银行能真正走向国际化，首先就要学习国际通行的银行运作规则、标准、准则以及银行运营模式和管理模式，这也是实现向国际商业银行转化的前提条件。中国银行业因为历史、文化等因素，许多传统惯例和国际惯例不相符，再加上对外开放时间较短，对国际惯例没有全面深入的认识、了解和研究，银行运营的规范性以国际银行标准为衡量标准，存在明显差异，成为阻碍中国商业银行真正走向世界，并且全方位开展国际化经营的主要因素。

4. 高素质人才相对比较缺乏

银行业的经营成败在很大程度上取决于拥有的人才队伍。若缺乏具有前瞻性思维、深厚金融知识、强烈竞争意识以及丰富操作经验的优秀人才，银行将难以在激烈的市场竞争中脱颖而出，并且保持竞争优势。目前，世界上一些大型跨国金融机构都把人才视为最宝贵的财富，并采取一系列措施加强管理和培训，以保证竞争力得到充分发挥。国外的商业银行采用了一种注重人才培养和效率提升的经营策略，他们在人员安排上有一套科学的程序与方法，并根据自身特点制定相应的制度。外资银行机构相对比较注重招聘人才，为了拓展业务，通常会提供优厚的薪酬待遇，以吸引杰出的人才。这些具备丰富的工作经验、深谙国内客户与我国体制背景的杰出人才，将为外资银行的竞争提供强有力的支持。

5. 金融业跨国经营与跨国公司缺乏配合

大多数具有实力的跨国企业，都依赖本国的跨国银行，并将其作为发展的重要支撑，这些银行的跨国经营和本国企业的跨国经营密不可分，彼此相互依存，金融资本和产业资本也默契配合。外资银行进入中国市场的主要目的在于支持其本国企业进入中国市场，这一点已经得到了充分的证明。外资银行在项目融资方面倾向于以外资企业在中国市场的资本扩张为突破口，用于支持本国在华投资企业扩大在中国市场的占有率，同时他们也通过提供各种金融产品及服务，为我国国内的企业创造了良好的资金环境和便利条件。中国商业银行在海外经营和中资企业跨国经营方面的发展，存在明显的脱节和缺乏协调的问题，这一现象十分显著。中资企业的跨国经营发展，未能得到银行有力的支持，并且中资海外企业和中资海外银行之间缺乏紧密联系，甚至部分企业不愿意前往中资银行办理开户业务或者结算业务，这种状况不仅影响了我国金融业整体竞争力水平的提高，也严重制约着国民经济持续健康快速发展的步伐。在银行业国际化进程中，产业资本与金融资本的分离现象异常突出且广泛存在，这导致金融、产业以及贸易之间的优势互补效应很难真正地有效形成，从而成为发展中的关键障碍。

第三章　金融科技与银行业的相互关系

本章阐述了金融科技与银行业的相互关系，主要介绍了三个方面的内容，分别是：金融科技对银行业的影响、银行业发展对金融科技的影响、银行业与金融科技的融合。

第一节　金融科技对银行业的影响

金融科技正全面地影响银行业的各类业务以及业务的全流程。例如，大数据、云计算、区块链、人工智能＋场景化应用，正全面助力银行智能化转型。从业务到管理，金融科技已全面渗入银行各个领域（表3-1-1）。

表3-1-1　金融科技在银行各领域的应用

支付	零售	财富管理	保险	中小企业	资本市场
移动支付	新一代个人理财	智能投资	车联网	一站式企业服务	新一代贸易融资
支付	零售	财富管理	保险	中小企业	资本市场
国际汇款	P2P贷款与投资	社交平台投资	社交整合	P2P企业贷款与投资	交易
移动POS设备	全新数字化贷款	众筹	物联网与联网设备	新一代中小企业贷款	新一代押品管理
其他支付类处理	整合平台比价引擎	跨区域投资	防范	数字化现金管理	交易分析

一系列新一代信息技术为金融行业和科技行业带来全新的挑战与机遇。具体来说，金融科技对银行业的影响直接地表现在经营战略、业务机制、经营风险、市场环境、中介职能、监督管理方面。

一、经营战略的影响

（一）客户服务方面

1. 金融科技变革开辟触达客户的新路径

传统的金融机构有着两个明显的特点，即资产管理与风险定价。互联网的优势体现在它具备大量的用户和渠道入口，银行业可以利用互联网的技术有效打破传统金融在空间和时间上的双重束缚，在很大程度上提高用户的覆盖面和连通性。传统金融机构虽然具备一定的资产管理和风险定价的核心市场竞争力，但从长远来看，传统金融机构在客户触达及获取方式（网点辐射、路演及线下广告等）上、在覆盖疆域上或多或少都存在限制。其中，获客的成本较之互联网偏高，很容易成为其业务发展止步不前的因素。互联网本质上主要是把握和进一步激发用户的需求，创造更加人性化的服务场景，发掘乃至重塑客户等，同时也大大提高资源调配率和服务客户的使用频率，实现客户群、渠道、产品、交换和周转频率等层面以及全方位的叠加，从而最大限度地开发和利用其使用价值，尽最大努力满足客户的需要，建立单一专属用户服务，创造更多循环服务的机会，并尝试找到相关合作方的更多共赢点。

金融科技的服务一向遵守"开放、平等、协作、共享"的理念，所作的一切都以用户的体验为主，目的是完善金融服务的相关体验。"触达"用户相对比较快速，同时互联网在交易和服务的体验环节存在一些优势，互联网银行也为客户提供了更有效的服务。客户和服务提供商借助互联网技术都将摆脱来自时空的束缚，信息甄别、匹配与交易都能通过网络平台顺利快捷地完成，这除了降低传统服务模式成本，还提高了合作多方信息的透明度，提高了交易的实时性和便捷性；如此看来，金融交易在支付的安全性和可行性跨越了相当大的界限，爆发出新的创新思维，在线上便可进行业务操作，操作流程标准化，提高业务处理效率，减少了用户排队等待的时间，提供24小时无休且全面覆盖的服务保证，让客户感受到一流的服务体验。当然，在向特殊区域、个别用户提供更具个性的服务时，也可以实现产品的人性化。

2.金融科技革新传统业务的服务模式

在支付结算的过程中，网络支付可以尽可能地满足用户存储、取款、借贷、理财以及账务管理等需求，网络支付已经成为用户常用的消费方式，这也带动了银行数字账户与用户的消费关系形成良好的互动，提高了用户的使用效率和整体使用体验。此外，"去中介化"的网络融资的理念已被广泛应用于融资借贷领域。同时，银行可以建立一个满足投融资需求的平台，通过重构借贷业务模式来确保主流的竞争优势。在网络理财服务方面，可以适当降低网络理财服务门槛以达到熟练的技术水平，促使网络理财放量增长。银行还可借助机器人运作来提升运营效率，将"用户至上"这一理念推广至全市场。

3.金融科技驱动银行实现渠道融合

将互联网金融服务接口整合到自身的营销策略中，能够更好地满足用户需求并占据更多市场份额。在零售业务上，网络金融服务帮助客户及时、快速地转移资产；在对公业务上，网络金融服务将新兴科技元素融入金融产品，可以加速优质客户的"脱媒"。同时，提供的可选融资渠道越来越多，会引发存量信贷资产质量下降、利润增速下降等问题。在这个发展的大背景下，传统的服务方式已经没有吸引力，商业的构建必须要有谋略，依托以网络支付为基础，以移动支付为核心，同时以实体网点支付、电话支付、自助终端、微信银行等为辅助工具，实现多渠道、全方位的综合服务体系。

（二）银行转型方面

在银行转型方面，互联网金融的服务群体主要是那些传统银行缺乏服务的长尾人群。尽管银行的对手越来越注重将资本和资产业务网络化，以实现创新的金融交易，但是客户已将数字化渠道视为自己的首选。银行面临的种种压力，迫使其改变运营模式，实现金融业务的线上化和服务场景化。因此，银行业开始紧急转型升级，以应对互联网技术所带来的挑战。在这个过程中，银行业不仅在内部管理、经营策略方面进行了改变，也对自己的平台进行了调整，以适应新的市场环境。（表3–1–2）。

表 3-1-2 银行业的转型

银行转型			具体介绍
转型形式	电子渠道	网上银行	网上银行凭借网络技术向客户提供开户、销户、对账、行内与跨行转账、信贷、网上证券、投资理财等传统服务，使客户在家就能够安全地、便捷地对活期和定期存款、支票、信用卡及个人投资等进行管理
		手机银行	手机银行等同于"电子钱包"，一方面增加了银行的服务时间，开拓了银行服务范围，另一方面增加了许多银行经营业务网点，24小时全天候全面覆盖，极大地拓展了银行的中间业务
		微信银行	用户可以通过微信使用多种银行卡，避免了手机安装多家银行App的麻烦。自2013年起，招商银行、中国工商银行、中国建设银行等都相继推出"微信银行"
	互联网金融综合服务平台	电商平台	电子商务相关业务，即购物、订票、证券买卖等零售业务在商户对客户模式下进行，同时涵盖商户对商户模式下的网上采购等批发业务的网上结算。电商服务平台后续将持续为各类初创和成熟电商提供更优、更好的互联网金融服务，最终实现企业、用户、银行的三方共赢
		直销银行	直销银行无线网络点与实体银行卡，与客户之间的业务往来都是凭借移动互联网、电话等工具进行。直销银行扩大了时间、地域、网址上的界限，降低了向用户收取的服务费，方便了用户处理理财业务。特别是中小股份制和城商行，传统线下网点的先天不足更使得直销银行成为其千载难逢的实现弯道超车的好机会
		其他平台	抛开直销银行等网络平台机构，P2P也成为传统金融机构的规划的方向。中国式P2P（纯线上的平台除外）主要采用"传统小贷业务+线上获取资金"的模式
转型内容	产品		支付、借贷、投资理财、账户、结算
	竞争		第三方支付、P2P、"宝宝类"、网络银行

资料来源：中信建投证券研究发展部。

从转型形式来看，其平台可分为电子渠道与互联网金融综合服务平台。电子渠道包括网上银行、手机银行、微信银行等，而互联网金融综合服务平台包括电商平台、直销银行等。从转型内容看，针对客户的多样化需求，银行开发了多种不同服务的产品，如投资理财、支付、借贷、结算等。除此之外，还有一些随金融科技兴起的竞业产品，如第三方支付、P2P、"宝宝类"、网络银行等。

二、业务机制的影响

银行有三大业务，包括负债业务、资产业务和中间业务。其中，负债业务是银行得以运作的保障，资产业务和中间业务则与银行的盈利能力有着很大的关系。

金融科技的发展对这三大业务都产生了深刻的影响。

首先，负债业务受到了明显的冲击。2013年，支付宝官方名下的"余额宝"诞生，由于收益每日到账可见、即转即用、操作方便等优势，在短时间内吸收了大量资金，而后苏宁的零钱包、腾讯微信的零钱通和京东小金库理财产品等货币基金接踵而来，分流了银行的一部分储蓄。

中国大型银行个人存款虽有所增加，但增长率放缓。而且，个人存款总额各年度增长率明显小于余额宝期末资产净值增长率。银行的基本职能是信用中介，储蓄存款是银行吸收资金的主要来源之一，是银行负债的重要组成部分，也是银行经营资产运行的基础和先决条件。存款规模往往制约银行的贷款规模，而贷款又可产生派生存款。因此，存款是银行扩大贷款规模、获取更多利差收入的基础。另外，存款业务的各种转账结算业务提高了资金周转的速度，节省了社会流通费用，由此存款业务成为银行开展中间业务的基础。而余额宝类的货币基金对银行存款进行分流，对银行负债业务冲击极大。

此外，存款业务具有很大的经济价值。储蓄存款吸收了社会个人闲置资金，也是银行同个人客户联系的主要渠道。银行从大量的客户群中，根据客户资金数量、存取活动进行分析，筛选出目标客户，扩展提供相应的咨询、理财、个人贷款等金融服务，拉近了与客户的关系，实现互利共赢。因此，存款业务也影响着银行零售业务。

其次，贷款业务受挫。P2P借贷平台由于受制条件少而深受社会基础阶层的欢迎，因此分流了银行的部分个人贷款。与之相比，传统银行的贷款程序复杂，贷款流程手续烦琐，而且在企业贷方面，一些中小微企业由于信息不对称无法便利地从银行获得借款，个人贷也具有严格的信用评估且需要住房抵押，这就为网贷平台提供了一定的业务空间。此外，金融科技企业利用在信息获取和数据挖掘等方面的优势，能及时捕捉用户需求并及时作出反应，提供相应的服务和产品。

最后，中间业务受到挤压。除存贷款利息收入外，中间业务也是银行重要的收入来源。一般来说，代理、担保、结算和支付属于中间业务范畴。互联网金融的兴起对银行具有积极和消极的影响。一方面，支付结算的第三方支付使得银行由从前的多角色向单一的中介角色转移，主要负责转接机构的工作，导致一部分手续费的损失，减少了收入来源。另一方面，许多互联网公司已经建立了相对比较成熟的付款和结算平台，仅仅通过手机移动终端便可完成支付。第三方支付以其便利性、快捷性和低成本的优势逐渐融入人们的生活和工作中。其操作便捷，突破地区与时间限制的特点备受大众好评，特别是第三方支付规范化后，微信支付等网络支付开始逐渐取代现金支付，其应用规模正迅速扩大，银行相关的支付手续费呈上涨趋势。此外，许多互联网金融平台推出的低门槛、高回报的理财产品，受到广大民众的追捧，而基于大数据分析下的智能投顾等服务也极大地减少了银行的咨询顾问业务。

金融科技对银行的三种业务均产生了一定的影响，鉴于此，各银行深刻认识到金融科技对业务发展的重要性，尤其是上市银行通过投资、收购等方式积极布局金融科技，力图通过大数据、人工智能等技术打造银行的核心竞争力，而将金融科技应用于业务场景是银行发展核心竞争力的关键。银行金融科技的主要应用的领域包括金融产品不同的定价、智能营销和客服服务、智能研究和投资、高效率支付和清算等业务。

（一）金融产品差异化定价

银行应对利率与授信进行差异化设计，当借款人通过信贷平台申请贷款时，信贷平台会对借款人的资信状况进行深度了解，并借助大数据模型对其进行评价，由此判断借款人能否在贷款的最后期限如约偿还贷款，实现差异化定价，比如较少违约、信用较好的用户通常以较低的成本、较快的速度获得贷款，而经常违约、信用较差的用户获得贷款的成本则较高，速度也较慢，即无法享受因信用溢价而带来的好处。除此之外，若用户每次都能遵循规则，在约定的期限偿还贷款，长此以往，其贷款的利率也会相对降低。随着技术的不断成熟，每个人的征信图像在未来会更加完善，依据信用之间的差异，银行会为用户提供精确的信用额度和贷款利率。

（二）精准营销和智能客服

1. 精准营销

精准营销是大数据应用的一部分，银行依托丰富的数据库资源，以客户为中心，利用大数据技术对客户的信息数据进行剖析整合。根据数据整合情况，银行将关注点放在了个体差异上，为单个客户制订了个性化的营销方案，建立了多样化的服务体系。为给具有不同特点的客户提供不同的产品，银行通过大数据模型与客户画像，对个人客户实现精准定位的营销策略，即通过收集客户的爱好、兴趣、资产情况等方面的数据做出评分，然后以综合评分为基础，向客户提供金融产品与金融服务。客户在购买产品与服务的过程中基本上包括三个环节：首先，客户通过多种渠道对产品信息进行了解；其次，对浏览的某种产品产生较大的兴趣；最后，为喜欢的产品买单。在客户对产品的整个认知过程中，通过客户的搜索信息可以对其兴趣爱好、收入水平等进行定位，然后银行可以基于云计算与分布式存储来开发和挖掘客户信息，从而形成一个相对完整的客户关系体系（Customer Relationship Management，CRM），将设计好的营销方案推送给客户，达到精准营销的目的。

2. 智能客服

客户对金融业务的咨询往往限定在一定的领域中，且咨询的问题具有重复性。银行传统的人工客服需要花费大量的时间去回复这些问题。与传统方式不同，以人工智能技术为基础的机器人，根据对自然语言的理解，深入剖析用户的金融需求，进而向客户解释和推荐合适的产品，以此增加产品的销量。因此，可将比较标准化的问题交给智能客服回复，由智能客服在确定答案的情况下，直接将准确的答案提供给客户，在其不确定答案的情况下，将可能的选项提供给人工客服，由人工客服快速判断给出正确的答案。随着人工智能技术的不断成熟，智能客服在银行中的应用不断提高，人工客服的数量不断减少，使得客服解决问题的效率大大提高，人力成本也显著下降。

（三）智能研究和投资

1. 研究自动化

在投行领域，有研究报告、招股说明书、投资意向书、尽职调查报告等大量具有固定格式的文档需要撰写，若采用人工的方式，无疑会花费大量的人力、物力、财力，既降低了工作效率，又造成企业成本的增加。而使用人工智能技术，电脑就可以完成这一切，即用户只需收集整理资料，并在电脑中对材料进行整理分类，电脑就会自动生成图表和报告，相关研究人员只需对生成的报告进行修改，完成最终定稿工作即可。除了上述方法，人工智能还可在 0.4 秒内完成自动搜集各种公开知识库、研报以及各种公报,并通过知识图谱与自然语言的处理生成一份报告。

2. 智能投顾

智能投顾即"Robo-Advisor",又称"机器人理财",是根据个人投资者对风险承受压力、获益目标以及风格偏好等要求,采用的一系列智能算法及投资组合优化等理论模型,为用户最终的投资提供一些参考,并结合市场的动态情况对资产配置再平衡提供方案的理财方式。智能投顾追求的是被动投资所带来的长期收益,其核心算法是马科维茨(Markowitz)的现代组合理论(MPT),运用均值方差模型、资本资产定价模型和Black-Litterman模型等,选取"穿透性强、覆盖面广、流动性好"的ETF产品作为投资标的构建投资组合进行资产配置。智能投顾一般通过"信息收集、投资者分析、大类资产配置、投资组合分析与选择、交易执行、资产再平衡"的流程实现为投资者管理资产、保值增值的目的。智能投顾与传统投顾的比较如表3-1-3所示。

表3-1-3 智能投顾与传统投顾的比较

类别	智能投顾	传统投顾
投资门槛	低	高
管理费用	较低、服务费用<0.5%	较高、费用在1%~3%
信息透明度	良好	较差
风险分散	较好	较差
服务受众	低、中、高净值客户	高净值客户
投资依据	人工智能大数据分析的投资组合模型	理财投资顾问实战经验以及理论水平
申购过程	基于客户给出风险承受度、收益水平系统自动筛选组合并完成资产配置	与投资顾问保持沟通与反馈
投资标的	ETF、股票、房地产等	定期、股票、基金等

资料来源:根据互联网公开资料整理。

与传统投顾相比,智能投顾具有极大的比较优势,具体表现在以下4个方面。

（1）投资门槛

传统投顾的投资门槛较高，一般只有高净值客户才具备足够的资金并且愿意支付较高的服务费用，普通的中低净值客户面对高额的投资门槛往往只能望而却步。而智能投顾凭借较低的服务门槛将产品的覆盖面扩大，使得普通的中低净值客户也能够享受相应的投顾服务，极大地释放了大众的理财需求。

（2）管理费用

传统投顾的管理费用普遍为1%～3%，而智能投顾凭借人工智能、大数据等信息技术的优势，投资管理费用和人工成本较低，每增加一个单位客户的边际成本为0，管理费用基本上低于0.5%，具有很大的性价比优势。

（3）信息透明度方面

传统投顾的理财顾问根据以往的实战经验和理论水平进行投资，并不会对投资者透露过多的信息，信息透明度相对较低。而智能投顾依据用户画像准确获取投资者风险偏好和投资预期，并自动匹配相应的投资组合，透明度和流动性较好。

（4）风险分散

传统投顾易受投资顾问个人偏好和情绪的影响，将资金投资于某一个市场板块，受市场波动的影响较大，不易分散风险。而智能投顾凭借成熟的算法能够避开个人情绪的影响，资产配置范围广、风险分散程度高。

中国智能投顾起步晚，但发展迅速，互联网金融公司、券商和传统金融机构纷纷布局，已然形成三足鼎立之势。如表3-1-4所示，从布局的时间先后来看，互联网金融公司在智能投顾领域最为活跃，而作为传统金融机构的商业银行则相对保守。在投资标的方面，中国智能投顾主要投资于公募基金，只有少数产品如蓝海智投可以投资海外资产，但同时也受到中国外汇管制的限制。事实上，中国智能投顾的发展正处于"初创期"，不可避免地面临着种种考验与阻碍：一是法律和监管缺失，中国投顾业务和资管业务相分离的体制限制了智投产品的长足发展；二是市场环境相当不成熟，市场ETF的存量难以满足智能投顾发展的要求；三是投资者结构不够完善，中国投资者以散户为主，倾向于短期投资，与智能投顾被动长期投资的核心理念背道而驰。不管怎样，作为金融科技发展成果的智能投顾在中国是一个新兴的行业，是未来金融零售业务转型升级竞争的焦点，也是中国推进普惠金融的重要抓手，具有广阔的市场空间和发展前景。

表 3-1-4　中国典型的智能投顾产品

机构类别	代表平台	代表产品	上线时间	主要投资标的
银行系	招商银行	摩羯智投	2016年12月6日	公募基金、股票
	光大银行	光云智投	2017年6月26日	公募基金
	广发银行	广发智投	2017年9月19日	公募基金
	中国银行	中银慧投	2018年4月19日	公募基金
券商系	广发证券	贝塔牛	2016年6月20日	股票/ETF
	广发基金	基智组合	2016年8月31日	基金
互联网金融公司系	蚂蚁金服	蚂蚁财富	2015年8月18日	公募基金、股票
	京东金融	京东智投	2015年8月18日	京东金融平台产品
	蓝海财富	蓝海智投	2015年10月9日	国内外股票等资产
	宜信财富	投米RA	2016年5月28日	ETF/美国

资料来源：根据各产品公开资料整理。

商业银行积极布局智能投顾，2016年9月招商银行破冰推出中国商业银行第一支智能投顾"摩羯智投"以来，浦发银行、兴业银行、平安银行、江苏银行、广发银行、中国工商银行、中国银行、中国农业银行、中国建设银行纷纷试水智能投顾，形成中国商业银行智能投顾的整体业务布局（表3-1-5）。

表 3-1-5　中国商业银行智能投顾的业务布局

银行	产品名称	上线时间	投资门槛（元）	产品特点
招商银行	摩羯智投	2016年9月6日	20 000	通过一整套涵盖售前、售中和售后的资产配置服务流程为投资者提供全面的智投服务
浦发银行	财智机器人	2016年11月16日	5 000	线上主要面向系统识别的优质客户服务，结合线下平台"财智速配"进行"人工+智能"服务
兴业银行	兴业智投	2017年5月3日	5 000	通过风险等级和投资年限两个维度配置基金组合方案
平安银行	智能投顾	2017年8月2日	5 000	借助黑盒模型和量化投资为客户量身定做投资方案
江苏银行	阿尔法智投	2017年8月7日	5 000	依据投资者风险偏好和投资预期计算盈亏平衡点
广发银行	广发智投	2017年9月19日	5 000	建立包括公募基金、银行理财、黄金等在内的多样化资产池

续表

银行	产品名称	上线时间	投资门槛（元）	产品特点
中国工商银行	AI投	2017年11月13日	10 000	通过电脑程序为不同投资者提供风险各异的理财产品
中国银行	中银慧投	2018年1月	10 000	构建"人机相结合"的模式，嵌入手机银行App中，实现"一键购买、一键优化、一键调仓"
中国建设银行	龙智投	2018年4月	2 000	基于均值方差理论，结合客户投资预期、风险偏好构建投资模型，首推智能投顾盈利/亏损提醒
中国农业银行	农银智投	2018年6月	10 000	依据"农银优化"版的均值方差模型，结合近10年的市场数据，针对客户的风险偏好验证客户的各类资产比例

资料来源：根据互联网公开资料整理。

3.量化投资

人工智能中的机器学习算法，是一种通过排除干扰使信息结构化的有效算法。其基本原理如下：一是利用自然语言处理技术，在找到信息与资产价格相关性的情况下，协助阐明政策文件、新闻报道、社交媒体以及市场趋势的内部规律与机制；二是通过知识图谱的建模方法，向计算机注入各行业的规则和投资关系等常识。

在基本领域、技术领域、交易行为、终端行为、第三方信息等量化投资领域的基础上，智能机器可以发展成为一个因子库。其工作原理是先通过因子数据自动生成训练样本，然后利用机器学习算法对样本进行建模训练。对最后提取的有效因子生成打分方程式，输出有效组合。从对因子的选择上来看，机器人大数据量化选股与人类智能有一定的区别。机器人更注重基础面、技术层面、投资者情绪行为等方面，因此机器人大数据量化选股对IT技术和数据处理技术有着严格的要求。

（四）高效支付清算

1.支付技术创新

非接触支付、智能穿戴设备支付以及生物识别技术支付等是金融科技在工具层面应用的主要创新方式，这些创新做到了将安全和效率的支付技术相互融合。Amazon Go是在2017年由亚马逊所推出的产品。它借助个人生物特征识别和云计算技术，省去了中间环节中的个人身份认证、账户信息验证和信用评估等程序，不再依赖支付载体，以直接支付的方式完成交易。

2. 清算技术创新

使用区块链技术进行交易清算创新，让交易市场中的各方能够平等地获取数据来源，以便开展更加公开、透明和高效的交易过程。例如，证券交易中的共享网络系统的参与，能够让传统交易方式绕开中介平台，进而实现向分散的平面网络交易模式的转变。

基于西方金融市场中的交易模式实践，使用区块链技术有以下三个优点：一是可以降低成本，使得证券交易变得简洁、透明、快速，又可以避免IT系统中的重复功能，从而促进市场的高效运转。二是准确地记录重要信息。这些信息包括交易者的身份以及交易量等，可以为证券发行者提供清晰的股权结构，进而提高商业决策效率，同时还可以避免不公平的交易和内部交易，对证券发行者和监管部门来说，这为维护市场秩序提供了便利。三是缩短交易日和交割日之间的间隔。其间隔从原来的1~3天缩短到了10分钟，这一举措有助于减少交易风险，同时也提高了证券交易的效率和可控性。

3. 跨境支付结算方式创新

随着跨境支付结算方式的不断升级，其中处理时间过长、费用高昂、中间环节较多等问题日益凸显，在这个背景下，第三方中介在付款人和收款人之间发挥了重要的桥梁作用。此外，由于各国的清算流程不尽相同，因此一笔汇款往往需要2~3天时间才能完成到账。这极大地降低了交易完成的效率，同时也增加了在途资金占用量。

以银行业为例，随着区块链技术的应用，跨境支付将会实现点对点、快速、经济、高效的汇款，中转银行的角色将成为历史。由于区块链本身所具备的安全性高、透明度高、风险低等优点，跨境汇款的安全性随之提高，结算和清算速度得以提升，资金利用效率也将提高。利用区块链技术来进行点对点支付，可以省去银行与银行之间的第三方中介的参与环节，使得支付过程变得更为高效，无论何时都可以实现即时支付、到账迅速、简便提现，不仅可以减少跨境支付中的风险，而且满足了及时、便捷支付结算服务的需求。

新兴信息技术与金融的深度融合态势不可逆转，能够真正融入创新基因，并在此基础上开展产品创新、服务创新、模式创新的银行必将屹立不倒。

三、经营风险的影响

网络通信和数据传输加强了银行和信用机构之间信息的统一性，使得可能存在的风险问题得以更快速地发现和解决，促进了银行提高其风险把控能力。在以大量基层数据为背景的前提下，通过对大量数据进行充分的对比分析得出准确的导向结论，利用互联网通信，制定一个有针对性的、动态的发展方向，将引领互联网银行朝着未来发展。对客户提供的详细个人资料、交易项目、信用记录、合作关系网络等领域的数据进行深入分析，生成一个以客户为中心的评估模型，可用于指导和评价用户最终的信用额度。此外，通过分析用户在不同网络上的访问数据，以及所使用的设备类型、MAC 地址、互联网 IP 归属地等方面信息，此外，并利用用户之间的关系网络共同特性，将用户划分为不同的区域或者特征群体用户，然后根据网络通信审计的数据，便可预测可能发生的群体性诈骗行为，从而达到预防和阻止有组织、有预谋的大规模欺诈活动的目的。当下的互联网金融营销依托于网络通信和大数据、云计算分析，可以极大地降低运营成本，获取高效率的精准营销和贴切的用户体验，深入挖掘互联网金融终端用户价值。借助银行机构获得的大量用户数据和现代数据挖掘和分析技术，积极拓展互联网金融领域，实现各行业间的密切合作，推动互联网通信和金融业相互渗透融合、共同提高，将会成为未来重要的发展趋势。金融业可以利用互联网的优势，以传统业为基础，挖掘其存在的数据价值，并且通过互联网技术的创新，拓展更广阔的领域，为金融业开创更多的发展空间。

在不同的风险控制环境下，互联网金融尖端技术应用所发掘的价值和主要投入方向各不相同，但也有一些重叠的部分。当前，云计算是互联网技术中一种用于计算的新型方式，面对数据量巨大的金融领域，云计算为其提供了一种可靠性高、速度快的计算平台，最大限度地利用计算资源，使金融业能够快速响应动态趋势和实际情况，从而适应当前的社会环境。大数据汇集了来自不同领域、多个维度的信息，并将它们进行传递、结合，确保信息的全面性和准确性。这有助于进行风险管控，保护业务的安全。基于历史数据和计算结论，人工智能会逐步演化为模型，并根据现有数据作出适当的调整，从而使风险控制模型更加贴近当前的现实环境；而区块链会重点将一个区域的实体按照不同的对象对资产进行划分，以保证交易中的安全畅通。

（一）大数据在风险管理中的应用

在比较热门的 P2P 和小型贷款机构等金融领域中，大数据的风险把控能力显得尤为有效，其全面的数据分析将确保小型贷款机构的资金流转安全畅通。大数据分析的优势在于其基础数据更为广阔，结合云计算的高效运行可以使数据的辨识度更高、速度更快，且成本更低，有效地同步了不同行业和领域的所有信息资料。其劣势在于目前的很多信用数据较为零散，并且很多信用记录长期未更新，不具有代表性，如果一些风险管理模型只以网络或者平台终端等截取的信息进行计算分析，不将现实中和当下正在进行的关键业务纳入计算的范围内，那么很有可能导致得出的信用评价并不真实有效，因此在使用大数据分析技术时务必确认数据来源的真实性和可靠性。

1. 大数据在欺诈识别中的应用

欺诈用户在进行带宽申请的时候很有可能会编造一些虚假信息，而这些虚假信息极大可能会与大数据中的很多资料和结论有冲突，这些冲突的变量被人工智能模型作了及时的更新后，通过模型得出的结论将更具有真实性，从而达到反欺诈的效果（见表 3-1-6）。

表 3-1-6　大数据技术的反欺诈识别

运用大数据技术进行欺诈识别	详细内容
基于地理位置信息的欺诈识别	根据用户提供的地理位置信息结合海量大数据进行对比分析，如果大数据发现用户以前的位置变化较大，并且时间间隔较短，则可能是多方协作欺诈，地址虚假可能性较大，针对消费型数据，根据用户消费地点和时间间隔等信息，如几个小时之内在北京和广州同时有消费记录，那么极有可能判定为欺诈行为
基于申请信息填报行为的欺诈识别	根据获取的用户填写信息的记录，通过后台大数据调用其他信用平台的该用户类似数据进行对比，如出现不合理信息，则判定为欺诈行为等
基于客户填报信息与公司存量信息交叉比对的欺诈识别	根据用户的职业发展历程，填写多个申请并且都是同一用人单位信息，或者不同公司名称但是联系方式一样，或者出现大量同名联系人，则欺诈可能性较高

续表

运用大数据技术进行 欺诈识别	详细内容
基于外部信息的交叉对比的欺诈识别	申请用户通过隐瞒实情,如负债情况、资金冻结,或者即将发生失信行为但却隐瞒不报等,迅速申请信用贷款,导致最终造成欺诈行为的,大数据可以结合不同的横向运营平台多方数据联合分析核对用户的真实信息,挖掘出用户的当下实际情况,从而重新评定用户的信用额度等,防止欺诈行为的发生

2. 大数据在授信评分中的应用

大数据分析平台将信用良好的用户划分到不同的评分规则系统里面,每个用户根据实际的私有属性被划分到不同的模块,同时每个模块都有着各自的算法引擎,这些算法引擎可用于不同的行业,如车贷、房贷、个人公司贷款等。同时,这些算法引擎是根据行业情况,将人工智能、云计算和大数据结合,并根据每个用户的自身影响较大的权重变量新生成的具有特殊标识的针对每一个用户独立的引擎,而这些引擎的数据来源除了法律上必须调用的真实数据,还可根据用户本人亲自确认而获取的大量其他方面的具有佐证效力的真实数据,这样既保证了用户的私人信息,同时也能够为用户和银行双方生成可信度高的授信评分数据(图3-1-1)。

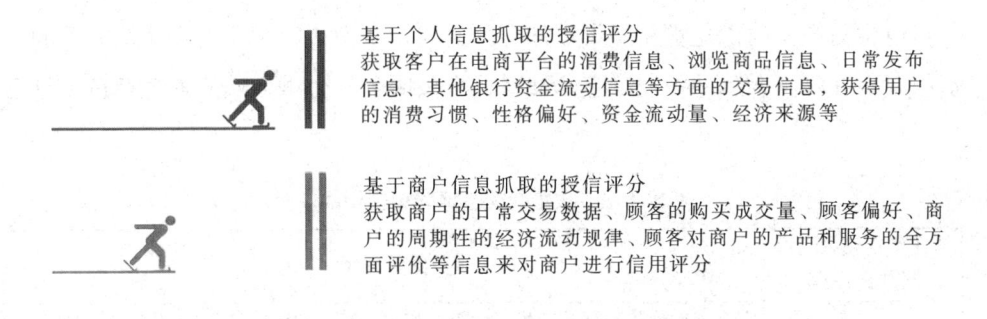

基于个人信息抓取的授信评分
获取客户在电商平台的消费信息、浏览商品信息、日常发布信息、其他银行资金流动信息等方面的交易信息,获得用户的消费习惯、性格偏好、资金流动量、经济来源等

基于商户信息抓取的授信评分
获取商户的日常交易数据、顾客的购买成交量、顾客偏好、商户的周期性的经济流动规律、顾客对商户的产品和服务的全方面评价等信息来对商户进行信用评分

图 3-1-1 大数据技术对不同群体的授信评分

3. 运用大数据技术进行贷后监控

大数据技术根据行业内的逾期客户类型将客户详细划分等级,并通过分析用户的周边信息,采取云计算的方式分析用户逾期原因,从而为检测追踪提供依据(见表3-1-7)。

表 3-1-7　大数据技术贷后监管

运用大数据技术进行贷后管理	具体内容
违约信息排查	查询用户早期的信用记录及连续欠款规律，如遇到像电话催还这种无效的情况，对照用户名簿与黑名单库，及时找到潜在的威胁客户，以避免造成更大损失
小微商户流水监测预警	根据商户周边的多平台的数据监测渠道获取商户日常的资金流动信息，并且实时监测大流量的资金动向，在用户出现大量资金短缺的情况下，对商户的关系网进行分析，结合现场情况，在违约出现前规划好措施，提出警告
负面信息监测预警	大数据平台可以检测并及时更新日常的客户信息，如负面新闻、违法信息、税务情况、客户自身网络搜索关键字等信息，结合客户日常行为，在出现违约之前及时发出告警信息

（二）人工智能在风险管理中的应用

金融行业的数据呈现出两大特性：一是互联网金融的线上数据较少，主要是很多互联网金融企业转型需要时间，这是一个发展的过程；二是互联网金融的数据具有多样性，涉及各个方面，且每个方面都具备不同的标签，而计算机器无法去真实地了解这些不同数据的价值和权重，因而需要人为创建模型进行分析。人工智能就是在创建的模型上根据原始资料和以往的记录对模型进行优化更新，使这些数据更容易被机器理解，使这些分析的模型更加符合现实的环境，在这种不断的更新和优化中，风险控制模型将越来越精准。同时，金融数据越来越丰富也将为模型的优化更新提供更加有力的支持，而人工智能将会从最完美的模型中发现互联网金融的把控风险的规律，有效服务于金融领域的各个角色（见表3-1-8）。

表 3-1-8　人工智能在风险管理中的应用

人工智能在风险管理中的应用	具体应用
提取数据深层特征	在互联网海量数据的背景下，很多相关的行业的数据具有各自的特殊属性，并且很难统一到一个可以量化的平台，基于人工智能的系统可以对这些数据进行规律性的分析，将这些非统一的数据进行整合标准化统一，合成到分析系统中，通过机器学习等技术将企业、借款人和不同角色之间的信息相互连接，深度挖掘整个金融网络中的关键信息
提高风控模型与数据的匹配度	基于人工智能的风险把控系统，不仅要能够学习关键变量以及使用与用户相关联的基础数据，同时会会结合互联网实时的信息，将不同类型的互联网数据加入系统中，或者更新机器学习方法，使模型的底层算法更加优化，能够包含更多的市场变量，精准地预估违约风险

人工智能在风险管理中的应用	具体应用
加快风控模型迭代速度	人工智能的风控系统结合互联网的海量数据更新自身的风控模型，加入互联网整个金融行业的一些用户数据，另外结合相关行业的云计算和大数据分析平台调用其他行业的数据辅助优化模型，使自身的模型更新迭代速度更快，能够更适应瞬息万变的市场行情
无监督机器学习反欺诈	对于欺诈的变量，可以设置一些标准的参数指标为最终好的和坏的参数值，对于影响这些参数变化的一些自然变量，及造成一些标准值上升和下降的自然变量，机器可以定义它的好坏，从而提升自身的防欺诈识别能力，达到最终可以无人监管的目标，即机器可反复学习增强反欺诈能力，机器获取的资料越多，反欺诈能力越强

（三）区块链在风险管理中的应用

区块链技术主要应用于区域之间的安全交易防护、用户的身份认证，主要针对的是操作可能带来的一些非主观产生的安全风险。

1. 身份验证

如需取消或者重新签发身份证，在跨国操作的情况下，金融机构需很长时间才能得知该身份被撤销的消息，但区块链技术的应用，使得这些敏感信息的传递过程更加方便高效。身份认证系统可以凭借区块链特有的智能合约的功能有选择性地显示身份的相关信息，在相关当事人的范围内实现部分信息共享，防止身份被偷窃，增强用户隐私的保护。

2. 票据业务风险管理

票据业务具有交易频率低、金额大、人工操作风险大的特点，根据区块链技术的数字票据来看，它在风险防控方面有着独特的优势：一是能够降低票据的市场风险，防止纸票"一票多卖"情况的产生，避免了电票打款背书不同步的问题；二是极大地降低了监管的调阅成本，数据管理体系的透明化为票据提供了可信任的追溯途径。

四、市场环境的影响

金融科技的发展改变了银行所处的市场环境。受金融科技的影响，消费者对金融消费的期望与消费习惯发生了明显的转变，进一步影响了银行的运营。在技术的推动下，金融产品的创新势头大好，由于消费者对于金融方面的理财产品的准入门槛的期望较低，对于理财产品的便利性和灵活性的期望较高，银行按照消费者的要求降低了理财产品的准入门槛，以便能够应对金融科技所带来的冲击。此外，金融领域的竞争格局开始由传统商业银行之间的竞争向传统商业间的竞争及商业银行与金融科技公司之间的竞争转变。这种新衍生出来的竞争格局让商业银行和金融公司之间的竞争越来越激烈，因此各大商业银行应更加清醒地意识到竞争格局的变化，以便在转型期间发挥更大的主动性。

五、中介职能的影响

依靠中国强大的互联网基础，互联网经济的发展十分迅速，促使金融科技也强劲而迅速地发展。其主要表现为两点：一是在互联网公司开展金融业务的基础方面，通过分析平台上的数据，推测顾客的信用；二是在金融业务的深度和与拓展方面，通过顾客的金融行为推断顾客信用的基础，将购买行为与金融行为相结合，这样能够提高推断的客观性和准确性，与此同时，增加了互联网公司实体业务与金融业务的双向选择的可能。为了实现这种封闭的良性循环，互联网企业避开商业银行在自己的"领域"提供的信用数据，依靠公司内部信用评价系统进行金融业务。金融科技将2013年余额宝的诞生作为起始点，经过几年的迅猛发展，使得资金的供给方成功避开商业银行的参与，凭借互联网金融平台为客户提供可贷范围内的资金支持，而且资金的需求者直接与资金的供给方通过互联网金融平台进行交易对接，不需要依赖商业银行。金融脱媒的现象的出现削弱了商业银行的信用中介的角色地位，同时供给方与需求方在资金配比中摆脱了对信用中介的依赖。

要进一步提升顾客对互联网金融平台的信任度，解决个人与项目的信用风险分析与信用风险控制问题是关键，而这一问题的解决将加速中国金融脱媒现象。资金流绕过商业银行而在各互联网公司与顾客形成的闭环中流动，商业银行被"踢出局"，必将恶化商业银行的经营状况。可见，金融科技公司依托于自身平台积累的大数据来分析顾客信用风险，其绕开了商业银行的信用评价体系，对商业银行的信用中介职能构成了前所未有的挑战。

六、监督管理的影响

中国的金融经济处于起步阶段,针对这一现状,相关部门为传统商业银行制定了适合其发展的风控法律法规,使得之前许多具有针对性的法律法规失去效用。事实上,就法律法规本身来说,很难做到与时俱进,紧跟金融机构的发展变化。因此,商业银行的很多金融交易存在"合规性"风险。从监管者的角度出发,很难定论一些交易行为,因此会随之产生一些争议与纠纷。除此之外,商业银行披露的数据也存在风险性,如披露的信息是否真实、准确,以及披露的信息是否缺失或者会对大众造成误导等。具体可以从三个方面进行分析:第一,转型期的商业银行处于金融科技的大背景下,智能化与高自动化的互联网系统成为商业银行信息与数据的主要来源,监管者很难从获取方式上检测信息来源的真实性与可靠性。因此,数据库容易出现遗漏数据、造假数据及不客观数据等问题。第二,有些黑客会攻击银行的数据库,甚至有些不法分子会对数据库进行幕后操控,为银行带来风险。第三,由于很多行业之间的跨界合作,大量的数据会在各个行业间传递,在数据传递的过程中,存在信息缺失的风险。以上几种风险都将对商业银行的数据库造成严重威胁,甚至引发商业银行的信用风险。

银行在加强合规自律、降低风险的同时,也减少了众多盈利的可能。特别是2018年5月发布的《商业银行流动性风险管理办法》提出了商业银行的流动性覆盖(合格优格优质流动性/未来30天现金净流出)应不低于100%,净稳定资金的比例不低于100%,优质流动性资产充足率(优质流动性资产/短期现金净流出)应不低于100%三个量化指标,以加强对商业银行资产质量的管理,监督各商业银行落实不良资产监管。商业银行流动性、安全性与盈利性之间存在矛盾关系。这意味着商业银行不得不牺牲许多盈利机会以满足金融监管总局的监管要求。

第二节 银行业发展对金融科技的影响

20世纪90年代计算机兴起,科技和金融的结合开始运用在实际的市场业务中,极大地提高了金融行业的效率。21世纪之后的互联网金融公司以科技的方式挖掘零售业务的利润,以降低零售业务成本,获得更大的零售业务利润,开启了科技拉动金融创新的序幕。时至今日,金融科技还在作为主要的竞争力和推动力影响着商业银行。但是金融科技从原本紧密联系金融行业，以技术方法帮助金融行业优化业务，开始成为一个完全独立的行业，并且商业银行的业务发展同样影响着这个独立的金融科技行业发展。

金融科技行业是在系统电子化、互联网金融的基础上，独立出来的行业名词。金融科技主体企业包括原本的互联网金融公司、完全的科技型企业以及商业银行成立的科技公司。互联网公司在开发方面有着先发优势。互联网公司最早使金融和科技的融合由金融业务主体到金融和科技的对等融合，并在金融的基础上扩展边界，将生活业务和金融业务糅合在一起。完全的科技公司则是专注于完全的科技开发，有着非常强的科技创新动力，但是忽略科技的成本、周期以及应用情况，甚至未考虑业务的边界、业务的模式和市场的反馈等问题。商业银行的科技公司则是在新阶段和互联网公司、科技公司在同一起跑线上开发金融科技的企业，虽然在开发方面没有先发优势，但是商业银行依托自身品牌情况和实体网点的业务拓展能力能够很好地把控市场情况和金融科技的产品应用。金融科技有着独立的研发、应用、修正等过程，和金融行业、科技行业都开始形成明显界限。

与金融行业相比，金融科技行业越来越"无核化"。与金融行业以金融业务为核心不同，金融科技行业的业务核心是客户需求，并且金融科技行业依托手机App作为业务主要渠道，将客户的衣食住行需求通过技术的手段浓缩在移动设备中。不同于金融行业的服务性质，金融科技更多的是以辅助服务为主，以客户的自主操作为主。与科技行业相比，金融科技更多地关注市场运用而不是简单的科技创新，做得更多的是在高水平的生产力和创造力的情况下，不断完善和满足客户的需求内容，以实时、动态的方式回应市场变化。金融科技和商业银行行业存在紧密的关系，商业银行的发展会逆向影响金融科技的发展。具体体现在技术发展方向、资本投入热度、研发产出周期以及专业人才供应四个方面。

一、技术发展方向

技术的发展方向在很大程度上决定了金融科技的整体发展方向。金融科技技术的发展又和商业银行紧密相关。金融科技行业的核心技术内容包括云计算、大数据、物联网、区块链以及人工智能。这五项核心技术实际上代表了金融科技行业的五个大的发展方向。

云计算是当前数据的储存方向，随着科技发展，商业银行成为海量的信息制造大户，每日的业务办理信息是非常大的。对这些数据的低成本利用储存一直都是商业银行的难点。因此，商业银行的海量数据开辟了当前金融科技云计算的方向。大数据也是当前金融科技的一个大方向，是当前客户数据的处理方向。商业银行以往对于客户的业务数据很难加以利用，因此业务数据往往是作为业务的交易凭证，而没有特别实质的利用价值，更多的是加剧了商业银行的运营成本。在这样的商业银行影响下，金融科技开辟了大数据的发展方向，提高了商业银行数据利用水平，提高了客户数据利用价值。物联网则是未来商业银行行业的发展方向。商业银行的信息采集一直较为被动，并且在时间上存在滞后。物联网就是在商业银行这样的需求下开拓的新的金融科技发展方向，它能够帮助商业银行在任何物体上实时地、主动地采集到信息。区块链技术同样是金融科技的一个新的方向，金融科技产业化是一个走向中心的过程，区块链技术就是赋予每一个用户记账的权利，是一种完全不同于以往的结算中心的形式。商业银行在业务发展的过程中，国际化的交易频繁，中心化的交易对手容易造成交易的过程繁杂、业务交易的成本大以及交易的不公平竞争等。为了进一步扩大商业银行的业务内容，区块链技术的进一步深化推进是解决商业银行这一业务问题的办法。由此，商业银行的业务需求影响了金融科技的发展方向。人工智能则是当前金融科技最为火热的发展方向，它给予客户标准化的服务、精准的匹配、极佳的客户体验。随着商业银行同质化的程度加剧，客户的体验需求和精准匹配成为提高商业银行获客能力以及运营成本的着力点。智能银行、无人银行、智能客服、智能投顾等金融科技的人工智能产品不断满足客户的需求。商业银行的发展会影响金融科技人工智能的发展方向。

金融科技行业已经在向云计算、大数据、物联网、区块链以及人工智能五个核心计算方向逐渐深化，是金融科技当前阶段的五个发展大方向。其实质都和商业银行的业务发展情况有着紧密的关系，商业银行的业务发展会逆向地影响金融科技的发展方向。

二、资本投入热度

行业的发展除了有方向，更为基础的是投入此行业的资本情况。金融科技还算不上完全独立的个体行业，因此对于资本的需要是十分迫切的。但是资本要遵循市场法则，投入相关行业需要获取收益。因此，决定金融科技的资本投入热度的是当前的金融科技收益情况。商业银行是金融科技的前端内容，通俗地说，商业银行称得上是金融科技的客户，而且商业银行是金融科技客户中占比最大的。因此，商业银行的金融科技关注热度与金融科技行业的资本投入热度正相关。

商业银行在追求更大业务规模、利润总量时，可以完善的有两个方面：一方面是当前商业银行业务市场的同行业竞争；另一方面是寻找或者创造新的市场创新点。前者是在商业银行的同业竞争中，由于商业银行具有同质化特征，因此增大同行业的竞争力一般需打造商业银行的品牌优势。品牌优势的打造就需要客户体验营造的客户忠诚度。客户的体验是金融科技可以提供的，金融科技成果的应用在一定程度上提高了商业银行用户体验情况，从而达到了商业银行追求更大的业务规模、利润总量的要求。后者则是通过改变已有市场的客观情况，增加新的市场创新点以追求更大业务规模、更大的利润总量。像招商银行差异化的例子，招商银行运用金融科技改变了商业银行零售业务的客观市场状况。虽然原有的商业银行具有体量大的优势，但是单笔的零售业务成本较高，每一笔的利润情况都接近于无，在这样的情况下，商业银行零售业务规模大，但是最终的总利润非常微薄，还占用了相当大的一部分基层网点的人力资源。在金融科技被运用到银行业务之后，招商银行的零售业务客观情况得到改变。单笔的招商银行零售业务成本得到降低，利润可观。再加上大量的零售业务，整体上的零售业务利润规模有了很大的提高。招商银行在零售业务市场的创新得到了迅速发展。中国商业银行零售业务的总体情况基本和公司业务持平，在本质上是金融科技改变了业务的客观情况，创造了新的创新点。在此基础上，招商银行加大了对金融科技的资本流入。

金融科技受商业银行的影响作用路径如图3-2-1所示，金融科技先运用到商业银行业务中，为商业银行加大同行业竞争能力、创造新的创新点、改变市场客观条件、获取新的利润来源提供帮助，在此基础上商业银行获得了更多利润，更多的商业银行购买金融科技的产品，使更多的资金流向金融科技行业，从而实现了商业银行对金融科技行业的资本投入的完整过程。因此，当前商业银行发展的好坏直接影响到金融科技的资本投入情况，进一步影响金融科技的行业发展和成熟。

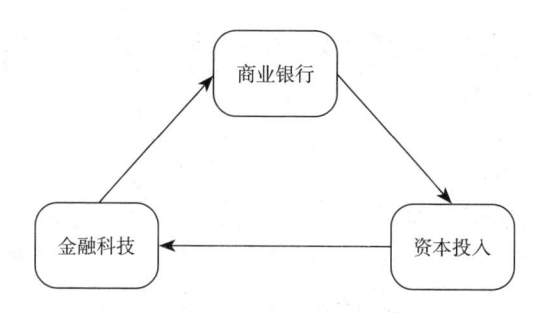

图 3-2-1　金融科技受商业银行的影响作用路径

三、研发产出周期

金融科技给商业银行带来诸多的活力和机会，同时也给商业银行带来了高额的成本负担。年报显示，2022 年工商银行金融科技投入 262.24 亿元，是投入金额最多的国有银行。农业银行、中国银行、建设银行、交通银行、邮储银行金融科技投入额分别为 232.11 亿元、215.41 亿元、232.90 亿元、116.31 亿元、106.52 亿元。[①] 招商银行的年报中阐释了招商银行的管理成本高的原因在于金融科技的发展，五大国有银行也在金融科技的转型过程中花费大量资金，提高了银行在金融科技方面的管理成本。

因此，高的成本要求在商业银行业务市场尽快有研发成果应用，以健全商业银行资金链条。金融科技的投入和产出过程，存在一定的周期。一般周期为 3~8 个月，国有五大商业银行和资产总量排名靠前的股份制银行都能够承担在投放过程中对零售效益的冲击，但从小规模的城市商业银行和农村商业银行等银行主体的角度观望，金融科技的投入对其零售业务造成的冲击是漫长且煎熬的。

金融科技的引入需要消耗大量资金，即使在建设基础架构时所花费的成本也会让许多商业银行望而却步。因此，这些商业银行可能会选择合作外包给大型金融科技企业，通过租赁技术和平台来实现转型。如图 3-2-2 所示，如果决定自主开发金融科技，前期花费的成本会比较大，但是在金融科技成果开始产生效益后，开发成本会逐渐由产生的效益分摊，从而保持了一定的稳定成本支出。若选择利用互联网企业外包开发，虽然初期开发费用较低，但后期维护成本将不断增加，

---

① 中国经济网.银行加码金融科技投入 赋能普惠金融 [EB/OL].（2023-04-11）[2023-04-23]. https://baijiahao.baidu.com/s?id=1762831612537769266&wfr=spider&for=pc.

且无法获得自主创新成果。这将导致开发成本呈现递增的趋势，对商业银行的零售业务盈利产生负面影响。

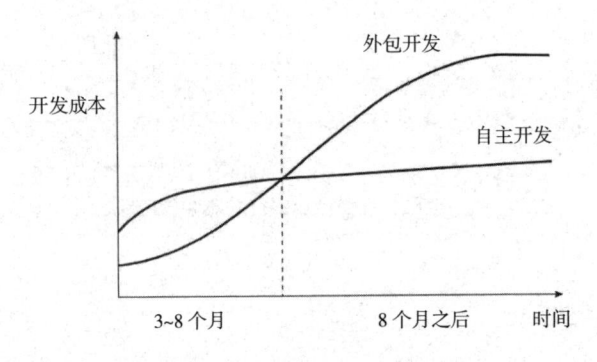

图 3-2-2　金融科技投入周期

商业银行的成本和产出问题直接影响到金融科技的研发周期。虽然在理论上选择自主研发的长时间研发过程是最为稳妥的发展方式，但是当金融科技的研发投入成本在商业银行的运营成本中比重过大时，还是会有很多的商业银行选择和其他的互联网公司、科技公司合作研发，以缓解研发成本和研发周期的问题。相反，商业银行的需求是决定金融科技的研发周期的根本。金融科技的投入研发周期被允许拉到 8 个月之后，而商业银行的资本总额情况又不足以维持较长的资金链条时，金融科技会选择一个较短的研发产出时间。

四、专业人才供应

接下来，我们将以商业银行为例，对于银行业的发展对专业人才供应方面的影响作出具体论述。

商业银行的三方面的调整改革（商业银行员工结构调整、商业银行薪酬结构调整以及商业银行业务结构调整）都加大了金融科技的人才供应，为金融科技行业的后续持久发展提供了动力保障。商业银行的发展变化会影响金融科技领域的人才供应，具体情况如下。

（一）商业银行员工结构调整

近年来，国有大型银行零售网点在校园招聘方面一直保持着相对稳定的人力需求。也就是说，尽管金融科技平台对传统零售网点造成一定的冲击，但这种冲击造成的影响还不能够对现实银行网点工作人员数量造成明显的缩减。然而，自2016年起，各大银行开始寻找金融科技专才。中国交通银行使用业务序列岗来称呼该职位，而招商银行则用金融科技岗来称呼这个职位。要求应届毕业生具有工科、计算机或数学方面的学术背景。各大银行在零售网点总人数不变的前提下，开始转换网点人员结构，以招引更多的金融科技人才。

2023年年初，工商银行、建设银行、中信银行、农业银行、交通银行、邮储银行、广发银行、民生银行等银行开始了2023年春季校园招聘计划。他们的主题包括"星耀新征程""青春建行者""中意你，信未来"等。招聘的职位包含管理培训生、科技类领域的人才、综合营销岗位以及柜面服务岗位等。面向的对象主要是2022年、2023年获得境内外高校本科及以上学位的毕业生。部分银行公告显示，适量招聘毕业3年内（2020年1月1日起）本科及以上学历的毕业生，以经济、金融、财会、计算机等专业为主，有金融行业工作经历的优先。[1]

多家银行在2023年春季招聘中格外关注金融科技，将金融科技岗位排在首位，并招聘了大量的金融科技专业人才。

（二）商业银行薪酬结构调整

为支持金融科技的发展，商业银行鼓励金融科技人才补充到商业银行中来。商业银行以雄厚的资本去吸引、抓牢、使用金融科技人才。金融科技方面的人才在商业银行中有着相对高的收入，但商业银行在金融科技人才储备方面仍然有所欠缺，因此金融科技人才的薪资水平还有待于进一步提高。商业银行通过对银行的薪酬结构调整，在不抛下老牌的业务岗位的情况下，加大金融科技领域的人才薪酬上限，这样更多的相关人才才会集中到商业银行的行业来。虽然是在商业银行的行业中，但是金融科技人才还是继续其本身工作，也就是推动金融科技行业向前发展，因此说银行的薪酬结构调整在一定程度上加大了金融科技的人才供应量。

（三）商业银行业务结构调整

商业银行通过高资本投入、长时间周期发展金融科技，已经不仅是为了进行商业银行业务的优化。越来越多的商业银行开始调整自己的业务服务结构，不仅

---

[1] 台海网. 银行"招兵买马"金融科技人才受青睐[EB/OL].（2023-03-17）[2023-04-11]. https://baijiahao.baidu.com/s?id=1760576099341684452&wfr=spider&for=pc.

立足业务内容，更有甚者，像招商银行成立独立的科技公司——招银云创，为其他想要购买金融科技产品的机构或企业提供技术业务的服务。这是一次很大的业务结构调整，不局限于商业银行的金融业务服务和生活业务服务，跨过边界去提供科技服务是有研发能力和充足资本的大银行的共同做法。这在互联网金融公司、科技公司的基础上进一步为金融科技领域的人才提供了就业的新渠道，加大了金融科技人才的供应。

第三节　银行业与金融科技的融合

一、融合趋势

中国银行业目前所处的环境与以前大不相同。在经济、社会和人的行为方面都在急剧发生变化，来自内外部的各种力量正在重组，使得金融服务市场性质发生改变，银行正在面临着竞争、客户、政策、技术等方面的挑战（见图3-3-1）。

市场竞争	客户期望	政策驱动	技术进步
受利率汇率市场化、金融脱媒等因素影响，银行传统的"存贷汇"盈利模式面临转型挑战	客户期望随技术发展不断提高，但银行服务水平与日益提升的客户需求仍存在较大差距	国家重视普惠金融业务且加强风险、合规和安全方面的监管，银行需要利用金融科技提高服务效率，满足监管要求	人工智能、大数据、云计算、区块链等新技术日渐成熟，为银行强化自身的数字化能力提供了新动能

图3-3-1　中国银行业发展面临的挑战

资料来源：亿欧智库《携手金融科技，建设智慧银行——金融科技公司服务银行业研究报告》。

（一）市场竞争

受利率汇率市场化、金融脱媒等因素的影响，银行传统的"存贷汇"盈利模式迎来转型挑战。利率与汇率的市场化不断分流着银行的储蓄，多样化融资渠道的发展影响了银行的贷款，仅仅依赖传统"存贷汇"业务带动银行快速发展愈加困难。2022年，我国40家上市银行的整体净利润同比增长6.96%，受利息收入增速放缓影响，较2021年的增速明显回落。拨备前利润同比下降1.57%，信用减值损失计提总额同比下降11.15%，下降幅度较上年同期增加7.57个百分点。[1]

2020至2022年，我国商业银行净利润年均增长4.9%，而其中城商行净利润年均增速仅0.6%，农商行净利润为-3.1%，表现十分疲弱。从行业利润分布来看，城商行和农商行在整个商业银行中的净利润占比持续下滑。受净息差大幅下降影响，中小银行盈利能力下降，资产利润率下滑幅度明显大于行业整体。此外，中小银行资产规模超过银行业总资产的四分之一，近年来占比保持稳定。但自2022年，在大型银行资产加速扩张背景下，中小银行资产规模增长势能不足，未来经营发展的压力可能进一步加重（见图3-3-2）。

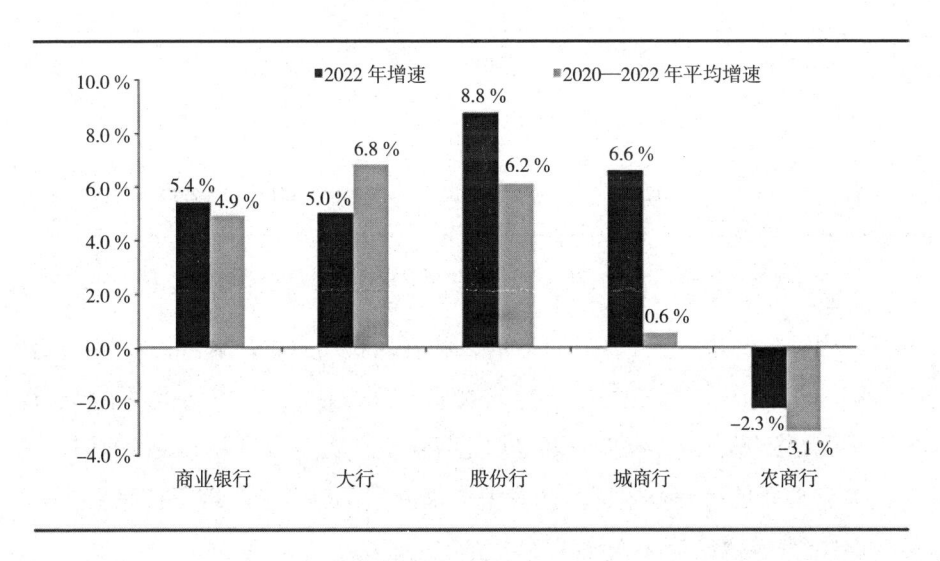

图3-3-2　2020—2022年各类型商业银行净利润结构

资产利润率指标的变化能清晰显示中小银行盈利能力明显下滑。数据显示，城商行和农商行是各类型银行中资产利润率最低、近年下滑最严重的。近年来，商业银行整体面临盈利能力下降的趋势，特别是2020年银行盈利能力进一步下

---

[1] 读创.《2022年中国银行业回顾与展望》：40家上市银行净利润整体同比增长6.96%[EB/OL].（2023-04-20）[2023-04-23]. https://baijiahao.baidu.com/s?id=1763693578371527668&wfr=spider&for=pc.

降。2022年，商业银行资产利润率为9.33%，较2019年下降了1.63%，资产利润率为0.76%，较2019年下降了0.11个百分点。分类型来看，其间国有大行和股份行资产利润率相对较为稳定，分别仅下降了0.06%、0.07%；而城商行、农商行资产利润率下降幅度偏大，分别下降了0.16%、0.30%，与国有大行和股份行形成明显分化态势（见图3-3-3）。

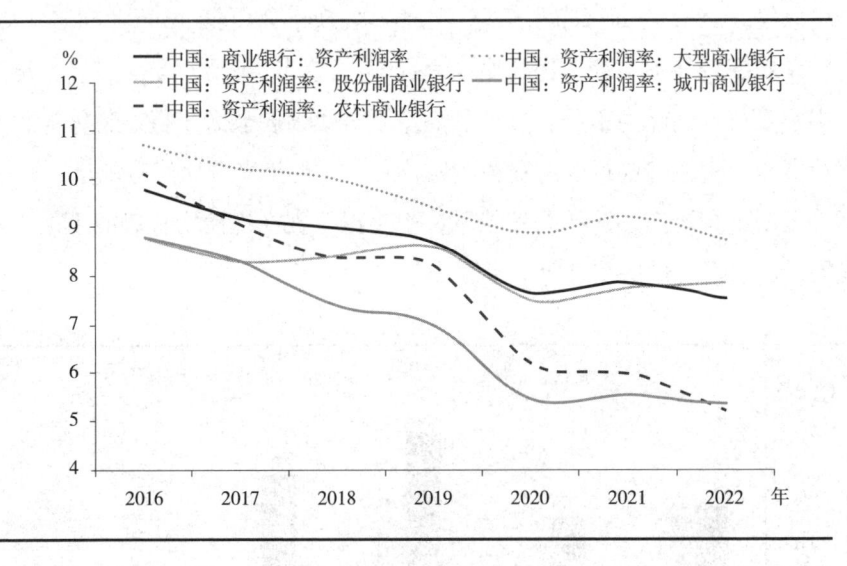

图3-3-3　2016—2022年各类型商业银行净利润率变化

究其原因，主要是由于中小银行盈利以利息净收入为主，盈利能力更容易受到息差收窄的影响，而中小银行近年息差收窄幅度又很大。投资回报率下降、存款利率上限完全放开、基准利率下调等均是导致商业银行净息差缩减的原因。不断收紧的净息差，使得商业银行间的竞争愈加激烈，以至于不得不扩张新业务，而这就要求并激励银行提升风险管理和金融创新能力。

（二）客户期望

随着技术的不断进步，客户的期望也逐渐提高，但是银行的服务水平仍远远不能满足客户不断提高的需求。顾客期望的是简单易懂、无缝流畅的服务体验，无论使用何种设备，都能随时享用，并能按照个人需求作出即时决策和定制选择。但根据银行用户体验联合实验室的调查结果显示，银行服务的性能、功能、操作体验和应用范围等方面令客户感到不够满意。尤其是年轻用户中的部分人正在逐渐减少使用银行服务。为提升服务质量，银行应结合金融科技，并根据客户体验提升金融的服务水平。

（三）政策驱动

国家高度重视普惠金融业务，并对其风险防控、合规管理和安全检查方面进行加强监管。这驱动银行借助金融科技提高服务效率以满足监管要求。为推动普惠金融的快速发展，国家需将普惠金融业务作为主要的关注点。为此，2017年，银监会（已撤销）联合其他10个政府部门印发了《大中型商业银行设立普惠金融事业部实施方案》，要求相关银行设立普惠金融事业部。银行应充分合理利用金融科技提升服务效率，以便更好地服务于小微企业。

随着监管力度的增强和合规成本上升，一方面，监管机构以确保风险可控为前提，鼓励银行积极创新。另一方面，监管机构强化了对风险、合规和安全方面的监督要求，因此银行需要运用如反欺诈技术、反洗钱措施、智能审计等有效的方式，来达到监管要求的标准。

（四）技术进步

随着人工智能、区块链和大数据等高端技术的快速发展、日渐成熟，金融科技公司迅速崛起并推动了银行业的数字化发展。银行可以积极应用或开发这些技术，提升数字化能力，建设智能化银行。由此可见，技术进步为银行强化自身的数字化能力提供了新动能（见图3-3-4）。

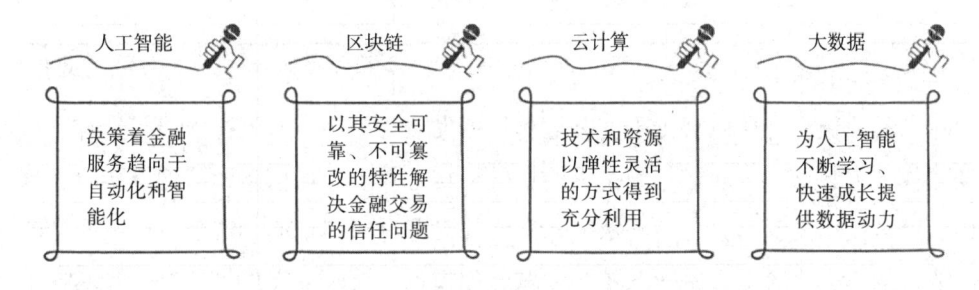

人工智能	区块链	云计算	大数据
决策着金融服务趋向于自动化和智能化	以其安全可靠、不可篡改的特性解决金融交易的信任问题	技术和资源以弹性灵活的方式得到充分利用	为人工智能不断学习、快速成长提供数据动力

图 3-3-4 新技术推动银行业的创新发展

如何应对各种挑战是处于转型期的银行业面对的新课题，在金融科技的浪潮下，与金融科技公司合作是商业银行的首选，特别是五大银行先与"BATJS"（百度、阿里、腾讯、京东、苏宁）结盟，将银行与金融科技公司的合作推向一个新高度，随后，其他商业银行纷纷效仿五大银行，向金融科技公司抛出了橄榄枝，力求以科技推动金融的创新与变革。可见，银行已将金融科技的发展与应用作为重中之重。各商业银行对金融科技的态度如表 3-3-1 所示。

表 3-3-1 各银行对金融科技的态度

银行	关于"银行与科技"的内容
中国工商银行	支付方式体现了人类生活方式和商业形态的重大变革。伴随着金融科技的兴起，中国支付产业进入创新变革、快速发展的兴盛期
中国银行	中国银行是一家百年大行，2018 年提出了科技引领、创新驱动的战略目标，致力于将中国银行打造成为以体验为中心、以数据为基础、以技术为驱动的新型数字化银行
北京银行	未来要打造科技引领的未来银行，加强大数据、云计算、知识图谱等新技术的前瞻研究和深层应用，探索全程响应、智慧交互的全景式智慧金融模式，搭建专业协同、跨界融合的金融生态圈。积极推动科技金融与金融科技有机融合，让金融科技成为创新发展的强劲引擎
平安银行	利用区块链、物联网等技术升级传统贸易融资业务，打造供应链金融应收账款服务平台，还与平安证券携手推出供应链 KPS，有效降低了中小企业的融资成本
新网银行	数据化是这波金融科技发展的核心。金融产品不是银行创造的，而是由客户创造的。以客户为中心说了很多年，但没有真正做到。科技化、数据化让这个时代真正做到了以客户为中心，金融科技现在可以把金融的底层要素拆散，自由连接组合，与主流金融机构对接，形成个性化服务

资料来源：中国银行业发展论坛。

各商业银行之所以如此重视金融科技的发展与应用，原因在于以云计算、移动互联、大数据、区块链等为代表的金融科技是关于金融信息的传输、接收、分析、处理技术的变革，它借助数据技术优势，通过对信息流、资金流以及商品流等数据的掌握，攻入金融业的核心领域，如投资、融资、支付等。进一步实现了金融形态的多样化，从数据分析、运营成本、运营效率、传播介质等方面对金融领域造成冲击。

首先，金融创新随着科技创新而发生改变。纵观历史，每一次技术革命都推动生产力发生了质的飞跃，进一步带动了整个金融行业的革新。比如，贵金属货币的流通是以冶炼与铸造技术为前提的；纸币的诞生是由于印刷术与造纸术的出现；跨时区的金融交易是电话、电报等通信技术发展的结果；金融机构着力打造的智慧金融是大数据、人工智能等金融科技不断发展的结果。一次次的技术革新带动了金融行业的变革，将人类从最早物物交换的时代带入现在可以进行各种金融交易的时代，极大地提升了资源的配置效率。随着金融与科技的不断融合，科技开始发挥主导作用，以产品创新与业务重构的方式推动金融业转型升级，不断提升客户体验。

其次，金融科技是商业银行应对新金融挑战、实现可持续发展的迫切需要。以数据、技术服务为核心的科技创新给商业银行传统的盈利模式带来了挑战与机遇。传统的科技难以支持商业银行的服务营销，难以满足客户多元化、智能化的服务需求。商业银行急需与科技公司合作来应对客户多样化与智能化的金融需求，引进创新型技术，更新信息技术架构，加强构建多渠道服务体系，同时转变传统思维，将金融科技视为银行的核心战略，重新塑造经营理念，促进银行的创新积极性。

最后，金融科技是银行创新的主要工具。面对变幻莫测、突飞猛进的金融科技发展形势，商业银行需主动应对快速发展的金融科技，利用先进的金融科技手段构建和完善科技金融服务渠道，以应对不断变化的市场需求。区块链、人工智能、物联网等新兴技术的不断成熟和应用范围的扩大，为商业银行再造业务流程和交易方式、提升服务效率和重构品牌格局提供了良好的技术环境。另外，金融科技使得商业银行更具开放性和普惠性，通过对支付、理财、智能投顾等业务平台的构建，使商业银行更好地服务于原先服务不到、服务不好的小微企业以及大量长尾用户。

二、融合模式

金融科技在给银行业发展带来挑战的同时，也为其带来了不可多得的机遇，各大银行也积极拥抱金融科技，在基础设施建设、系统架构与开发、运营维护及风险管控等方面与其进行了深度融合。

(一)基于金融科技的智能银行体系构架

中国银行业已经逐步进入4.0智慧银行阶段。智能银行的建设路径，也就是金融科技的利用主要涉及三个层次：管控层（银行体系架构的"神经中枢"，即基础架构）、交付层（处理银行业务活动的作业"后台"）及界面层（与客户直接交互的界面和触点）。

1. 管控层——银行体系架构的"神经中枢"

整个银行体系的"神经中枢"是管控层，其基础建设运用云计算技术，并采用顶层设计的架构思路，实现自上而下的高效安全数据传输，打造灵活、高效、开放、弹性、敏捷的IT系统架构。可以这样表达：如表3-3-2所示，管控层呈现出向云端发展的倾向，即云计算相当于一种采用互联网思维的创新型技术路线，银行借助云平台优化资源组合和整合资源投入，提高银行运营效率。

表3-3-2 银行对云计算的应用介绍

云服务		具体介绍
银行云	现状	银行目前多采取集中式总线型架构，但其成本高、扩展能力有限等缺点难以满足银行日益增长的IT能力需求；大型商业银行有能力自行构建云平台，中小型银行大多依靠大型银行或者第三方云服务企业来支撑云平台的运转
	场景介绍	银行云基础架构结合分布式资源管理、虚拟化等技术建设金融云服务银行，包括SaaS、PaaS、IaaS的服务模式，还有私有云、公有云和混合云的部署模式，其中私有云最为关键
	应用价值	提高资产IT基础设施使用频率，降低成本；达到去IT化，对科技进行创新，达到IT和服务相融合；积极创新运营模式、业务模式、服务模式
	痛点	服务器资源成本过高；利用率过低；扩展能力受限，业务上线周期长；运维效率不高，故障恢复时间久
	腾讯云	国内最完备的云平台，专注于提供全球领先的专业云计算服务，按实际使用资源付费；为银行量身定制云计算服务，监管合规的金融级灾备能力，用科技引领银行变革，共建智慧银行

资料来源：亿欧智库。

根据中国信通院的调查数据，将近九成金融机构已经或者正在计划采用云计算技术，主要是为了缩短应用部署周期、节约成本以及实现业务升级无中断。

2. 交付层——处理银行业务活动的作业"后台"

如表3-3-3所示，交付层是执行业务操作的幕后工作区域，其运营效率直接影响了整个流程交付的时间和质量，支撑实现客户体验，是决定经营成本的关键因素。交付层通过运用大数据和人工智能等技术，创造了智能的营销、风控、审计、投顾和投研等应用平台，显著地提升了银行数字经营与管理的效率。

表3-3-3 交付层的相关介绍

智能平台	现状	场景介绍	应用价值	痛点
智能营销	银行主要为一些国有企业、大型企业以及高净值人群这样的传统客户服务，但由于传统市场竞争的激烈以及消费金融市场的快速发展，银行目标客户逐渐向中小微企业和普通个人延伸，下层客户的获取的留存是银行未来竞争的关键因素	智能营销利用用户的消费、社交、交易等行为数据进行分析，了解用户需求与偏好，制作精准营销解决方案，优化服务，应用到银行的存量客户激活、线上线下获客以及产品交叉营销等场景	根据银行海量存储数据创造出营销价值；通过对用户画像、分层和定位进行细致分析。银行可以开展精准化、场景化、人性化的营销策略，提高营销的质量与效果；降低人力成本、提高营销效率	银行传统的营销获客方式成本高、转化率低、精准度低，且与零售市场不相适应
智能风控	银行通用的内控管理框架包含三道防线模型，其中第一和第二道防线是直接与客户进行交互的。现今，银行将使用信用评分卡作为风险控制手段，其中包括风险评分卡、收益评分卡等不同类型，形成一个全方位的信用评分系统	智能风控分为个人和企业两个方面。个人风控运用人工智能和大数据技术快速准确地识别、预警和防范客户风险。企业风控利用大数据和知识图谱技术，整合企业的工商信息、合规情况、关系族谱等，以改善企业的信用评级	减少银行的风险管理成本，提升征信机制的效率，完善信贷流程的全自动和智能化，提高个人信用记录的范围和精准度，增强企业信用评估系统的多样性	信贷业务流程复杂冗长，且风险控制成本高，导致个人信贷欺诈增加，企业对信贷的需求也在增加，但银行机构无法有效地管理贷前和贷后的风险

续表

智能平台	现状	场景介绍	应用价值	痛点
智能审计	商业银行内部审计是一种以系统化、规范化的方式对银行业金融机构的经营活动、风险状况、内部控制和公司治理效果进行审查、评价和改善的活动,其流程由六个模块组成,通常是审计组在现场人工搜索会计数据,以便查找违规迹象和潜在的造假元素	智能审计是银行利用大数据、人工智能等技术手段,借助建设审计信息系统、搭建审计数据分析中心,为审计人员提供了非现场审计能力,有助于推动审计工作实现由"抽查"转变为"全查"	建立远程审计能力,以提高审计员的工作效率,加强审计的准确性、及时性和实效性	现场审计,人员需求多,效率低;多依靠审计人员专业素质,精准性、稳定性有待提升
智能投顾	花旗银行数据显示,2017年中国个人可投资资产总额达188万亿元,个人财富规模在过去10年内增长了5倍;据中国互联网络信息中心报告,截至2017年12月,中国互联网理财用户规模达到1.29亿,同比增长30.2%;财富管理普及化、便捷化、数字化成为必然趋势	智能投顾是一种智能算法和投资组合优化模型应用的服务,能够根据投资者的风险倾向和收益目标提供量身定制的资产配置建议。适用于互联网投资、全民理财	简化投顾流程、提高投顾效率;准入门槛低,覆盖全民理财;平台的模型和算法适用于每一位用户,边际成本低,服务费用低;智能投顾与业务流程整合,缓解信息不对称导致的道德风险;可进行风险预测	传统的银行资产管理业务,往往需要理财经理或者财务顾问进行交流,成本和效率较低,且服务客户范围较为有限
智能投研	金融机构资管新规出台,要求银行理财产品净值化转型,银行的投研能力越发成为影响投资者投资决定的关键因素,也是银行未来的核心竞争力之一。传统投研主要是投研人员依赖传统工具对数据进行收集、处理、分析以及输出	智能投研利用自然语言处理和知识图谱等技术来提升传统投研的能力。通过机器辅助收集和整合大量的信息,减少烦琐的基础工作。为了实现从搜索到投资报告的自动化输出	缩短数据收集整合时间,提高工作效率;拓宽数据的维度和广度,提升银行投资顾问人员分析能力;复制推广、降低运营成本;通过机器对数据的监控,及时调整、预警投资风险	搜索途径不完善,数据获取不完整,研究结果不可靠;主观性强,稳定性差;报告呈现时间长;对风险缺乏预警和及时调整

资料来源:亿欧智库。

交付层正朝着"智能化"和"集约化"的趋势发展。在"智能化"方面主要是采用机器取代人工,以实现自动化、智能化操作。在"集约化"方面主要是以"逻辑集中"的方式实现,作业资源的共享和调配不再需要物理上的集中。(见图3-3-5)。

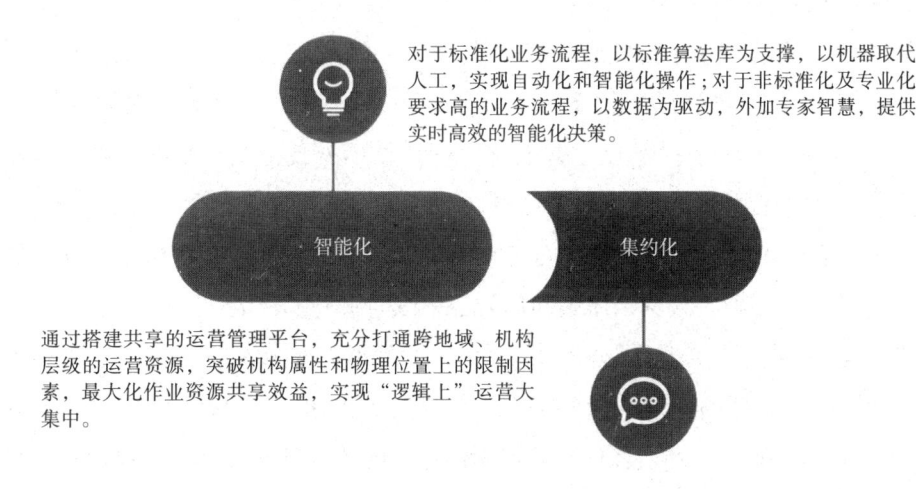

对于标准化业务流程，以标准算法库为支撑，以机器取代人工，实现自动化和智能化操作；对于非标准化及专业化要求高的业务流程，以数据为驱动，外加专家智慧，提供实时高效的智能化决策。

智能化　　集约化

通过搭建共享的运营管理平台，充分打通跨地域、机构层级的运营资源，突破机构属性和物理位置上的限制因素，最大化作业资源共享效益，实现"逻辑上"运营大集中。

图 3-3-5　交付层的发展趋势

3. 界面层——与客户直接交互的界面和触点

界面层是与客户发生直接交互的界面和触点，便利化、简单化、人性化的互动体验是提高客户体验的关键因素，主要表现为面向客户"千人千面"的一站式门户、面向各级高级管理人员可实现智能决策的智能终端、面向银行内部人员的专属化智能终端等。例如，建设银行于 2018 年 4 月在上海设立首家"无人银行"。"无人银行"的主要特点包括以下 4 点。

（1）全程全自助

网点分为迎宾接待区、金融服务区、民生服务区、智慧社交区，通过巧妙、便捷的智能流程提示，客户可以自主完成所有业务办理，无须依赖银行工作人员协助。

（2）高度智能化

智能服务机器人成为网点大堂经理的替代物，能够和到店客户以自然语言进行交流互动，获取并了解客户服务需求，指引客户前往不同的服务区域完成所需的交易项目。

（3）业务覆盖广

大部分自助机设备已经覆盖了 90% 以上传统银行网点的现金和非现金业务，此外，还为 VIP 客户提供了私密度很高的独立空间，专门处理复杂的业务。

（4）场景化体验

将金融、交易和娱乐打造成一个场景化的共享场所，如与书店、品牌商店等相结合，让顾客在这里既能享受购物、娱乐的乐趣，又能从中得到金融服务。

"无人银行"是一种高度"智能化"网点，不需要柜员参与办理业务。它利用最新金融智能科技成果，如生物识别、语音识别和数据挖掘，结合机器人、VR、AR、人脸识别、语音导航和全息投影等先进科技，为客户提供全自助智能服务，是一个集智慧、共享、体验和创新于一体的服务平台。

界面层呈现出"线上化"和"定制化"的发展趋势：客户和银行的接触界面及接触点趋向多元化，过去以网点 ATM 为主，21 世纪以移动银行、ATM 等线上渠道为主。除此之外，客户对"定制体验"的要求日益提升，不仅表现为客户对差异化产品的追求，还表现为对人性、定制的交互界面和服务的需求，如表 3-3-4 所示。

表 3-3-4 界面层发展介绍

界面	现状	场景介绍	应用价值	痛点
智能客服	随着银行业务的改变，客服中心的工作重心从单一职能转向多种职能，涉及售前、售中和售后的整个环节，开始向着远程银行和空中银行发展，但单靠人力的客服中心已经难以满足现在客户对多元化、多维度的金融服务的需求	智能客服是一种自动化服务程序，能够帮助银行用户解决问题。它包括智能客服机器人、智能语音导航、智能营销催收机器人等，可以帮助人工客服完成售前和售后的工作	智能客服可提供人力辅助服务，减少重复劳动，提高工作效率，优化工作流程；改善银行服务水平，提高客户满意度；减少人力费用支出，将成本中心转变为价值中心	人口红利消失，劳动力密集的客服是银行的成本中心；时间受限、情绪化、线路忙等影响服务质量；人工客服效率低
生物认证	身份认证主要用于确定用户资源访问和使用权限，成为用户办理银行开户、支付、贷款等业务的基本保障。可靠度和服务水平是衡量银行身份认证能力的决定性因素。银行传统身份认证包括人工后台认证和密码认证	身份认证主要运用于银行人工柜台服务、线下自助服务和电子银行三大场景。生物识别通过非接触采集客户声纹、指纹以及人脸等信息再与信息数据库进行 1:1 或 1:N 对比	生物信息具有唯一性，减少了伪造窃取的可能，提高了身份认证的精准度、安全性和稳定性；缩短身份验证的时间，优化银行业务办理流程和客户服务体验	人工认证流程烦琐、客户办理业务排队时间长，用户体验差；密码认证易被病毒篡改、拦截、窃取，威胁用户银行账户安全

由于智能客服能够重新定义全天候、全渠道、智能化、综合化银行客服中心的服务价值，因此各银行加大了对智能客服的使用，并且银行客服中心从业人数将不断减少。《2021年中国银行业服务报告》及中国银行业协会发布的《中国银行业客服中心与远程银行发展报告》显示，2016—2020年，中国银行业客服中心从业人员分别为5.33万人、5.12万人、5.22万人、5.32万人、5.44万人，2021年却出现猛跌（见图3-3-6）。

图 3-3-6　2016—2021年银行客服中心从业人数变化[①]

（二）银行与金融科技的融合模式

在中国，银行主要通过内部研发、投资并购、外部合作三种方式对金融科技进行布局，这三种方式对银行来说有利有弊，具体如表3-3-5所示。

---

① 中国银协. 中国银行业客服中心与远程银行发展报告（2021）[EB/OL].（2022-07-29）（2022-07-30）. https://baijiahao.baidu.com/s?id=1739706746202179404&wfr=spider&for=pc.

表 3-3-5　银行业布局金融科技的方式及优缺点

三种方式	含义	优点	缺点	案例
内部研发	银行借鉴金融科技产业创新思路，通过已有部门信息科技部或成立金融科技子公司的方式，自行研发创新金融技术及产品	能够更方便地操控技术、人才和资源	技术开发成本和维护成本太高；开发周期长；应用缓慢	多家银行先后成立了金融科技子公司，如招商银行、兴业银行、平安银行等
投资并购	银行将自身资本注入金融科技公司，形成更紧密的合作关系，作为自己的外部金融科技研发基地，缩短技术研发应用时间	技术开发与维护成本高，开发花费时间长，应用缓慢	不是专属关系，难以控制，存在数据安全与隐私等问题。	工商银行全资金融机构工银国际投资了智能风控公司第四范式、人脸识别公司依图科技等
外部合作	商业银行向金融科技公司购买服务，或与金融科技公司合作成立联合实验室、建立子公司等	投入成本低，推向市场的周期短	合作关系货币化，双方存在磨合困难与潜在文化冲突，还有系统难兼容等问题	同盾科技为建设银行、中信银行、浦发银行、北京银行等提供了端到云一体化智能风控解决方案

虽然银行与金融科技企业的合作风生水起，但真正成功推动银行发展、获得巨大价值的案例仍是凤毛麟角。即使如此，中国商业银行也不甘落后，一直在积极探索新定位、新技术以及新模式来促进银行业务结构等的转型升级。知易行难，由于银行自身研发金融科技成本高、周期长，因此商业银行大多选择向科技公司购买服务的方式布局金融科技。相关调查显示，中国目前向金融科技公司购买服务的金融机构达到了48%，未来几年，与金融科技合作的金融机构将达到68%。有40%的金融机构已经与金融科技公司进行了合作，金融机构愿意将32%的资源投入金融科技的项目中。[1]

由于银行业具有严监管性及其他的特殊性，对风控、反欺诈等领域更加关注，因此与业务层面的合作相比，它们更感兴趣的是对金融科技成果的应用。

调查结果显示，在合作方式上，大部分商业银行凭借金融科技公司的科技优势，间接与金融科技合作，促进自身科技能力的建设。在合作领域上，双方合作最多的领域为风控、反欺诈、加密等。除此之外，双方还根据外部大数据进行相关应用的开发，以及对金融科技的技术与能力进行转移，未来双方还将加强对区块链、人工智能技术的开发与应用。

---

[1] 普华永道中国.2017年全球金融科技调查中国概要[J].科技中国，2017（8）：68-76.

综观商业银行与金融科技公司的合作方式与合作领域，虽然比较符合商业银行的科技现状，但基于严格的金融监管环境，可能造成金融科技应用过程的放缓。因此，对于一些中小银行而言，若想通过金融科技为客户带来高效的金融服务与产品体验，可以考虑采取更直接的合作模式与金融科技公司合作，并以此实现"弯道超车"。

金融科技为银行的转型带来了曙光，可促使银行构建"虚拟化银行、数字化银行、信息化银行、智慧化银行"的"四化"发展模式，形成金融与科技相互融合、相互交织的发展趋势。

1. 虚拟化银行

虚拟银行区别于传统银行固定物理网点，它是通过线上业务、移动金融的全覆盖打造的"看不见的银行"。建设虚拟银行可为客户办理业务提供便捷性，从而改善用户体验。具体表现在两方面：一方面，虚拟银行存在于手机、电脑等渠道，无论客户处于何地，只要有移动网络，就能使用移动终端体验虚拟银行为其提供的全天候金融服务，使得客户的多样化需求得到了极大的满足。在整个服务的过程中，商业银行通过多种渠道对客户的相关信息与行为数据进行收集，并利用大数据技术进行深度分析，从而为客户提供更好的金融服务。另一方面，虚拟银行将银行的交易模式虚拟化，并不断创新交易方式，同时还完善了电子交易链。虚拟银行创新的交易方式更关注移动化与场景化的交易模式，即用户在场景化模式下的交易产品与交易流程，而不是简单地将银行的交易模式从线下转移到线上。虚拟银行通过技术的研发，在用户身份认证中采用人脸识别、算法加密等技术，进一步提高了用户交易的安全性。

2. 数字化银行

传统商业银行的业务系统存在诸多问题，如前、中、后台流程长、环节多，而区块链技术低成本高效率的数字自动化能力刚好可以解决这一问题。数字化银行是以区块链技术为基础形成的，为优化业务程序，数字化银行通过创建区块链，将自动化的操作流程与准确化、标准化的数字智能合约嵌入银行业务中。因此，与传统银行相比，数字化银行创造了新的业务运行方式，构建了分布式管理的运营模式，重塑了银行业的业务流程，不仅加强了与客户的数字化互动，还强化了银行各个层级间的联系。

3. 信息化银行

大数据的快速发展是信息化银行建立的基础，因此未来银行经营成败的关键在于对数据的挖掘与分析，以及为客户提供以数据为基础的服务。为促使金融服务朝着个人定制化与数据信息化的趋势迈进，商业银行可以使用大数据技术整理合并业务流程数据资源，将全方位的服务提供给客户。一方面，将银行内部数据与社会化数据相结合，即通过银行内部的 IT 系统，对各类渠道的交易客户信息进行整合与分析，同时融入大量的社会化数据，建立共享机制，与外界进行数据的共享，弥补传统银行数据库单一的缺点；另一方面，以客户的需求与体验为核心，对客户的行为偏好进行深度分析，并描绘出整个生命周期中客户的价值曲线，深层了解客户的消费、信贷以及产品需求，以此建立新型的投资模型，为客户推荐适合的、有针对性的产品。

4. 智慧化银行

智能设备与技术在银行业的应用，不仅构建了多种全方位、场景化的服务形态，也改善了商业银行的服务流程，提高了对客户的金融服务水平；而且以人工智能与大数据为基础的智能投顾，通过大数据技术对客户进行深层分析，为其推荐智能化的投资理财产品，突破了银行作为中介职能的局限，改善了人机交互模式，扩展了客户群。因此，人工智能技术在银行业的应用，在一定程度上促进了银行网点服务重点的转移，即从核算主导型转变为客户体验主导型。商业银行致力于以人工智能技术为基础，打造智慧化银行，通过对银行基础设备、业务流程与商业模式等模式的重构，实现转型目标（图 3-3-7）。

图 3-3-7 深圳银行业首家"5G 智慧网点"

第四章　金融科技浪潮下国内外银行业发展现状

本章阐述了金融科技浪潮下国内外银行业发展现状，主要介绍了两方面的内容，分别是国外银行业金融科技的发展现状和国内银行业金融科技的发展现状。

第一节　国外银行业金融科技的发展现状

一、两大业务领域的创新

（一）快捷支付

支付作为商业银行最基础的业务，遇到了来自第三方机构最激烈的竞争。国际银行业正致力于推动支付领域的创新，试图重新在市场上占据一席之地。

支付的创新通常有以下三种方式：第一种是与第三方支付机构合作。美国银行与 PayPal 合作，推出适用于跨境 B2C 数字支付的提议。第二种是收购出色的支付公司。例如，法国巴黎银行收购了 FPE 公司，获得了 Comptc-Nickcl 支付账户服务 89.1% 的所有权[1]，该支付账户服务是一种开放式的、实时的支付体系，在法国主要是由烟草商联合会的零售网络提供服务。客户可以在经过法国央行批准的烟草专卖店开设账户，并且可以在全国一万多家烟草专卖店进行业务的处理。第三种是通过借鉴前沿的技术，如区块链，以此来推进支付服务的创新。桑坦德银行推出了一项名为"Santander One Pay FX"的国际支付新服务，该服务借助了区块链技术，主要是面向西班牙、英国、巴西和波兰等四个国家的零售客户，并计划在未来将其推广至其他市场。顾客可以利用该服务实现跨国汇款的当

---

[1] 搜狐网.国际银行业金融科技八大趋势[EB/OL].（2019-02-22）[2023-03-26]. https://www.sohu.com/a/296639704_120057347.

日或次日到账。在资产管理方面,桑坦德银行发布了一种新型投资平台,被命名为 SOFIA。该平台提供的服务包括共同基金、退休金计划和证券投资等。客户可以单独或综合查看其投资组合的分布情况,以行业、资产类型或特定资产组合为基准来评估风险敞口。此外,客户还能够使用不同属性(如类别、评级、波动率、收益率、夏普比率等)对全部产品进行搜索和比较,并可随时查看每月、每季和每年的投资回报情况。

据宣布,日本瑞穗金融集团和 IBM 将合作推出新的市场预测工具,该工具利用 IBM 领先的 AI 技术和时间序列预测算法,分析趋势数据并预测未来的市场走势。环球市场集团(Global Markets Croup)将利用该工具进行资产负债管理和资产组合管理。

(二)账户管理

账户管理平台的建设通常采用自建和投资两种模式。自建平台像美国银行推出的"流动性直通车"产品,是基于虚拟账户管理开发的,该产品整合了美国银行的一系列产品和服务,如虚拟账户管理(VAM)、环球流动性平台(GLP)等。该产品可以帮助客户管理账户中的资金流动,并通过虚拟账户安排和分类报告,实现不同账户间资金的流动。

ING 银行计划将其资金管理平台 Yolt 流入法国和意大利市场。Yolt 是一种综合性很强的个人资金管理平台,于 2017 年 6 月在英国上线。通过 Yolt App,客户可以在同一个手机页面上浏览不同银行账户的信息和交易记录。这一举措是 ING 银行在构建欧洲资金管理平台战略中的一个重要组成部分。

ING 投资等投资平台推出了多银行平台 Cobase,让企业客户在一个平台上高度集中管理所有银行账户、金融产品及服务,特别是适用于那些跨国经营的客户,能够更加便捷和高效地处理与多个银行的业务往来。ING 的投入将有助于 Cobase 向欧洲以外的客户网络扩展,并增加更多功能。

二、线上能力得到重点提升

(一)线上获客

为了吸引更多传统经纪人渠道的保险客户转移到数字化线上平台,德意志银行在其线上渠道加载了保险科技公司 Friendsurance 的数字化保险管理功能，增强了其线上渠道的吸引力。利用此功能，客户可以高效地管理自己的保险合约，并轻松、安全地购买新的保险合约。

（二）线上客服

RBS 集团旗下的 NatWest 银行已经在其网站上引入了名为 Cora 的聊天机器人，通过基于文本服务的聊天方式，可以为客户提供 200 多个常见业务咨询的解答。本次试验所采用的全新 Cora 原型，采用的人类形象还原度极高，同时支持电脑、平板以及手机等设备与客户之间双向语音会话交流。此外，数千万美国银行的手机银行客户纷纷开始使用名为 Erica 的人工智能虚拟财务助手。Erica 集成了人工智能预测分析和自然语言等先进科学技术，可为客户提供一系列服务，如查询交易记录、根据信用评分提供财务管理建议、网点导航、预约财务顾问提供现场服务、管理账单支付、锁定或解锁借记卡、转账汇款等。此外，它还提供更加复杂的功能，如自动提示即将到期的账单或付款需求、显示客户支出和预算信息、银行卡管理、交易历史和变化管理等。

（三）线上风控

为了遵守巴塞尔委员会对 2022 年 FRTB 的实施的相关要求，瑞穗集团拟采用亚马逊网络服务（AWS）提供的云计算环境，创建市场风险管理体系，并将其整合进可以支持多元化复杂风险管理计算机逻辑的平台中。渣打银行宣布与监管科技公司 Silent Eight 合作，将最先进的技术应用于其金融犯罪合规团队（FCC），以提高其预防合规风险的能力。Silent Eight 是一家位于新加坡的金融科技公司，专注于运用人工智能技术来防范金融犯罪。

三、开放式银行建设不断深化

2018 年，欧洲颁布了支付服务指令 2（PSD2）监管新规，要求银行一方必须开放用户账户信息权限给第三方支付服务商，并提供完整且必要的 API 接口权限，以推动开放式银行建设深入发展。PSD2 旨在实行以下三个目标：第一，将新进入市场的参与者纳入监管框架，从而创造公平竞争环境；第二，加强消费者保护，提高支付安全性；第三，促进竞争和创新，为客户提供方便快捷的金融服务。各个行业都在加快开发和测试步伐。例如，北欧银行已经开始使用API与银行产品系统进行对接，试点第三方机构可以通过添加应用程序来拓展API的功能。

银行客户通过终端进行身份的验证并授权后，第三方机构可以利用账户信息服务（AIS）API来提取客户账户信息，并使用支付发起服务（PIS）API完成支付过程，这样就开创了一个新的开放性银行服务模式。

四、新技术的前瞻性研发和储备不断加强

一般有以下三种方式：一是直接收购科技公司。这是国际上一种非常普遍的操作，一些机构已经收购了多家金融科技企业，涉及支付、投资、P2P、资产管理、云服务平台等领域。二是建立新的技术研发创新实验室。三是建立一支风险投资基金。为了投资于金融科技领域，法国巴黎银行开设了一个投资基金，专门投资于银行和保险初创公司的少数股权。这样，该银行就能在AI、大数据、区块链和数字安全等领域进行间接投资。

五、应用于普惠金融领域的创新层出不穷

ING推出一款App，协助小微企业管理收支票据。小微企业可以利用手机摄像头扫描各种收据和账单，数字化会计系统会自动检测图像并指导企业开启转账操作。该应用程序还可以帮助企业实时跟踪记录其收入、支出以及税务等事项。例如，西班牙桑坦德银行和大众银行针对小微企业客户推出了专业服务。这种服务通过提供专业账户来实现，账户持有人可以享受优惠贷款，并通过新的客户关系模式获得帮助，如800名专业管理人员、各种数字产品和特别定制的服务等。

六、线上线下协力融合

Merrill Edge是美国银行和美林证券最近几年专注打造的一个简化金融平台，融合了线上和线下服务，主要是为客户提供投资建议、交易、经纪和银行服务。2010年成立以来，Merrill Edge资产稳定增至1 845亿美元，开户数量超过240万。[①]

---

① 搜狐网.国际银行业金融科技八大趋势[EB/OL].（2019-02-22）[2023-03-26]. https://www.sohu.com/a/296639704_120057347.

七、着眼于面向未来的人力资源调整研究

国际银行业在精简机构的同时，持续加大对未来技能研究和开发的投入。汇丰的一项研究成果敢于预测未来数字革命将如何影响银行工作中的人员角色。根据报告内容，人工智能还不足以取代人类，仍需要人类专业技能与之相辅相成，才能实现客户的满意体验。报告还指出了未来一些银行将会涌现出新的职位，这些职位包括算法工程师、会话界面设计师、数据流程工程师、全面服务顾问、合作伙伴赋能者等，这将更加注重员工的科技和跨界能力。

第二节　国内银行业金融科技的发展现状

一、上下半场更迭完成

自2013年被誉为互联网金融元年，几乎各大互联网企业都在尝试进入金融行业，想利用自身优势在该行业中取得一席之地。对于众多进军金融业务的互联网企业而言，"BATJ"（百度、阿里、腾讯、京东）无疑是无可撼动的王者，它们各自利用自身的独特优势在金融领域进行布局（表4-2-1）。百度通过连接信息和人力资源，利用人工智能促进了金融行业的发展；阿里和京东在购物场景和数据科技的基础上，创造了连接人与商品的开放性金融生态服务平台；腾讯搭建了人际交往平台，借助社交基因推动了以支付为核心的金融服务的发展。

表4-2-1　BATJ金融科技业务布局

领域	百度	阿里	腾讯	京东
银行	百信银行（持股30%）	网商银行（持股30%）	微众银行（持股30%）	无
证券	无	无	中金公司（持股4.95%）	无
保险	百安保险与太保集团合资财险公司（尚未获批）	国泰产险（持股51%）、信美相互（持股34.5%）、众安保险（持股13.54%）、阿里健康保险（持股20%，尚未获批）	和泰人寿（持股15%）、众安保险（持股10.21%）、英杰华人寿（香港）（持股20%）	无
基金	无	天弘基金（持股51%）	无	无

续表

领域	百度	阿里	腾讯	京东
信托	无	无	无	无
第三方支付	百度钱包	支付宝	财付通（微信支付）	京东支付
消费金融公司	无	无	无	无
小贷公司	重庆百度小贷、上海百度小贷	重庆蚂蚁小微小贷、重庆蚂蚁商城小贷	财付通网络金融小贷	重庆两江小贷、重庆京东同盈小贷
基金销售	无	蚂蚁基金销售公司	腾安基金销售公司	北京肯特瑞财富投资管理公司
保险中介	黑龙江联保龙江保险经纪责任有限公司	上海蚂蚁韵保保险代理、杭州保进保险代理	微民保险代理（微保）	天津津投保险经纪公司
个人征信	无	芝麻信用	腾讯征信	无
金交所	百金交	天金所、网金社	无	无

由于P2P行业的蓬勃发展导致频繁出现卷款跑路事件，比特币的价值经历了过山车式的波动，IC平台也遭遇全面的封禁，金融科技行业面临的风险正在从欺诈风险转变为技术风险。假如说互联网金融是金融科技的前半场，那么目前我们已经进入了金融科技的后半场。在比赛的前半场，互联网企业表现出较为突出的优势，造就了银行业和互联网企业在同场竞技上展开竞争的局面；在比赛的后半场，监管全面发力，银行强势回归，使得银行业和互联网公司开始竞争并融合创新，形成新的竞争格局。前后半场的场次清晰展现四大亮点，成为金融科技行业发展的重要转变。

（一）创新驱动力从规模驱动转向技术驱动

2013—2016年，在信息互联网时代中，移动互联终端和互联网技术主要着眼于解决提升信息传输的效率问题。当时金融科技的发展受到规模驱动，各个平台通过提供免费服务的方式来争夺客户，迅速扩大了其发展规模。2016年至今我国步入了价值互联网时代的新纪元。以云计算、大数据、人工智能和区块链等新技术为代表，主要是为了解决信息在传递过程中的价值归属问题，实现价值在全网高效流动。未来金融科技的进步将主要由技术所推动，未来金融科技发展真正受技术驱动，以云计算为底层运行平台、以大数据为创新引擎的全新金融基础设施正在形成。

（二）行业红利从互联网人口转向数据价值

在2016年之前，中国金融科技业的高速发展主要源于中国互联网人口规模带来的红利。移动互联网正逐渐转向数据价值方向的发展，中国移动网民的数量逐步增加。中国互联网络信息中心（CNNIC）发布第51次《中国互联网络发展状况统计报告》。报告显示，截至2022年12月，我国网民规模达10.67亿，较2021年12月增长3 549万，互联网普及率达75.6%，较2021年12月提升2.6个百分点。[①]

2016年以后，行业红利已经不再依赖获客引流、用户规模扩张的模式，而是尽可能挖掘数据价值，为现有的客户提供精准化、个性化服务。用户依赖移动终端接收消化与传播信息、购物消费、社交等行为已愈发成熟，一些细分领域用户的增加数量已经达到了高潮，网络直播、网约汽车的增长几乎将要停滞了。

（三）金融机构创新理念从渠道和产品创新转向融合创新

2016年之前，银行业的金融科技创新主要是通过利用传统金融的优势建立平台创新服务渠道，开发新技术来进行新产品的研发，以创新业务模式。从2016年开始，银行和金融科技领域的创新将进入融合发展阶段。融合的本质是将技术、业务、数据相互结合，涵盖场景、行业、科技与实体等方面。

（四）金融机构着力点从丰富入口转向数据治理

在以往传统金融机构注重借助平台构建自建入口以及场景嵌入共建入口，尝试以跨界合作的方式共建综合金融服务生态圈。未来，传统金融机构将致力于加强数据治理与底层技术基础设施的建设，以打造横跨不同部门和领域的分布式云平台。从全国范围来看，跨地域、跨机构、跨行业间的数据资源共享体系、数据共享云平台亦正在形成。

[①] 新浪财经.CNNIC报告：截止去年12月我国网民规模10.67亿 互联网普及率达75.6%[EB/OL].（2023-03-24）[2023-04-11］. https://baijiahao.baidu.com/s?id=1761230974960816983&wfr=spider&for=pc.

二、上半场砥砺前行谋转型

银行业在金融科技发展中经历了从被动应对挑战到主动融合机遇的过程。在这个过程中，银行业采取了不同类型的战略转型，包括渠道创新、业务产品创新、协同创新等，完成了从组织架构的调整到自建互联网金融平台的核心优势锻造。如表4-2-2所示，笔者以商业银行为例对其应对金融科技发展的战略转型路径进行了总结论述。

表4-2-2 商业银行金融科技的战略转型路径

类别	工商银行	建设银行	招商银行	平安银行
组织架构	将电子银行部纳入利润中心，建立独立核算机制	将电子银行部更名为网络金融部，原信息中心更名为数据管理部，并新设移动金融处	设立金融科技委员会，作为金融科技战略规划的决策管理机构	精简部门，从垂直管理变为扁平化条线管理，将运营归于大零售板块，注重端到端的流程优化
创新重点	渠道创新	渠道创新、业务创新	业务创新	协同创新
核心驱动要素	资产规模大、客户规模大、网点渠道广	资产端创新、网点渠道广、新核心系统金融云	战略坚守、客户黏性高	场景丰富、数据规模大且利用充分、市场响应速度快
转型路径	e-ICBC3.0战略升级。传统服务向网络化、智能化改造，创新服务向平台化、场景化生态圈布局转变	传统银行服务向电子银行服务转型，力推"善融商务"和"悦生活"两大平台	定位做"金融科技银行"，运用新技术实现产品创新，及时响应客户需求	定位做"科技公司"，实现从资本驱动型向科技驱动型转变，聚焦大金融资产和大医疗健康
代表产品	融E购、融E联、融E行、逸贷、工银E支付、工银E缴费	善融商务、快贷、悦生活、龙支付、建行投资银行（FITS）	手机银行、掌上生活、摩羯智投、招赢通	金融壹账通、平安好医生、陆金所、平安壹钱包、前海征信、平安好房

资料来源：根据各上市银行年报公开资料整理。

从总体上观察，金融科技战略转型需要依靠自身的核心驱动要素，确定转型路径和创新重点，通过调整组织架构和创新产品（业务）来实现战略推进和落地。银行业在实现战略转型方面主要采用了三种方式，分别是创新渠道、创新业务（产品）以及创新协同。

（一）渠道创新驱动：依托传统金融优势自建平台

商业银行的目标是将传统金融服务渠道改造和创新，主要集中在将传统渠道通过互联网化和新型服务平台化的方式进行改造。利用商品交易平台引入金融投资和融资服务，从而将传统的存贷汇应用场景拓展到线上。一方面，可以增加客户黏性，形成资金流、信息流以及物流的闭环系统。银行系电商采用以下方式增强用户黏性：创建商品交易平台、金融投资平台和融资服务平台，这些平台可以帮助客户在平台上进行生活场景应用的信息流和物流、个人/企业投融资服务相关的资金流处理，这样便形成用户黏性。与传统电商的盈利模式有所不同，比如建行的善融商务利用全方位、综合性的服务来发掘客户潜在价值，从而促进建行业务的增长，而不是通过商品价差、交易扣率等方式获得利润。善融商务已经逐步推出一系列新型金融产品。另一方面，培育对金融服务的需求，扩展银行的业务范围。在传统的存款、贷款和汇款业务基础上，构建销售和消费的平台，并将投资融资的金融服务进行整合。银行借助电商平台吸引中小企业和个人消费者信贷，同时保留传统存贷汇的银行服务。目前，工商银行融资购买服务覆盖了5 000多家商家，其中三分之一是之前未曾合作的行外客户。

（二）业务创新驱动：运用新技术研发新产品

1. 支付结算便捷化

中国招商银行于2017年3月初加入R3区块链联盟，并与英国央行、波士顿联储等11个组织一起入驻"超级账本"。这标志着该银行的区块链技术应用进入快速发展期。该行已经推出了跨境直联支付区块链平台，这是中国国内及亚太地区第一个涉足区块链跨境领域的项目。此外，该行还使用移动支票创建了一个新的企业移动支付结算生态系统。

中国建设银行推出了一种全新的支付产品组合"龙支付"，它将融合NFC、二维码、人脸识别等技术，以覆盖线上和线下全场景的支付需求。

2. 大数据风控精准化

通过整合和分析内外部数据，实现精准的大数据风险预警和评估工作。招商银行采用多维度和多标签的数据对客户进行全方位的画像，开展以数据为基础的客户经营和风险预测。除了实施精准营销和个性化推荐，还采用基于设备、位置、关系、行为和偏好等大数据风险识别模型来监测客户交易，以及时预警客户异常和欺诈行为。这种客户预警模型可成功预测60%以上的对公逾期和不良资产，且预警时间比逾期时间平均提前8个月。凭借金融科技手段，有效地增强了风险管理能力，为提高资产收入打下了牢固基础。

3. 财富管理智能化

在国内银行业中，招商银行第一个推出了智能投顾产品——摩羯智投。它会根据投资者给出的风险偏好，从中国公募基金池中自动选取合适的基金来帮助投资者进行资产配置。简而言之，摩羯智投是用机器来代替人，为投资者提供理财管理服务。

4. 贷款业务场景化

建行积极把握传统消费升级和新型消费兴起的机遇，独自建立了电商购物平台（善融商务平台），专注于构建个人金融生态圈，以此提升建行快贷、信用卡循环贷、分期消费贷等产品在市场上的知名度与影响力。建行2020半年报显示，其个人自助贷款"快贷"余额为2 349.91亿元，较上年末增加618.45亿元。这期间，建行的个人消费贷款净增加为662.5亿元。[1]现在，他们正计划创建一个全新的品牌——"建行投资银行"，并希望通过全面的金融解决方案（FITS，飞驰）为客户提供全方位的融资和智能服务。

（三）协同创新驱动：整合内外资源建生态

银行通过打造一个综合性服务生态平台，促进内部交流互通，提高平台吸引力，从而大幅增强顾客黏性。招商银行始终坚持手机优先策略，不断将客户服务界面转移到手机端，发布最新版的手机银行，推出名为"摩羯智投"的投资产品，增强"掌上生活"手机应用的功能，并且推出名为"招赢通"的B2B在线交易平台。智能化的客户服务有利于增加银行与客户的互动频率，从而有效提高拓展客群的持续效果。平安集团推出了名为"金融壹账通"的服务平台，构建了综合性的金融和非金融服务的平台，覆盖了衣、食、住、行、娱乐、医疗、教育等生活场景，有效提升客户黏性。同时，他们还积极推动线上供应链金融的发展，为链

---

[1] 和讯新闻.建行快贷半年余额新增618亿, 消金公司慕了 ...[EB/OL].（2020-09-03）[2023-03-26]. http://news.hexun.com/2020-09-03/201999107.html.

上企业提供全面的服务方案。增强集团内不同平台之间的客户转移和交叉销售能力，进一步推进集团综合金融协同合作。

三、下半场强势回归全面发力

为对抗互联网企业的 IT 和平台优势，金融科技金融在下半场表现优异，银行也全力以赴，从多个领域积极推进，包括顶层设计、金融科技子公司、基本建设、新技术应用以及制度创新等方面，利用已有的优势，实现由消极防御到积极进攻的转变。

（一）顶层设计战略统领

1. 高层高度重视金融科技业务推进常态化

为了推进常态化的金融科技业务，工商银行成立了网络金融组织推进委员会，由董事长担任主任，行长和副行长担任副主任。该委员会定期讨论和决策金融科技业务推进中的重要问题。此外，中国银行也成立了互联网金融委员会，由董事长及各负责金融科技的主管部门组成，该委员会将直接向总行执行委员会报告和决策重要事项。

2. 金融科技职能划分明晰化

工商银行重新调整部门设置，取消原有的电子银行部，新成立网络金融部（以下简称"网金部"）。该部门的主要职责包括推动 e-ICBC3.0 战略实施、统筹全行平台建设、运维和营销。网金部有九个不同的职能部门，分别是个人金融处、公司业务处、境外业务处、风险管理处、大数据分析处、场景建设处、客户服务处、综合管理处以及网络金融组织推进委员会秘书处，同时下设三个中心，分别为用户发展中心、运营支撑中心以及创新研发中心。与一级部门网金部的关系在于，网金部的职责是搭台（建设平台），而下设部门的职责则是在这个平台上唱戏（寻找场景）。

3. 金融科技战略布局提前化

工商银行早早地开始了金融科技战略规划，设立了七个专门的技术实验室，专门研究大数据、区块链、云技术、人工智能等前沿技术的应用动态，现已经拥有数百位专职研究员，他们对这些技术的前沿与应用动态开展可持续的研究和跟踪，以期长期应用于工商银行的业务中。中国银行成立了金融科技研究中心，该中心扮演着推动金融科技发展的领导者角色。北京银行计划设立一个创新研究中心，重点任务是进行价值创造和产品转化，并给予一定的容错机制。

（二）基础设施建设重塑再造

1. 工商银行：对传统科技部门进行重新定位

工商银行新成立管理信息部门，作为全行的"数据池"，负责内部数据的标准化整理和外部数据的融合式对接（不同于信息科技部），以协助整个银行建立互通的数据通道，所有业务部门都可以访问管理信息部门的数据，且只能在其权限范围内使用并分析这些数据。同时为满足业务需求，银行决定以项目小组的形式组建"1+X"的大数据分析专项行动小组，其中也包含研究部门。最终，该行以一份课题报告向公司高层汇报，展示如何实现跨越不同条线、不同部门和不同系统之间的数据融合和应用，从而显著提高集团数据的利用价值和深度。

2. 中国银行：全面推动技术架构战略转型

中国银行正在积极实施技术架构战略转型，强调采用集中式和分布式架构相结合的发展路径。在此基础上，该行正在重点推进分布式架构私有云平台、大数据技术平台以及场景应用的基础工程建设。该行还非常重视金融科技对于推动经营方式转型和拓展金融服务的带动作用。中国银行已建立基于云计算的金融科技创新实验平台，以验证分布式信息技术架构的可行性，并为全行推广做好了准备。

3. 建设银行：6年建成新一代核心系统

建设银行已经建立了全流程数据管控和认责体系，其中制定了超过80 000个数据规范，以确保数据从源头上保持一致性。同时，该行构建了完备的企业级数据管理系统，利用数据仓库整合内部的125个系统数据，引入符合业务场景需求的外部数据，建立一套统一的外部数据资源引入和共享机制。建行的金融私有云平台产品创新，使他们建立了一个高效敏捷的研发体系，能够快速投产住房租赁系列平台，并支持云闪付、银联标准二维码、手环等近场移动支付方式。这些创新集中展现了建行对于金融科技领域的探索和发展。

4. 招商银行：提升金融科技基础设施能力

招商银行的金融科技创新基金投入大幅加大，从2017年利润的1%（7.9亿元）上升为营业收入的1%（22.1亿元）。[①]银行在内部建立了一个金融科技创新孵化平台，同时引进外部金融科技资源，以全面支持和孵化金融科技创新项目，并为这些项目注入新能力和新资源。

（三）区块链技术快速应用

许多银行正在积极尝试并应用区块链技术，如国有大型商业银行——工商银行和中国银行都在寻求利用该技术来实现精准扶贫。工商银行采取链链对接的方法，遵循用户管理、资金划拨管理、投后管理和安全跨链互通标准等方面的规范和标准，全程监管扶贫资金流向，解决扶贫资金透明度低和投放式粗放的难题，达成了精准扶贫和精准脱贫目标。截至2023年3季度末，工商银行金融精准扶贫贷款余额6 271万元，较年初增加2 414万元，增幅63%，其中扶贫小额贷款户数142户，贷款余额676万元，产业精准扶贫贷款户数8户，贷款余额5 595万元。[②]自2017年1月起，中国银行开始实施公益中国的扶贫项目，在支付网关环节运用区块链技术，对扶贫对象和扶贫资金实施精准投放。

北京银行成立了跨部门的区块链专项项目组，完成了区块链底层架构的搭建，并在贵宾客户权益管理方面进行初步应用，未来将在电子单据、供应链金融、贸易融资领域发挥作用。

（四）体制机制突破

工商银行一方面打造创新产品研发机制，为新产品和新创意提供一定的容错试错机会，并容许失败。另一方面，人力资源部门已经表示"对一些稀缺性人才（如人工智能、区块链等）可以打破传统的薪酬体制，100万元年薪也不是不可以"[③]。更重要的是，对于新设立的金融科技部门不会考核利润指标。经过对银行同业和互联网金融企业的调查发现，工商银行的网金部、京东金融的金融科技事业部以及北京银行的直销银行事业部，并不会将利润指标作为年终绩效考核的重

[①] 洪偌馨.1%与20%，中外银行业金融科技投入的真实差距[EB/OL].（2018-12-20）[2023-02-10]. https://zhuanlan.zhihu.com/p/52869100?utm_id=0.

[②] 金台资讯.工行同心支行全力支持地方经济发展[EB/OL].（2023-04-15）[2023-04-23]. https://www.sohu.com/a/666920994_120578424.

[③] 亿欧网.金融科技下半场，互联网金融机构究竟会发生哪些变化？[EB/OL].（2017-10-06）[2023-2-11]. http://www.myzaker.com/article/59d785001bc8e08510000000.

点。相反，他们更注重考核客户数、产品数，以及为其他部门提供的服务满意度等指标（表4-2-3）。

表4-2-3　金融科技下半场领先同业的具体做法梳理

类别	工商银行	京东金融	北京银行
战略定位	e-ICBC3.0：服务无所不在、创新无所不包、应用无所不能	科技引领创新、提供技术输出服务	智慧银行、科技兴行
组织架构	新设网络金融部	新设金融科技事业部	新设直销银行事业部
顶层组织	网络金融组织推进委员会	—	筹建创新研究中心
IT架构	基础设施层、平台技术层、技术应用层	分布式IT架构，各模块均可技术封装为标准化可输出的产品	建立数据仓库，形成大数据平台和生物识别平台两大集群
技术应用	区块链扶贫、大数据营销与风控、智能服务、云计算	区块链ABS投融资、大数据营销与风控、智能技术输出、云平台	区块链贵宾权益系统和电子签单、大数据营销与风控
数据管理	由管理信息部统筹数据整理与提取，信息科技部做IT系统运维	技术研发部统筹数据管理	信息科技管理部

第五章　银行业的金融科技应用与挑战

本章阐述了银行业的金融科技应用与挑战，分别介绍了金融科技在银行业的应用、银行业面临的挑战与破局、银行业的未来发展趋势、银行业的改革实战案例四个方面的内容。

第一节　金融科技在银行业的应用

一、数据化

互联网技术的普及和各类智能移动设备渗入人们生活的方方面面，带来大数据技术的兴起，布局大数据是银行和其他市场竞争者未来取胜的路径之一。

（一）银行业积极布局，拓展数据来源

金融业属于数据密集型行业，其原始的线下业务与新型的线上业务都是以数据要素作为核心竞争力。在新型企业经营模式、个人支付习惯和新兴金融力量的不断涌现的背景下，银行作为原始金融机构的代表实行了积极的应对措施。银行业开始进军电子商务，直接采集数据，打造属于银行的各类平台，通过平台来获得客户、信息和业务，将平台数据掌握在自己手中，把握产业链的主导权。

当前，中国银行业拥有了一定量有价值的数据资产，如实名身份信息、个人和企业信用数据等，但不包括如客户的性格特征、兴趣爱好、生活习惯、行业领域及家庭状况等的信息。除此之外，各种不同类型的数据很难进行分析和处理，比如银行客户的资金流动信息、客户在网站上的浏览行为、电话服务中的语音信息以及营业厅和ATM机中的录像信息等。

在"大数据时代"，银行需要提高自己的数据挖掘和分析能力。为此，银行

开始从扩大数据采集范围和开发数据资源两方面入手。在扩大数据采集范围方面，主要有三类模式。

第一类是大型银行（如工商银行、建设银行、交通银行等）开始打造自己的电子商务平台。比如，与阿里巴巴在网络小额信贷方面的合作终止后，建设银行着手建立了自己的电子商务平台"善融商务"，并于2012年6月正式推出。善融商务提供B2B和B2C客户操作模式，在商品批发、商品零售、房屋交易等领域提供电商服务。该平台为客户提供涵盖支付结算、托管、担保和融资等全方位的金融服务。建设银行致力于通过平台建设，打破网络电商和第三方支付对交易支付结算信息的垄断。该银行旨在成为支付链条的最终环节，并收集客户的交易数据，这些数据将成为未来该银行对客户进行信用评级的重要依据。

第二类是创造多种网络平台，以增强传统银行业务能力。可以建立一个供应链金融平台，通过对涉及的各方商业、物流、金融和信息活动的整合和归集，提供一整套适应供应链的在线融资、结算、投资理财等金融和增值服务。比如，平安银行第三代供应链金融"橙e网"，定位于"搭建线上供应链综合服务平台"，同时也是一个线上云服务平台，中小企业订单、运单、收单、融资、仓储等经营行为都可以通过平台进行，同时引入物流、第三方信息服务商等企业，搭建平台为企业提供配套服务。第三代供应链金融突破了以融资为核心的模式，转而以企业的交易过程为核心，将过去围绕核心大企业的"1+N"模式演变为围绕中小企业的"N+N"模式，突破了银行服务的物理限制，帮助企业实现电子商务转型。另一种是搭建金融同业机构的在线交流平台，促进机构间的信息交换和同业金融产品营销。例如，兴业银行的"银银平台"通过打造线上和线下平台全面提升银行同业业务。"银银平台"通过整合兴业银行自身资源，建立专业、完整、灵活的产品与服务体系，从个人柜面通、代理接入现代化支付系统业务起步，目前已发展成为涵盖支付结算、财富管理、科技管理、输出服务、资本及资产负债结构优化服务、外汇代理服务等八大业务板块的完整金融服务平台。

第三类旨在创新体制和模式，以推动跨界融合、场景嵌入以及O2O金融，从而开拓经营转型和业务发展的新路径。这种经营模式最有代表性的是直销银行，特征是无实体网点、不提供实体银行卡，取而代之的是客户通过电子渠道（如电脑、手机等）进行银行产品业务的申请和服务获取。因为直销银行没有网点运营和管理开支,所以他们能够给客户提供更优惠的存款和借款利率,同时降低手续费率。

此外,从数据资源开发角度看,银行还和各种数据分析专业公司合作,对已有的"大数据"进行综合处理和分析。银行和专业厂商在数据分析领域的合作历史悠久,已经在传统结构化数据分析方面积累了大量成功案例。然而,由于"大数据"分析处理尚处于起步阶段,因此各大银行和专业厂商都在积极探索该领域。

(二) 大数据在银行风险管理中的应用

随着信息技术的进步,银行所面临的风险变得更加复杂和多变。因此,掌握更多数据并进行合理的加工和处理,已成为银行有效管理风险的重点。

在电商及其他非传统金融机构的竞争下,风险具体体现为以下三点。

第一,外部风险来源日益多样化。除了传统的银行业务客户,如工商企业、居民、银行同业等,新兴市场主体,如小贷公司、担保机构、影子银行、民间融资等也在逐渐崛起,这些主体可能会带来风险,而外部风险事件呈现出多变、复杂、难以辨别的特点。这些风险主体都有可能将风险传递给银行,对银行的稳健性造成不利影响。

第二,风险的传播速度加快,外部风险事件有可能迅速引发系统性风险。在互联网、大数据、云计算等技术的运用下,银行、企业、中介机构、技术服务提供商等市场主体的联系日益紧密,风险的传播渠道变得多样化,传播速度加快,局部风险很可能迅速在系统内展开,且可能通过微信、微博等渠道被迅速传递,甚至被夸大,导致银行面临较大的信誉风险。

第三,银行面临技术风险。近年来,网络安全事件频发,计算机恶意程序通过网络迅速传播和扩散。如果某个病毒感染了一个程序,那么整个计算机甚至整个互联网交易都可能受到病毒的攻击和破坏,因为它具有极强的破坏力。在传统金融领域,电脑技术的风险只限于一定区域的影响和损失;然而,在互联网金融领域中,技术风险可能会引发整个金融系统的系统性风险,从而导致整个系统的崩溃。

数据规模呈现爆发式增长,集中存储海量数据能够便利数据的分析和处理。

但是，若安全管理不善，就会面临信息泄露、丢失和损毁等问题。随着互联网和信息技术的不断发展，窃取信息的方式也不再像过去一样需要强制物理入侵系统。因此，对于大数据的安全管理能力，我们需要有更高的风险意识和管理能力。随着云服务的出现，许多机构将他们的关键数据保存在互联网上的云端。然而云端数据中心一旦遇到紧急故障，那么客户的重要数据和所有机构的业务都会受到巨大影响。现在我国大数据的保护能力还有很多欠缺，主要体现在缺乏数据资源保护意识和没有完善的防护措施，导致很多企业或个人的信息被侵犯。恶意获取和使用大数据的状况难以加以遏制，这也给互联网金融的安全形势带来了极大的挑战。

在这种情况下，银行需要充分利用大数据在风险管理方面的优势，并采用各种技术和管理方法，以最大化地发挥大数据的价值，从而保持稳定性和竞争力。

1. 大数据与信用风险管理

银行在长期经营过程中已经形成一套信用风险管理方法，这些方法贯穿在银行信贷业务开展的每个环节，在筛选潜在客户阶段，银行以收集和分析的信息为依据辨别高风险客户，并从中淘汰掉。银行在审核贷款后，采取日常信贷检查和监督措施，与客户签订了条款严格的贷款合同，有效地避免了客户从事高风险投资行为。此外，要求客户对贷款提供抵押物或担保，银行为防止客户违约筑起了第二道屏障。为了获取尽可能多的信息，银行和客户建立了长期的客户联系，客户经营中的任何风吹草动都会传到银行信贷员的耳中，降低了银行甄别客户的成本和监督贷款的成本。随着风险管理技术的发展，银行开发了信用风险的计量模型，这些模型需要银行获得足够多的信息、数据并进行有效加工、处理，从而使银行对自己的风险状况有充分的了解。

大数据体系的建设可以帮助银行更好地计量信用风险。第一，多管齐下、多角度收集数据，有助于银行全面、深入、精准、及时地了解借款人的情况，从而降低信息不对称的风险。银行在开展信贷工作时，为了更加全面地了解客户的整体信息，就必须以从不同渠道收集相关数据信息为基础，信息渠道主要有银行间的数据信息合作交流和专业数据公司合作等。银行致力于让顾客养成使用在线渠道办理业务的习惯，使得在线交易所占比例提高，加快各种交易信息的数据化进程，获得更加完整的交易记录和结构性数据信息。对内部前台市场调查、中台审查审批、后台风险监测等全部环节的所有资料、所有操作等非结构化信息都要进行数据化处理,实时纳入数据库。第二,大数据技术和相关模型的应用,能够帮银行清楚了解各变量间的联系,从而成为银行科学角色的依据。第三,多维度数据的收集能够帮银行搭建大数据技术平台、优化大数据分析技术、建造风险模型,为银行提供更广泛的分析和管理工具,以更好地管理风险。

2. 大数据与操作风险管理

操作风险由于来源复杂多样且不易预测,一旦发生,就会给银行带来严重的损失,已成为现代银行业必须高度关注和努力防范的风险之一。其中,需要银行特别关注的因素包含:欺诈、交易处理过程、交易量、利率、金融产品和服务的复杂性、日期效应、业务操作的变化以及管理中存在的自满情绪等。最终需确认有哪些重要的损失事件存在。在操作风险管理中,收集并整理数据是一个至关重要的阶段。银行通常借助大数据平台作为基础来构建量化风险模型。第一,大数据平台扩大了银行数据来源,银行可以从多维度分析风险事件,多种非传统渠道,如互联网、移动平台、社交媒体等都成为数据来源,这些新的数据和传统数据在大数据平台上进行整合加工,为操作风险的管理提供了数据保证。第二,大数据信息具有非常强的时效性,弥补了传统数据来源的缺陷。银行可以利用大数据平台实时收集操作风险事件数据,及时了解风险事件的变化,提高了操作风险管理的效率和效果。第三,提高了风险管理的前瞻性。大数据平台为提前发现风险预警信号、主动进行风险管理提供了技术支持。

3. 大数据实现精准风控

大数据主要有三方面作用,一是传统信贷风险管理中信息不匹配的问题得到解决;二是贷前预测和贷后预警风险水平提高;三是风险管理更加精准和有前瞻性。大数据时代,银行业能够通过充分整合客户线上线下资源,收集用户交易信息并打通数据壁垒,绑定用户数据并共享,如位置信息、学历信息、社交信息等用户信息,从多个维度绘制用户画像,建立用户信用报告,评估信用风险,更全面地反映个人、家庭、企业的金融状况,并完成对风险事件的及时预判,以此降低信用风险。例如,建设银行利用"善融商务"平台开发了大数据信贷产品"善融贷"后,银行可实时监控多个平台,包括社交网站、搜索引擎、物联网和电子商务等,以分析客户的人际关系、情绪、兴趣爱好和购物习惯等方面信息,预测客户的信用等级和还款意愿变化。通过教育背景和过往经历等变量进行组合分析，并建立了信贷风险预警机制，以应对第一次信贷业务和缺乏信贷强变量情况下的风险。通过转变分析方式，从历史数据分析转变为行为分析，将有助于我们在风险管理方面取得重大的进展。[1]

银行业在防范欺诈交易和反洗钱方面，将充分利用大数据技术的优势。基于客户的基本信息、交易记录、历史行为模式以及当前正在进行的操作（如转账），银行可利用智能规则引擎进行实时交易反欺诈分析。例如，IBM 的金融犯罪管理解决方案可帮助银行通过大数据技术，高效地预防和管理金融犯罪问题。摩根大通银行则运用大数据技术来跟踪盗窃客户账户或入侵 ATM 系统的罪犯。

（三）大数据在银行客户拓展与维护中的应用

1. 拓展客户，实现精准营销

银行必须全面了解客户的情况，以便维持和扩大客户群，如对个人客户，银行需要掌握客户的基本特征、消费能力、兴趣爱好、风险偏好等方面的数据，而对企业客户，重要的是掌握其生产、销售、财务、流通、运营等数据，以及相关产业链上下游等数据。然而，由于银行没有客户全部的信息，且仅凭银行现有数据分析客户是不充分甚至不准确的，因此银行需要对其自身业务采集的数据进行分析，并整合外部数据，其中包括客户在社交媒体上的行为数据和社会评论等。银行可以结合内部数据和外部社交数据以获取更全面的客户信息，从而实现更精细化的营销和管理。这些社会化数据的来源包括客户在电商网站上的交易记录、企业客户的上下游数据以及客户在社交媒体上发布的言论等。举例来说，建设银行将自己的电子商务平台和信贷业务相结合，而阿里金融则为阿里巴巴的用户提供无须抵押品的贷款（只需凭借以往的信用记录即可）。银行若能获取企业所在产业链上游和下游的数据，就能更准确地了解企业的外部环境变化情况，进而预测企业未来的情形。还有其他一些有助于了解客户兴趣爱好信息的方式，如网络广告界目前正在兴起的 DMP 数据平台的互联网用户行为数据。

银行可以通过深入了解现有客户或目标客户的喜好、兴趣、抗风险和交易情况等个人信息，从而有效地开展精准营销。其主要有以下四种方式：第一种，动

---

[1] 张建国. 大数据时代银行业应对策略 [J]. 中国金融，2014（15）：16-19.

态营销,即根据客户当前的状态和需求,为其提供相应的营销服务。可以利用客户的位置和购物记录等信息,设计有针对性的营销方案。例如,若某位客户最近通过信用卡购买孕妇用品,我们可以通过数学建模预测她可能怀孕的概率,然后向她推荐她有兴趣的孕妇业务。或许可以将能够改善客户生活状况的事件(如换工作、结婚、购置固定资产等)看作营销的良机。第二种,交叉营销,即向客户交叉销售不同业务或产品,如招商银行可以通过分析客户的交易记录,识别小微企业客户,并通过远程银行实施交叉推销活动。第三种,个性化服务,银行可以采用大数据模型,来分析客户的个性化需求。通过了解客户的年龄、购物偏好、风险偏好等信息,银行可以精准定位客户的需求,然后推荐个性化服务,且进行有针对性的营销推广,来满足客户的潜在金融服务需求。第四种,客户生命周期管理。客户生命期管理涵盖获取新客户、避免客户流失和再次赢回客户等方面。

2. 数据挖掘

数据挖掘的突出特点是在大量数据中寻找有用的信息,并将这些信息加工、处理和转化为对商业决策有益的数据。它是一种新兴的商业信息处理技术,具有高效、准确、可靠等特点。

为了增强对客户信息的分析能力,银行需要先建立一个中央客户数据库,利用数据挖掘技术进行分析。银行采用数据挖掘技术结合多种统计分析方法(判别、聚类分析等)和一些数据处理方法,通过加工海量数据,揭示出数据之间的相互关系和趋势,并探索业务规律和模式,以完成大数据的分析、知识发现、决策支持和金融智能等任务,提前预测客户的行为。

银行在管理客户生命周期的各个阶段都会用到数据挖掘技术:通过数据挖掘能够帮助银行确定客户的个性特征,从而为客户提供有针对性的服务;帮助银行发现购买某类金融产品客户的共同特征,可以扩大业务;发现流失客户的普遍特征,能够帮助银行在具有相似特征的客户还未流失之前,采取针对性的措施来避免客户流失。数据挖掘在银行获得客户、留住客户、交叉销售、与客户沟通联络等方面,都将发挥重要作用。银行根据所掌握的客户信息以及相关的网络足迹,通过对大数据的挖掘分析,找出客户的个性特征和其他属性及关联关系,总结客户的偏好,有针对性地进行准确营销,提高营销的效率和质量。根据大数据分析,银行可以实时追踪客户经营中存在的问题并及时制定纠正措施。通过对客户经营情况进行数据挖掘分析，银行可以发现经营数据中的因果关系，对客户经营作出准确判断，制定有效的金融服务策。通过大数据分析，银行可以总结不同客户的交易习惯及爱好，采取交叉销售或增值销售等策略，为客户提供个性化、差别化服务，既提高了客户对银行的认同感，又提高了银行的收益。

银行利用数据挖掘技术进一步提升自己的服务水平。通过数据挖掘，银行能及时发现在服务中存在的问题，为有效地改善服务水平提供依据。例如，银行通过客服系统得到大量数据并进行挖掘分析，对客户的消费、投资需求进行准确的定位，及时满足客户诉求，从而为提高客户满意度、提升服务质量奠定基础。

银行为便于提升银行资产质量和预防信用风险，需要对客户质量提前辨别，即以客户的财务数据、信用记录和交易记录等为依据，分析测算客户的消费能力、还款能力、违约概率等，最终建成客户质量分析的智能模型。

IBM 的超级计算机"沃森"（Watson）被视为典型的大数据挖掘成功案例。2011 年 2 月 16 日，在美国智力问答节目《危险！》中，它以绝对优势战胜了人类的对手。"沃森"技术目前已经商用化，国外大型银行用它来进行大规模金融信息处理。"沃森"与花旗银行合作，采用先进的技术方法，协助信贷员进行客户信贷评级分析。通过收集和分析客户资料及行为数据，系统能够准确判断客户的信用风险水平，并为信贷员提供有力的参考依据。IBM 计划将"沃森"进一步应用于商业银行的资产组合风险管理领域。2012 年，IBM 和摩根大通合作分析社交网络上的大量数据，将顾客信息和内部相关信息相结合，以获得更详细的顾客背景信息，并有效地进行市场营销和风险管理。最近，大数据挖掘已经被应用于新贷款监管的合规性审查。为了确保银行遵守一系列新的监管法规，已有大数据公司推出了一种创新的大数据解决方案。

二、移动化

随着移动通信技术的发展，银行机构能够提供的服务触角不断延伸，打破了时间、空间的界限，提升了银行金融服务的能力，也成为新的盈利模式。

(一)移动通信技术发展对银行经营模式的影响

从 1985 年第一代移动通信技术（1G）诞生以来，数据传输频率不断提高，技术也呈现加速升级的态势。从 1G 模拟信号技术到 2G 的 GSM 技术，3G 的 WCDMA 技术，再到 4G 的 LTE 技术，数据传输速度平均每三年翻一番。与技术进步相呼应的是移动互联网内容和应用的日趋丰富，智能手机的快速普及，"移动化"逐渐成为人们日常生活不可或缺的一部分。

移动互联网的快速发展，使商业模式从传统的柜台模式向电子商务和移动商务的方向演变，与之相对应的是，商业银行的服务模式也从以传统的银行网点为主，向自助设备和网络迁徙，移动金融将成为未来银行拓展业务的重要渠道。

与前几代移动通信技术相比，4G 技术具有明显优势。首先，网速快、频谱宽，网络对文件、图片和视频的下载速度非常快，具有极佳的网络体验。其次，完整整合多种业务。智能手机更像是一台小型电脑，改变了用户对手机的观念，形成手机消费、手机娱乐、手机社交的习惯，也让银行服务进入新的移动时代。最后，提供增值服务的空间变大。4G 不仅仅是一项技术，还是多种技术的融合，利用这些技术，人们可以实现无线区域环路（WLL）、数字音讯广播（DAB）等无线通信增值服务。

4G 网络的上述优势帮助银行的金融服务也实现了移动化，如身份审核、人脸识别等服务均能借助 4G 网络的远程视频功能实现，大幅提升了银行服务客户的效率和认证的安全性，拓展了银行的服务范围，将金融向商务、生活领域延伸，形成移动金融生态链。

2021 年，在全球经济不确定性增加的背景下，我国 5G 发展逆势扬帆，在稳投资、稳增长中发挥积极作用，成为名副其实的新基建"领头羊"。在过去的一年中，5G 网络覆盖日渐完善，用户数屡创新高，5G 不仅悄然改变了人们的生活方式，还加速融入实体经济，以融合应用赋能千行百业数字化转型，为经济社会高质量发展注入强劲动力。

5G+ 物联网显著提升了金融行业的感知能力，应用于金融业的金融科技，诸如大数据等，已经提升了该行业的资源配置效率，并且增强了风险管理能力，这有效地促进了金融业务的创新与发展。在自营端，投研一直是券商自营、资管、财富管理的核心竞争力。而通过应用大数据、AI、云计算等技术动态，构建投资组合，分析投资风险，建设挖掘数字潜力的智慧投研项目，将使决策变得更加及时准确。

2022年11月，人民银行等八部门印发《上海市、南京市、杭州市、合肥市、嘉兴市建设科创金融改革试验区总体方案》。其中提到，优化金融科技生态。优化金融科技战略空间布局，引导试验区内金融科技产业集聚，形成金融科技联动发展优势。支持优质金融科技项目入驻试验区孵化总部基地。加大试验区基础设施建设力度，以5G和物联网为代表，实现万物互联，并在智能金融科技和智慧城市等领域加强5G技术的应用，推进"感知城市"的物联网系统建设。着眼于国家云计算服务创新发展试点示范城市建设，推动"下一代互联网+云计算平台"智慧云基础设施建设，积极构建规模化、开放型金融云服务平台。深入推进"城市数据大脑"建设，打造大数据、动态化、可视性的"城市金融大脑"。

（二）商业银行移动化发展的方向

1. 移动支付和手机银行

近场支付（NFC）技术，作为移动支付的核心，整合了非接触式射频识别和互联互通技术，并利用单一芯片集成感应式读卡器、感应式卡片和点对点功能，实现了与兼容设备短距离内的识别和数据交换。具备NFC功能的手机占比不断增大，很多场景下，人们都可以使用NFC手机进行支付，如地铁、加油站、超市等。除了NFC支付，二维码支付也受到了广大用户的青睐。二维码支付是一种基于账户体系搭建起来的移动支付方案，商家可以把账户、商品价格等交易信息汇编成一个二维码，用户用手机客户端扫描二维码就实现了向商家的付款行为。国内多家银行在手机客户端App中增加了"扫一扫"功能，这个功能可以满足客户在多种场合的支付需求，无论是个人之间的转账付款，还是小商铺、小摊贩的二维码收款都可以使用。此外，扫码枪收款也得到了支持。例如，建设银行的"龙支付"页面有AA收款、扫一扫等功能；工商银行的二维码支付产品可覆盖线上线下和O2O支付全场景；农业银行推出"K码支付"；交通银行推出了"云闪付""立码付"；邮储银行、民生银行、平安银行等也陆续推出二维码转账支付（图5-1-1）。

图 5-1-1　中国建设银行手机银行界面

5G 网络更快的传输速度在一定程度上提高了手机银行的用户体验，终端短距离传输技术的创新使手机用户近距离支付成为可能，提升了客户的便利性。在此背景下，商业银行纷纷加快移动端的布局，从微信银行到手机银行客户端，各家银行都在积极探索、大力推广和营销。同时，用户对手机银行、微信银行的依赖度也在不断加强。未来银行的离柜率会不断上升，随着安全技术的发展以及移动互联网和智能手机的普及，手机银行的用户量将继续保持快速增长。

2. 移动金融场景布局多样化

随着移动互联网的快速普及和应用，商业银行移动金融的适用范围也在不断拓展，从支付和账户管理入手，将理财、保险、信贷等不断融入人们日常的衣食住行中，移动金融产品类型越来越丰富。银行在与互联网金融公司竞争过程中，也在积极向后者学习，不断完善自己的移动应用 App，将移动金融嵌入更多的场景中。

2016 年 11 月，建设银行推出了"龙支付"，这是银行同业中首款集成二维码、人脸识别等技术，并能覆盖线上线下所有支付场景的全新支付产品组合。龙支付为了提升客户的支付体验，不仅整合了现有的网络支付、手机支付、移动支付等产品功能，而推出了"建行钱包"和"二维码支付"两个产品。这些产品不仅包括建行钱包、全卡付、建行二维码、龙卡云闪付、随心取、好友付款、AA 收款、龙商户八大功能,还提供了更多的支付方式和场景选择,给客户带来更加丰富、开放的支付服务。不论您是不是建设银行的客户,只需要安装建行手机银行App,即可进行龙支付客户的申请注册并可以绑定不限于建设银行的银行卡。龙支付拥有多种功能,这些功能覆盖了很多方面。除了支持零钱包小额支付、免密免签的线上、线下支付,它还支持绑定卡后的大额支付。另外,它是基于Token设计的移动支付方式,能够提供更高的安全性;而大数据反欺诈方案可以帮助客户降低交易风险,更全面地保护客户个人隐私和资金安全。龙支付在构建场景时,秉承着客户至上的理念,着重考虑了客户的日常支付需求,如社交生活、公共交通、网络购物等方面。其与合作方合作,提供行业应用的解决方案,从多个方面实现了全方位的线上线下支付支持、App插件支付等功能。这样一来,龙支付被广泛应用于地铁、停车场、菜市场等。

在未来,商业银行通过自己开发或与其他机构跨界合作,发挥在金融服务和场景建设方面的优势,共同为客户提供"场景化"的金融服务,将在线金融服务建设成为支持客户一站式服务的平台。

三、智能化

"智能化"指的是应用现代通信与信息技术、计算机网络技术、行业技术和智能控制技术等技术,针对某一个领域或方面进行升级和改进。银行正在开始应用物联网、大数据、生物识别、人工智能和虚拟现实等技术,银行智能化发展将迎来更为广阔的发展前景。

(一)智能化技术的应用

物联网是一种基于电子产品代码为中心、利用RFID、无线数据通信等技术,借助计算机网络构建的广泛涵盖各种实物的物理网络。随着科技的发展,各种信息传感设备,如红外感应器、全球定位系统和激光扫描器等,已经将每一件物品与互联网连接起来,实现了智能识别、定位、跟踪、监控和管理的功能。银行对物联网的使用,主要体现在支付、信贷和客户安全等方面。在贷款前的审核阶段,银行可以利用物联网技术获取企业内部管理系统的数据,从而精确地了解企业信息并降低银行的信用风险。通过生物识别技术,如指纹、虹膜等身份验证方法,在柜台和自助设备上进行身份验证，有助于确保客户资金的安全。

生物识别技术帮助银行更好地验证客户身份。传统的口令、磁卡或密钥等存在着丢失、遗忘和被盗等风险，而基于人生理特征的指纹识别、语音识别、人脸识别等生物特征识别技术具有很强的防伪性，也更便捷。目前，银行网点依托布局在网点的生物信息采集设备，能够快速确认客户身份，从而实现客户自助交易，大幅提升了客户体验和网点经营效率。

在过去数十年间，人工智能技术在许多方面获得了很大突破，如机器视觉、智能检索、智能控制和专家系统等。随着技术的不断演进，未来的人工智能将会高度模拟人的思维模式并且执行各类任务，在银行和金融服务业中的应用表现是智能机器人的使用。随着传感器和体感技术的大范围使用，人机交互的商业应用成为可能，智能机器人等交互设备可以通过手势、语音及后台的图形、声音处理技术，将机器与人之间的交流从菜单式向互动交流转化，增强了自助设备在互动上的适用性，提升了系统的自动化服务能力，引导客户自助完成业务，迎合移动互联网时代客户的网络社交行为习惯。

大数据技术帮助银行实现精准营销、进行风险管理、挖掘新的业务机会。大数据帮助银行更好地了解客户的个性特征，根据客户的性别、年龄、职业、财务状况、行为习惯等数据，对客户进行全产品、全渠道、全关系链、全生命周期的360度全景数据洞察和挖掘，然后形成定制化产品，在客户到访网点或访问网站时，进行个性化推送，降低客户决策成本，从而提高销售的成功率，实现精准营销。此外，大数据技术还可以帮助银行及时获得客户风险变化情况，并在贷前评估和贷后管理过程中发出及时的风险预警信号，支持银行制定合理的决策，这是传统模式无法做到的。

增强现实技术是一项新兴技术，它将现实世界和虚拟世界的信息"无缝"地结合在一起。通过模拟和仿真，将难以在现实世界中体验的实体信息，如视觉、声音、味道和触觉等，叠加到现实世界中，被人类感官所感知，从而达到超越现实的感官体验。虚拟现实技术是一种计算机仿真系统，可以创造虚拟世界并提供身临其境的体验。它结合多种信息，以交互式、三维的方式呈现动态视景和实体行为，是一种综合的系统仿真技术。增强现实技术使银行智能网点变得有趣味，比如有些银行在智能网点的玻璃幕墙中使用AR技术，客户可以和屏幕中的动画形象进行互动。3D虚拟现实技术是立体的虚拟现实技术，依托裸眼3D等技术，很多金融产品都可以从二维平面形象变成三维立体场景，帮助客户获得更直观、更趣味的视觉体会，使客户仿佛身临其境。

（二）打造智能网点

随着现代金融业和科技的不断融合，新兴金融服务模式和金融业态不断冲击人们的想象力，智慧银行和智能网点也成为银行降低成本、改善客户体验的重要尝试。与传统网点相比，银行智能网点能更好地发挥线上和线下网点渠道的协同效应，将虚拟服务和实体网点相结合。智能化改造已成为金融机构应对挑战、实现自我革新的有效方式。银行网点已经开始使用智能预处理终端、智能渠道分流系统和智能互动桌面。此外，银行网点还使用了人脸识别、虚拟现实等技术来实现更多样化的网点营销、提升客户服务水平和增强用户体验。智能预处理终端能够让顾客在线上预约线下服务，省去了其中的叫号、排队和填单等环节的等候时间。借助智能渠道分流体系，有助于把客户分散到线上渠道和自助机具上，从而有效减轻网点的负荷压力。

网点智能化的中心是客户，实施的关键是要打破传统渠道的藩篱，通过智能技术来再造银行的服务流程和模式，为客户提供更好的体验。具体操作上可以通过智能网点布局，增加ATM（自动取款机）、自助发卡机、自助填单机等远程设备，打造智能服务平台，实现"客户自助"和"现场审核"相结合的业务模式，促进交易处理离柜化、业务流程精简化、产品营销一体化，扩大自助业务范围，提升服务能力。客户来到银行营业网点后，引导客户前往智能设备进行自助交易、自主选择产品，银行网点工作人员就成为"客户服务专员"，按照客户需要进行操作指导、根据客户特点介绍银行产品。智能服务模式将"柜员操作"变为"客户自主完成"，将"客户围着柜台转"变为"柜员围着客户动"，最终提高客户的满意度。

目前，商业银行正在积极探索智能网点的建设，包括工商银行、建设银行、中国银行、广发银行、民生银行、浦发银行、华夏银行和招商银行在内的多家国内银行都在尝试对网点进行智能化改造和新智能网点的布局。与此同时，国外的商业银行，包括星展银行、花旗银行、汇丰银行等，也在智能网点建设方面积极探索。传统网点模式下，大部分银行业务只能在柜台办理，自助设备能够办理的业务类型单一，给银行造成了很大的排队压力，也给客户带来了较差的服务体验，而这些都可以在 7×24 小时智能网点得到解决。

一是通过使用多媒体技术，宣传银行品牌和银行产品，从而提升营销力度和产品知名度。例如，中国银行智能化营业厅内配置了各种各样的多媒体设备，包括大型触摸屏，应用了全息投影和三维影像技术的贵金属展示台，既能供客户查看本地新闻、市场数据，以及银行产品和服务信息，又能通过用手臂在大屏幕上作出缩放或平移等动作，来浏览信息或参与金融游戏，还可以通过点击金属屏产品标签，感受可以全方位地旋转 360 度的带有产品信息的逼真的立体图像。

二是加强智能设备功能的开发。智能网点必备的设备是"远程视频柜员机或虚拟柜员机"，这种先进的服务模式利用网络视频技术，使得远程柜员可以在线为客户处理银行业务。顾客可以通过与银行的远程客服进行视频"面对面"沟通，完成银行卡申请、激活、账号信息更新、挂失等烦琐的业务，无须像过去一样只能前往网点柜台进行"面签"。尽管全球范围内，VTM 技术还处于探索阶段，但中国的银行已经率先采用这项技术。

2012 年 7 月，广发银行在北京金融街支行推出了全国首家 24 小时智能银行网点，以客户自助服务和远程客服代替传统柜台服务，通过技术创新来弥补实体网点的限制，分流柜台的业务增量，解决了"上班时间来不了银行，下班时间找不到银行"的困扰。随后，工商银行、建设银行、中国银行、农业银行、浦发银行、招商银行、平安银行等银行开始加强在"智能化"网点的布局。未来，VTM 的使用范围将比 ATM 更广泛，可放置在商场、超市、医院等场所，进一步拓宽了银行服务的半径（图 5-1-2）。

图 5-1-2　24 h 自助银行服务网点

随后，华夏银行在虚拟智能服务机具方面又有创新，试点投放大堂助理机器人服务客户。大堂助理机器人集成了语音识别、自然语言处理和智能交互等人工智能技术，并使用后端的智能知识库平台，建立了一个具有语义理解、知识学习、推理和表达等完整支持的智能支持系统。机器人通过人工训练和日常的工作积累，可以根据语音对话、肢体表达和屏幕交互等方式提供多种服务，如迎宾取号和咨询引导。

三是优化网点布局和业务流程，实现更高服务效率，创造良好的客户体验。例如，营业网点分为多个区域，可在每个区域内都安装智能预处理终端，这些终端能够识别客户身份并相应地引导他们前往相应的业务区域。此外，这些终端还具备排队功能。客户可通过智能叫号预处理机刷身份证，快速传输个人信息至柜员操作系统，省去了手写填单的烦琐过程。

（三）建设智慧银行

目前，国内银行在智能网点建设上已经进行了有益尝试，也取得了很大突破。但智慧银行不仅仅是智能自助设备的使用，智能网点是智慧银行的一部分，未来的智慧银行需要银行将硬件设备和软件系统建设与银行内部流程优化相结合，在全渠道、智能化基础上，实现银行与客户关系的优化，这是一项复杂的系统工程。智慧银行不是最近才出现的概念，早在二十几年前就有文章提到过，但科技的不断进步拓展了智慧银行的边界。我们今天所有有关未来银行的想象，都可能成为明天银行的发展蓝图。布莱特·金（Brett King）在《银行3.0》一书中写道，"银行将不只是一个'地方'，而是一种'行为'，客户需要的不是实体营业据点，而是银行的功能"。在智能化银行的建设进程中，智能技术的应用使得银行的服务成本降低的同时，效率不断提高，新技术对银行的影响被金博德分为了四个阶段：一是"互联网与社交媒介"，银行使用涉及媒体与客户交流，实现客户在网上银行办理业务；二是"屏幕和移动终端"无处不在，客户通过移动终端办理除了与现金无关的业务；三是"移动钱包"兴起，可以整合手机和银行卡的新产品出现；四是实体网点慢慢消失，银行仅在虚拟世界为客户提供服务。

要完善智慧银行，必须考虑到中后台的数据分析、风险管理、产品设计和投融资规划等。例如，要可以与客户进行沟通和互动，积极满足客户的业务需求；要可以应用人工智能系统对银行的决策系统进行塑造，使得银行的"智商"越来越高；要可以应用物联网和区块链等技术，构建智能化的生态系统，以实现智能金融服务的全面融合。为了提高服务效率、改善客户服务体验以及降低运营成本，我们需要不断优化银行的运营流程，并将手机银行、网上银行、电话银行、微信银行、智能网点以及多媒体终端等渠道巧妙地整合起来。鉴于此，我们需要引入智能识别和管理客户的技术，以便更好地为客户提供服务。

四、平台化

随着互联网企业成功地搭建电商平台和社交平台，"平台化"模式逐渐成为一种与传统商业模式不同的新型盈利模式。平台化是指一种商业模式，其中平台企业充当服务平台，为特定的双边或多边市场提供场所和服务，并从中获利。这种模式促进了不同群体之间的互动。比如，购物网站的双边群体包括消费者和网店，搜索引擎的三边群体包括网民、网站和广告商，视频网站的多边群体包括视频观众、内容提供商、广告商、自制视频用户等。在双边或多边市场中，存在着"网络效应"，当越来越多的人加入平台时，每个人都可以获得更多的利益，从而促进更多人参与，进而增加平台吸引力，形成一个网络叠加效应。平台化模式的特点可以协助平台企业有效地汇聚用户、增强用户黏性、积累数据资源，并交叉销售不同产品。因此，该模式为商业银行参与金融科技提供了重要的支持。

伴随着移动互联网和平板电脑、智能手机的快速普及，商业银行的网络建设已经开始从渠道建设转向平台构建。商业银行的"互联网＋金融"平台已成为一种业务开放、用户友好、流程简单、体验优良的开放式平台。它可以汇集信息、商品、资金、客户以及商机，以实现流程嵌入式融资、标准化网络信贷、大数据分析等时代感强烈的金融服务。商业银行不断更新和改善其网上银行客户端，并持续推出新的应用，如手机银行等。微信银行、微博银行等新渠道逐渐获得了客户的认可，客户体验不断改善。除了不断加强金融服务平台的创新和建设，适应互联网时代人们的社交生活向网络迁徙的特点，与金融服务相关性较低的生活缴费、预约挂号、电影票预订、航班订票值机等服务也成为银行增强客户黏性、拓展金融业务的突破口。此外，大型银行强势进入电子商务领域，推出电商平台和房屋中介平台，这些努力使得一个"金融＋生活＋商务"全方位的银行网络平台正在逐渐形成。

（一）电子商务平台

根据帕累托分布的"需求曲线"理论看，网络融资作为一种新型的小微企业融资渠道，具有极高的普惠性，并在积极发掘"长尾市场"中小企业的潜力方面发挥了重要作用。同时，其技术渗透力极强，为小微企业融资带来了新的发展机遇。目前，网络小贷已经为商业银行提供了成功的支持小微企业贷款的模式，成为商业银行在经营与服务模式上面临的重大挑战。网络小贷填补了商业银行在小额信贷方面的不足，迫使其引入网络技术，致力于解决小微企业在贷款和融资方面的问题，使其贷款更容易，融资更便宜。国内大型商业银行正逐渐借鉴电商小贷成功的经验，推出自己的电子商务平台，或对原有信用卡商城等进行升级改造。其主要目的是通过平台建设，将资金流、信息流、商流等数据资源沉淀和整合起来，以解决银行在客户交易数据、物流数据、社交数据等方面的不足，为提供融资、理财等金融服务提供电子商务平台支持。国内的主流银行电子商务平台基本上可以分为两大类型。

1. 大型多功能网上商城

能够独立建设大型网上商城的银行多为资本和技术实力雄厚的大型银行，如建设银行、工商银行、农业银行、交通银行、平安银行等。其中，建设银行是同行业内较早推出银行系网上商城的探索者，其创办动力来自同阿里合作的分道扬镳。2012年6月，建设银行推出了电子商务金融服务平台——"善融商务"，该平台以商务融资为核心，由建设银行充当商品批发、零售和房屋交易的平台，并据此为客户提供支付结算、资金托管、分期付款、贷款融资等金融服务。"善融商务"包含"个人商城"及"企业商城"两大平台和一个特殊板块，充分利用建设银行的客户资源和服务优势，为建设银行公司和个人客户提供商品供求对接的平台。"个人商城"是建设银行旗下的B2C平台，其采用的模式是通过加盟商家向消费者提供产品。在客户体验方面，有购物中心、商户中心和运营中心三大模块；在消费者方面，有查看浏览、搜索挑选、支付购买、订单管理；在企业展示方面，有前台商品展示、商铺管理、运营统计。此外，商城里也有针对个人的金融服务功能。"企业商城"是建设银行旗下的一个B2B平台，目前包括专业市场、对公融资和资金托管三个子板块。平台为电子商务的供应商和采购商提供了便利，使得商品发布、在线交易、供应链融资、批量采购、发布求购信息以及申请融资贷款等能够在网上完成。特殊板块则是作为建设银行的优势方向的房e通,该板块专注于住房贷款业务,是建设银行相较于其他银行系电商的特色业务,购房者可点开房源介绍并直接在网站上申请住房贷款。农业银行的电子商务平台则具有服务"三农"的特点,农业银行在其E商管家、E农管家的基础上,将农业银行、核心企业、专业市场、分销商、"三农"服务点和终端消费者连接起来,利用城市、农村机构网点的线下资源优势,强化对公客户服务,力求形成城乡联动、上下游联动、公私联动的商业生态体系。

与金融相结合是银行系电商的主要特点,以工商银行的融e购为例,用户选定商品后,可以选择"逸贷"(工商银行分期付款)方式支付,订单满100元的工商银行信用卡或借记卡用户都可以使用,最长可达36期的分期。虽然银行做电商最早不被人理解和看好,但从工商银行、建设银行的数据来看,凭借其广泛的客户基础和雄厚的资金实力,在较短时间内大银行旗下电商都取得了不菲的成绩。

2.由传统信用卡商城升级转化而来

规模相对较小的股份制银行更多采用信用卡商城升级的方式拓展电子商务,在信用卡栏目下除了传统的信用卡商城,还补充众多特色服务项目,如商旅服务、理财分期、额度提升等,但整个商城及其他服务都紧紧围绕着信用卡使用的各个环节。比如,招商银行一网通信用卡栏目下就包括信用卡申请、积分奖励、理财分期、商旅预定、网上商城等项目,其中"出行易"服务是为银行信用卡和一卡通持卡人推出的商旅预定平台,它不仅为银行和多家国内航空公司和酒店服务,而且为客户提供航班票务和酒店差旅预订服务。

(二)金融服务平台

银行金融服务平台应以客户为中心,融合银行产品和服务的线上、线下业务,完善服务程序,打造个性化、电商化的线上综合金融服务平台。目前,银行在整合金融服务平台方面还存在一定不足,如银行的直销银行、网上银行、手机银行和金融超市等出现产品和服务的交叉现象,容易给用户带来困扰,影响客户体验。当然,根据所服务的客户不同类型,银行可以定制金融服务平台的不同产品和功能。例如,个人客户和企业客户金融服务平台,在企业客户中,银行可能会进一步细分为小企业金融服务平台或同业金融服务平台等。而对于个人客户,银行可以将金融服务和电子商务服务相结合,着力打造手机银行和网上银行,并利用电商平台作为突破口，为客户提供各类金融产品和虚拟服务。银行的分期服务产品比起传统电商平台更全面，更广泛，价格限制更少。通过银行分期付款的方式近乎可以买到在网上商城内的所有产品，在商城中即便是百元左右的产品也能通过银行贷款购买。许多银行在网络购物平台中设置了"金融馆"或"金融超市"，内设多个金融子栏目，如基金、理财产品、贵金属、保险、外汇、个人贷款、期货等。例如，工商银行的"融e购"，除了类似其他网上商城有各类商品，还有各类金融产品，如理财产品、保险、贵金属投资、外汇和消费金融产品等，甚至还有商品众筹、住房按揭等产品。银行系电商在支付方式上的优势也十分明显。许多银行旗下电商平台都提供方便的支付方式，如通过银行卡在线支付来进行小额交易。在工行融e购商城，不仅可以使用传统的银行卡（借记卡和贷记卡）进行付款，还提供了五种特色的支付方式，包括积分支付、电子券支付、分期付款、工银e支付以及闪购支付。同时，包括浦发银行等在内的银行，还引入了团购、限时抢购、特定商品分期免手续费等流行的购物方式，为客户提供更优惠的价格。

银行金融服务平台的成功与银行能否搭建贴近生活的各种场景密不可分。商业银行在创新中，正在努力找准能够体现自身优势的"场景"。比如，中国银行将"海淘"这一场景与该行固有的跨境支付结算、融资业务优势相结合，推出中国银行跨境电商金融服务平台。此外，基于对"出行"场景的融合和深度嵌入，招商银行与滴滴出行、南京银行与优步达成战略合作，在移动支付、信用卡、汽车金融乃至积分等方面具备了新的内涵和竞争力。

（三）社交生活平台

随着社交App的广泛应用，网上社交平台逐渐变成人们平日生活中不可或缺的一部分。商业银行也认识到了这个趋势，开始着手在金融产品及服务和银行自建平台中引进社交网络应用和社交媒体，从而形成了银行、商户和个人客户的社交、生活和消费于一体的生态圈。通过把金融产品融入客户平时生活的常遇场景中，来提升个人客户和商户的黏性，同时促进银行物理网点转型和有条件网点对周边区域的针对性营销。一些银行在其手机银行App中嵌入联系人通讯录、聊天、留言等社交功能，试图搭建"金融＋社交"的平台。银行这种战略旨在打通生活、信息和金融服务的链条，获取商户和消费者的信息，并促进商品流、资金流和信息流的合一。银行通过贴近生活的多种场景（如买电影票、订飞机票、手机充值等）

来培养消费者使用银行手机 App 的习惯，并从中探寻提供金融产品和服务的机会，促进银行网点和业务转型升级，为积累大数据等提供基础。

例如，工商银行推出了融 e 联即时通信平台、中国银行推出了智能 E 社区、平安银行在橙 e 网熟人生意圈中打造全新的商务社交平台等，为客户生活服务的各种场景提供金融服务。很多银行都开通了微信银行，主要提供账户查询、信用卡服务、通知推送等基础信息服务。

以工商银行融 e 联为例，银行声称要将融 e 联打造成"银行与客户、银行内部、客户之间的实时信息交互、业务咨询、沟通分享的互动平台"，构筑社交化金融、交互式营销的金融服务新模式，并推出了 AA 收款、好友转账、服务号投票等一系列新功能。通过二维码、推荐码等方式开展精准和有效的社交化营销。

在金融科技机遇与挑战并存的背景下，银行通过整合"金融+生活+商务"三大平台、融合线上和线下、使金融服务融入人们生活的各个方面抓住发展的机遇。银行通过创建各种贴近生活的场景、建设各类平台，实现客户需求至上的服务理念，让客户在不同场景下获得特定的金融服务，将金融服务融入人们日常生活所涉及的衣食住行、娱乐和医疗等方面，并根据需求的变化不断进行调整，从而将终端用户场景需求与多样复杂的金融服务相匹配。

第二节　银行业面临的挑战与破局

一、银行业的发展困局

伴随着我国的经济发展以及金融体系的深化改革，中国银行业的整体格局发生了很大的变化，在国际上的重要性及影响力也大幅提升。与此同时，面对全球金融科技的快速发展，中国银行业也面临严峻的考验。

（一）市场变化

1. 抑制资产泡沫

目前，中国最有价值的资产只有股票和房产。股市从最低 2 000 点上升到了 3 000 多，经历了近 3 年。其实，虽然上市公司数量大增，但对于经济水平的提升并不高。因此，需要抑制的就只能是房地产了，房地产不仅仅影响银行的开发贷款是否能回收，更多的是影响具有较高消费能力的中产阶级的生活状况。房价如果陷入"升不敢升，降不敢降"的窘境，那么对银行来说就是"缺钱"，不仅缺存款，而且缺乏贷款。

2. 治理金融乱象

治理金融乱象，表面上看是防范风险，实际上是将风险提前暴露出来。银行人认为，外面的金融乱成一团，客户就可以放心回到银行了。可事实并不是这样，无论哪里出现了问题，整个行业都会受到牵连。

（二）风险激增

首先，在贷款方面出现不良率激增的现象。其次，近几年来银行各类案件频发，从几个亿到上百亿的票据案吸引了公众的视线。而视线之外，更多造成损失的、未造成损失的案件不计其数。

（三）竞争加剧

1. 机构的竞争

银行的竞争对手已经跨界，各种在线理财正在分割银行市场，在线理财的线下门店逐渐开到了银行的身边。

2. 人才的竞争

金融业的产品没有差异的时候，强调销售貌似就成了唯一的出路。可是销售又是入门门槛最低的行业，高学历员工被压在柜台，看不到前途的失望，与银行业绩形成一个鲜明的悖论。

（四）客户流失

1. 银行网点见不到客户

银行为了降低柜面压力，降低服务成本，大力推进线上银行。同时，互联网三方支付迅速占领市场，银行网点越来越见不到客户。再加上强监管时期，银行内部的业务流程复杂，业务效率极低，客户体验不断下降，导致银行网点的客户越来越少。

2. 大批存量客户处于休眠状态

除去支付，人们对银行的合理交互频度，应该是在每月 1 次以上，达不到这个标准，且 0 余额的都属于流失客户。但是对银行来说，只有约 1/6 的客户才能达标。

3. 场景隔离客户

互联网经济成了压死骆驼的最后一根稻草，在线服务、软件即服务的兴起，让银行业核心竞争力正在不断流失。

（五）利润下滑

近年来，与业务规模配套的资产规模不断提升，但资产利润水平却在不断下降。

二、传统银行业的破局

自 2017 年起，许多商业银行开始积极与科技公司、电商企业开展合作，以更好地适应市场需求。越来越多的中国银行业机构将金融科技视为发展的重中之重和转型方向。金融科技在合作中的主要任务是为传统银行提供低成本、高效率的基础设施，并借助技术创新提升银行机构的风险管理和资产配置能力，从而提高交易效率并降低成本。根据当前发展趋势，银行将借助互联网、大数据、人工智能、区块链等技术的应用，实现更加便捷、普及化、高效、安全的服务。这也是金融科技给银行带来的重要提升领域。

（一）运用金融科技发展新业务，探索新产品

随着金融科技的不断进步，银行要提高竞争力，必须加强其中间业务的发展。此外，银行还可以运用金融科技，拓展银行信贷、债、股、衍生品及大宗商品市场，全方位了解大型企业客户的金融需求，为其提供包括投资并购、财务咨询、短期融资证券以及中期票据发行等一系列的金融服务。银行应该积极与信托投资机构、保险资金管理机构、券商资产管理等金融机构展开合作，依托金融科技实现跨机构合作，为客户提供丰富多彩的金融服务。

（二）利用大数据提供更精准的服务

在信贷产品评估中，准入、授信以及定价是非常核心的要素，而数据是信贷评估体系的基础。通过大数据技术，可以将非传统的信用数据与传统征信系统结合，为那些没有被传统征信系统记录的人群提供重要的信用评估来源，从而扩展信用数据的边界。因此，银行应推进海量数据存储、分析、挖掘等关键技术攻关，利用大数据更加科学地评估供需双方的信用和风险，实现对贷款对象的信用评定。同时，根据客户数据信息可以进一步细分客户群，进行针对性的营销。

（三）利用创新技术打造"智能化"银行

银行应该积极运用智能技术，在下面4个方面：①实现网点轻量化、智能化，在应用智能设备的同时，让服务更加便捷高效。这样，金融科技就能给客户带来更为简单、快捷的服务。②采用安装有智能预处理终端和手机App的机器人引导和分流客户，优化大堂经理职能，从而实现用户预填单和预约排队，进一步解决商业银行客户排队和服务空间不足的问题。③采用智能图谱，通过不断收集外部和内部数据并进行分析，及时了解风险和消费习惯，提高反欺诈和信用风控模型的准确性。④采用人工智能客服，利用影像识别、电子签名等自助工具，帮助客户快速完成业务办理。同时，开发适合人工智能客服的程序，以便实现基本的业务功能，如信息查询、还款、转账等。

（四）利用区块链技术实现交易信息透明化

区块链技术的优势包括去中心化、极高的可靠性、降低成本、提高数据质量和确保信息不被篡改，可用于打造透明可信的信息系统。

银行可以运用区块链技术对征信信用算法进行升级，从而提升检测和识别异常交易的效率。同样，通过改变征信数据的应用方式，可以提高审批机构在数据获取和审批过程中的效率。在资产管理领域中，传统的资产管理方式需要依靠第三方机构来确认和管理实物资产和无形资产，这可能导致资产权益信息的不完整或不准确等问题，给资产管理带来很大的挑战。如果区块链技术得到发展并与物联网技术相互结合，则有可能实现在线签订托管合同、按照投资监管指标自动运行、对托管资产进行控制和智能跟踪等功能。因为中小企业贷款时面临着信息不对称、信贷政策和缺乏抵押物等困境，所以很难获得银行贷款。区块链采用去中心化的方式，将全部数据聚合到一个统一的平台上，并将所有信息整合在一起，形成一个独立的信息网络，不受任何个人或组织的控制。在金融科技的潮流下，金融机构和客户、客户和客户之间的信息交流将更加频繁，而传统银行正在积极探索寻找新的盈利增长机会。银行具备的声誉、品牌、网络和资金规模强劲的地位，若能积极利用金融科技所具备的大数据、人工智能和云计算等优势，将有助于双方合作发展。

第三节 银行业的未来发展趋势

在中国银行业改革初期，由于市场不完善，市场机制不能有效发挥作用，银行追求自身利益的动力不强，改革主要是强制性的，由国家自上而下实施。随着改革的深入，特别是进入 21 世纪以来，社会主义市场经济体制逐步建立和完善，银行追求自身利益的动力越来越强，当它们面临新的获利机会时，就有可能自发倡导、组织和实行能够捕获获利机会的新制度，形成诱致性制度变迁。诱致性制度变迁的存在意味着银行业的发展变化具有内生性，在一定程度上是不以人的意志为转移的，因此探讨中国银行业未来的发展趋势，无疑对未来银行业改革的顺利实施有着较为重要的指导意义。

在金融全球化的背景下，深受 WTO 影响的中国银行业必将以更快的速度融入国际金融业之中，其发展受金融业世界潮流的影响会越来越大。不言而喻，世界金融业的发展是多侧面、多角度的，显示出纷繁复杂、丰富多彩的景象，因而中国银行业未来的发展也是多侧面、多角度的。但不管其发展的内容如何丰富，每一个内容的发展过程又如何曲折，它们都不是相互割裂、互不联系的，相反，它们关系紧密，是中国银行业这一整体的不同侧面的发展。分析这些不同侧面未来发展的具体情况，能使它们之间更为协调，从而保证现代化银行体系这一总体目标的最终实现（图 5-3-1）。

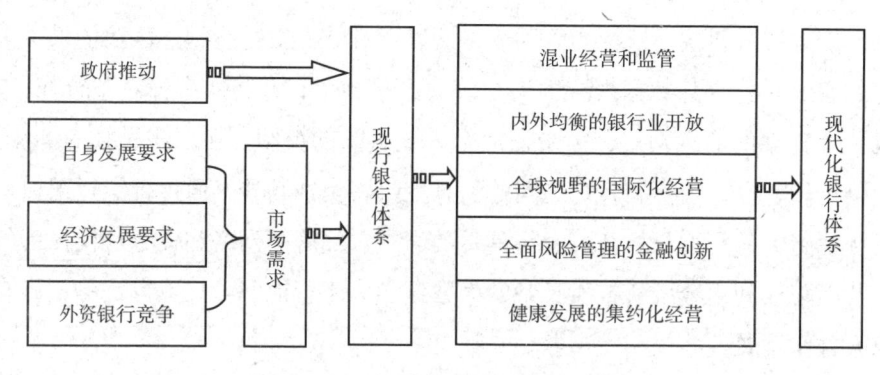

图 5-3-1　中国银行业发展的未来趋势

一、混业经营和监管的发展模式

目前，在金融业方面，尽管世界上大部分国家实行的是混业经营和监管，但中国实行的仍是分业经营和监管。然而，混业经营和监管已成为金融业发展的趋势。并且，随着几十年的改革开放，中国经济与世界经济已深度融合，成为国际金融业不可缺少的一部分。因此，国际金融业越来越倾向于混业经营和监管，这对中国产生了重要影响。如何应对这一趋势，已成为一个迫切的挑战。

（一）混业经营是中国银行业发展的必然趋势

20世纪80年代，金融创新连续涌现，使得各金融机构之间的业务范畴变得模糊不清。为此，发达国家逐渐放弃过去的分业经营模式，转向混业经营。商业银行在混业经营模式下可以开展投资银行和证券业务，并可以将贷款资金用于股市投资；同时，可将银行、证券、保险及信托业务整合于一个金融机构中，实现多元化经营。混业经营成为全球金融业发展的必然趋势，绝不是一种偶然或巧合，而是一个民族国家的理性选择，因为组建一个集银行、证券、保险等业务于一体的大型综合性金融服务集团，可以增强企业在未来国际金融市场中的竞争力。一方面，商业银行为面对越来越激烈的全球竞争，不断扩展业务范围和探寻新的利润增长点。以多种经营形式实现混业经营，从而形成规模效益和范围效益，减少了成本，并且实现了技术和客户资源共享，为客户提供多样化的金融产品和服务，以满足客户不同的金融服务需求。随着金融市场风险的不断加剧，金融危机的频率也逐渐增加。因此，采用多元化、跨区域经营的策略可以有效地降低风险。另外，全能银行可专注于风险和资产负债管理，这有助于提高全面的抗风险能力，从而增强业务的稳定性。另一方面，技术革新和金融创新也推动了金融混业的发展趋势。新技术革命，尤其是计算机和互联网的普及，显著降低了金融数据处理和信息传播的成本，极大地提高了金融管理技术和信息传达的效率，从而强化了金融机构拓展业务的能力。随着金融衍生品不断推陈出新，并且证券化趋势逐渐增强，商业银行和投资银行都在竞相开拓业务，即相互竞争的同时也在相互合作。面对全球化大趋势，各国金融监管部门感受到了国际竞争的压力，因而加强了监管的外部监督工作，并减少了监管管制。由于金融监管经验日渐丰富且与国际金融监管合作不断扩大，监管者已逐渐转向同时重视效率与安全性的监管理念，并逐步完善监管机制，因此许多机构的业务范围得到了一定程度的放宽。

当前中国采用银行、证券、信托和保险等行业分业经营的基本原则，就管理结构而言，中国证券监督管理委员会、保险监督管理委员会和银行监督管理委员会组成了中国分业经营的监管体系。这是因为在金融市场的发展和监管体系尚未完善的情况下，中国需要通过宏观金融政策与市场稳健发展的内在需求相结合来达成目标，这是目前比较现实的做法。尽管分业经营在整顿金融秩序、降低系统性金融风险、提高金融机构专业化经营管理水平等方面具有积极影响，然而随着市场经济的发展，还是出现了一些新的问题和矛盾。金融领域的三大分支之间相互隔离，可能妨碍货币、资本和保险市场之间的联动和协调发展，从而影响金融资源配置的效率。商业银行的业务被限制在一个狭窄的范围内，没有足够的措施来获取较高的利润，不能及时对市场变化作出灵活的反应及适应市场和客户多样化的需求，降低了商业银行的盈利能力。特别是2006年中国金融市场全面开放，大批外资银行、保险公司、证券公司进军中国，抢占市场份额，给实行分业经营的中资银行带来极大的挑战。在全球竞争中，金融业的规模和业务范围对于成功至关重要。不同于众多WTO成员经济体的金融混业经营制度，中资银行采用的分业模式存在着制度性的差异。这种差异可能导致中国商业银行在竞争中陷于劣势，难以与国际大型金融控股集团有效抗衡。

与此同时，中国银行业已经具备了实施混业经营所需的基本条件。国际经验表明，混业经营制度必须具备以下前提条件：银行必须拥有完善的内控约束机制和较强的风险意识、法律框架应该完备、金融监管机构应该有效监管。中国在最近几年的金融改革中,成功推动了现代商业银行、现代金融体系以及现代金融制度,并取得显著的进展。例如,商业银行不断加强内控机制的建设,建立和完善资产负债比例管理制度、贷款审贷分离和贷款抵押担保制度,以及信贷资产质量管理责任制等。银行的经营行为也得到进一步规范,正在向着资本充足、内控严密、营运安全、服务和效益良好的金融企业的目标迈进。同时,证券市场也逐步进入法治化规范发展阶段。中国的金融监管能力在不断提高。

由上可知,顺应国际金融改革的趋势,着手进行业务自由化改革,由分业经营走向混业经营,是中国市场经济发展的内在要求,也是加入WTO后中国银行业参与国际竞争的必然结果。

(二)混业经营下的混业监管

通过扩大业务规模和范围,商业银行获得了规模经济和范围经济的好处,竞争力大为增强。但是,混业经营的商业银行机构庞大、产品众多、关系复杂,其间也蕴藏着巨大的风险,给银行监管带来了一定的挑战。混业经营的金融集团为了实现协同效应、降低经营成本、增加利润,必然进行一系列的内部交易。由此产生风险传播、信息不完全、利益冲突等大量的内部交易问题,也可能滋生新的金融风险。混业经营改变了原有行业之间风险相对隔离的情况,使风险可能在金融业内相互传递,原分业经营条件下自然、严格的"防火墙"机制在混业经营的趋势中已经逐渐失去效力,而新的金融集团内部交易"防火墙"制度尚未充分建立。[①]如果缺乏有效监管,不同金融风险之间可能会相互传递,导致中国金融行业的稳定运作受到影响,甚至可能引发金融危机,对国家经济发展构成威胁。

在金融混业发展的潮流下,继续用分业监管的方法对混业经营机构进行监管已不能满足要求。混业经营和分业监管同时存在,使得专业监管机构会遇到了一些问题,如受到监管范围限制,因此可能会出现部门利益冲突。这些冲突可能导致跨行业金融产品的监管权力被争夺或者相互推诿,由此产生"监管真空"和重复监管现象。因此,仅凭各专业监管机构的自愿协调难以对众多涉及不同行业的金融产品实施有效监管。这表明分业监管模式已不再适应金融创新步伐,无法有效地防范在混业经营条件下,金融风险在不同行业间传播所带来的风险。随着时

---

① 阎庆民.中国银行业监管问题研究[M].北京:中国金融出版社,2002.

间的推移，对于分业监管模式上述的不足之处，金融和学术界都开始呼吁改革金融监管组织结构，并提出了将银行、证券、保险监管机构合并成一个整合机构的倡议。

在混业经营的金融行业中，混业监管已是主要趋势。混业监管是指通过一个集中的金融监管机构对所有金融机构进行监管，不再单独设置专业监管机构来监管银行、证券、保险等金融行业。这种方式对监管机构和综合经营金融机构都有许多优势。一旦金融监管机构权力合一，机构将成为金融体系监管的全部责任方。这种职责的明确性和稳定性无可置疑，可以更好地把握金融风险的整体情况。此外，相较于独立的专业监管机构而言，单一监管机构能够实现经济规模和效率的提升，因为它具有更高的一致性和协调性。通过监管信息共享，单一监管机构能够更有效地集中利用监管技术和资源，从而有效地避免金融风险。此外，单一监管机构还可以防止多个监管机构之间出现的公平竞争、不一致等问题。而对混业经营金融机构来说，单一监管机构也可以避免多头监管、降低成本。混业经营下的业务统一客观上要求银行、证券、保险监管机构集中统一，这是各国宏观金融监管水平提高以后的结果，也是真正混业经营下实现有效监管的必然要求。

二、内外均衡的银行业开放格局

本书提到的中国银行业开放有两方面的含义。一个方面是银行业对外开放，允许外国资本进入；另一方面是指银行业向国内民营资本开放，以实现内部开放。

从1979年起，随着日本输出入银行在北京设立代表处，中国银行业逐渐开始向外界开放，至今已有几十年的历史。在过去的几十年里，外资银行的机构已从代表处逐渐演变为分支机构，进而转变为合资银行和独资银行；经营地也从海岸线扩展到内陆地区；而经营的业务也实现了从外币到本币的转换，从批发到零售的转换。外国资本银行已经广泛渗透到中国银行业的各个领域，成为不可或缺的组成部分，对中国银行业的发展作出一定的贡献。中国银行在引进新的经营理念方面取得了不错的成果，这不仅促进了银行体制的改革与完善，而且带来了一系列新的管理方法。这些措施加速了中国金融服务市场的建设步伐，为国民经济的发展注入了强劲的动力。特别是，在中国银行业最近的产权改革中，外国资本扮演了重要角色。中国商业银行在加入WTO后，与国际先进银行相比存在竞争劣势。为了消除中国银行业实现科学发展方面的体制机制障碍，缩小与国外同行的差距，并加强银行业对外开放，我们实现了从单一的外资金融机构准入战略向引进管理、技术、人才和合作的重要转变。从结果来看，目前已经引进外资战略投资者的中资银行，其资产质量均得到了显著提升。

中国银行业的对外开放，使得外资银行逐步获得了在中国经营银行业务的权利。实际上，外资银行通过 WTO 协议条款，已经获得了超过中国民间资本待遇的"超国民待遇"。因为中国有资质的、符合银行业准入标准的民间资本，尚未获得在所有地域设立银行机构及其分支机构的权利。[1] 故而，就中国银行业改革发展而言，在积极推进对外开放的同时，恰当地促进对内开放，具有非常重大的意义。

其一，对内开放有利于优化中国金融结构，完善金融体系。长期以来，金融资源过于集中一直是中国金融市场十分突出的结构性矛盾。近年来，虽然四大国有商业银行的资产和贷款占全部银行资产和贷款的比例有所下降，但仍然居高不下，处于垄断地位。造成这种情况的一个原因在于，1998 年以来四大国有商业银行撤并了 3.1 万个县级机构及网点后，金融机构进入县域的机制却迟迟没有建立起来，形成县域金融市场的金融服务相对真空的状态。为了让中国银行业改变"非国有即外资"的现状并逐渐消除在区域布局和服务提供方面的城乡差异，同时不断推进开放，我们需要适度加快对内开放的脚步，逐步取消银行业对民间资本的歧视性规定和不合理的准入障碍。

其二，内部开放可以促进金融市场竞争，推动国有商业银行改革的进程。中国银行业的竞争环境现状备受关注，有人指出除了 4 家国有独资商业银行，还有 13 家股份制商业银行、113 家城市商业银行以及城乡信用社遍布全国，机构数量颇多，形成适度竞争的格局。然而，在中国的特殊国情下，我们无法以金融机构数量作为衡量金融市场竞争度的理想指标。这是因为中资银行机构存在极强的"同质性"，即使是城市商业银行和城乡信用社也都带有国有性质和强烈的"官办"色彩。如果不打开金融市场，加入各种不同的产权主体，那么这种国有产权垄断的金融体系内部是无法产生真正的市场竞争的。只有实现真正的市场竞争环境，

---

[1] 时旭辉.我国银行业的对内开放：战略意义与路径选择[J].改革与战略，2005（2）：114-116.

才能促进金融市场的发展。根据现代公司管理理论，市场竞争的作用并不仅仅是通过竞争机制来推动企业不断创新，它还能减少委托方和代理方之间信息不对称的问题，进而通过对公司治理结构优劣的"自然甄别"效应，促进企业不断进行改革和创新。

其三，对内开放对于解决中小型企业面临融资难题非常有帮助。在中国国民经济中，中小企业的作用日益凸显。虽然中小企业作出巨大的贡献，但它们所获得的资源却十分有限。同时，虽然中小企业在快速增长，但专门服务于这些企业的地方中小型金融机构的发展却遭遇了严重的滞缓。中国国民经济的继续发展将直接取决于是否能够有效地改变这种状况。在此情况下，适度推进中国银行业的内部开放，可以有效地填补国有金融领域的市场空白，为广大中小企业提供快捷的融资渠道。

其四，内部开放有助于规范和调控民间信用组织和地下金融活动。民间信用是指民间主体之间自发建立的商业借贷行为和互信关系，这些行为和关系并非受正规金融体系的约束。在中国，由于长期缺乏金融资源供应，因此各种民间信用组织具备深厚的经济基础和强大的生存能力。然而，由于中国的金融监管实践和理论相对滞后，再加上一些民间信用机构存在道德和流动性风险等问题，大多数民间金融组织及其活动都被视为非法集资和干扰金融秩序的行为，因此被金融管理部门以行政手段关闭和整顿。实际上，如果能够运用"堵""疏"结合的原则对各类民间信用活动进行分类管理，并在有条件的情况下对内开放，那么就可以有效地将地下金融活动"托"出地面，为中国金融市场的有效监管和规范发展作出积极的贡献。

其五，民营资本进入银行业后，能提高国有资本和外国资本的效率。[1]当前，中国现有银行特别是国有银行产权改革的一个显著特色是引进国外战略投资者，然而，战略投资者并非指代外国投资者，更加不应视为外资银行。相反地，战略投资者可以采用国内资本的形式，而不仅限于外资银行或外国资本。国内引入资本的举措既可有效平衡国有股权，还可避免外资接管国内银行业。如果公司的治理结构能够达到国有股权、外资股权和国内非国有股权的平衡，那么外资银行就会更愿意并且更有能力去改变所参股的国内商业银行的经营状况。当然，我们可

---

[1] 黄树青.国有银行产权改革与效率：国外经验研究及启示[J].财经科学，2006（6）：9-15.

以采用"抓紧股权、放手管理权给外资"的方式,这种做法既发挥了外资银行的积极作用,又充分考虑到了国内资本缺乏管理银行的经验,非国有资本刚刚进入国内银行的情况。

事实上,目前中国已经基本具备了银行业对内部开放的客观条件:民营资本的规模十分庞大,已经具备了进入银行业投资或持股的财力实力;由民营经济孵化而生的民间金融领域,经过长时间的资本积累和实践,已经构建了一套灵活高效、风险管控严密的经营机制。一些民间金融机构已经在经营规模和绩效方面远远超越了当地正规金融机构;由于长时间的信用合作关系,民间金融体系与中小企业之间构建了一种可靠的信任关系和协作网络。这种自我调节的信任关系可以在一定规模和特定区域内提供比正规金融体系更为优质的信息服务;国有银行和各类民间金融机构之间相互补充,而非相互取代,在促进区域经济发展和支持民营企业获得融资方面发挥协同作用。

目前来看,中国在长期政策方面,特别是在金融业方面,更倾向于向外资开放并提供优惠政策。根据前文的分析,可以得出结论:中国银行业的发展受到外资和内资企业的巨大推动。因此,中国银行业既要对外开放,也要对内开放。人们现阶段对民营资本的误解和人为的阻拦,并不能让其进入银行业的步伐停下来。相反,民营资本必将在银行业得到大的发展,使中国银行业形成一个内外协调的开放格局。

三、全球视野的国际化经营战略

当前,中国连年出现巨额的经常项目和资本项目双顺差,外汇储备急剧增加,中国已成为世界上外汇储备最多的国家。与此同时,外国与中国的贸易摩擦日益增加。

为了维持和继续增加中国商品在世界市场上的份额,并解决中国外汇储备过多的问题,中国政府鼓励企业实施国际化战略,到国外投资设厂。1997年9月,党的十五大报告中首次强调了鼓励中国企业利用其比较优势,在海外展开投资,以更好地利用国内和海外市场及资源的战略方针,正式宣布"走出去"发展战略的实施。"走出去"战略,在2001年被纳入"十五"计划纲要,成为一项重要建议。在党的十六大报告中,明确提出了要实行"走出去"战略,以此作为外向型经济发展的一项重大举措。依照这一措施，鼓励并支持拥有相对优势的各类企业进行海外投资，带动相关商品和服务的输出，进而建立一批具有实力的跨国企业和知名品牌。这些企业以更广泛的领域和更高水平的方式参与到国际经济技术合作和竞争中。

在理论上，"走出去"战略也称为国际化经营战略，可以分为两个主要方面：一方面是商品输出，指的是将货物、服务、技术、管理等商品和要素输出到其他国家，主要包括货物贸易、服务贸易、技术贸易以及承包劳务等。另一方面是资本输出，它指的是通过直接投资在海外开设工厂或店铺等形式进行的对外直接投资活动。在规模经济和不完全竞争的市场结构下，政府在促进"走出去"战略的实施中要发挥重要作用，而其中的重要一环是通过金融机构为企业"走出去"提供信贷、保险、担保、信息服务等方面的帮助。但是，以往的经验表明，中国企业在海外拓展业务时，由于遭遇金融语言、金融工具不通等难题，因此中国企业与对方国家难以接轨，项目难以实现或运作不畅。在面对这种情况时，最需要改善的是金融机构的衔接机制。如果金融机构能够先与合作方建立联系，再与我们的企业建立联系，成功的机会就会更大。因此，要促进中国企业"走出去"，中国金融机构就要先行一步"走出去"，实施国际化经营战略。

银行国际化经营指的是利用在海外大规模建立的分支机构或代理关系，构成全球性的服务网络，以开展国际化金融服务，并以资本国际化为主要特征。详细来说，国际化银行主要从事在全球市场的业务活动，在服务网络方面覆盖范围广泛，服务的对象主要是进出口公司和跨国公司。其金融产品采用高度标准化和市场化策略，并按照国际通行规则进行金融合作和竞争。20世纪以来，银行国际化已成为一个主流发展趋势。跨国银行业的飞速发展不仅是国际借贷资本运动的重要表现形式和大势所趋，还是经济国际化程度的衡量尺度之一。中国银行业正处在经济和改革的重要时间点上，稳步推进跨国经营和建设、发展国际水平的跨国银行是目前理论和实践研究课题的当务之急，这也是国际经济、金融一体化的潮流，尤其是中国银行对外开放以来，外资银行对国内银行市场造成一定的冲击，中资银行应紧抓要点积极开拓国外空间，提升跨国经营实力。采取全球视野的国际化经营战略，以提高其综合竞争能力，应对当前的挑战。

四、健康发展的集约化经营之路

银行粗放式经营主要通过总量或数量的扩张来实现发展，而集约化经营则是一种相反的经营方式。简单地聚集并不等同于经营集约化，现代意义下的银行集约化经营是一种注重内涵式发展的经营模式，它通过提高资源的集中度、采用科学管理和最新技术、提高资源使用效率来实现。经营方式的集约与粗放的本质区别是具有不同的内涵，即在经营实践中是否始终坚持以效益为中心，注重内在经营要素的优化配置和科学利用。

银行的集约化经营包含两个主要方面：一方面是有效地利用经营要素，另一方面是建立高效的经营管理机制来推动经营要素的运作。具体来说，需要关注以下九点。一是资产集约，也就是提高资产质量和业务结构的优化，这是核心问题。二是负债集约，即通过合理的成本来吸收资金。三是中间业务集约，强调提升中间业务效益和降低风险，并以此为重点逐步实现这两个发展目标。四是业务组合集约，主要是指银行致力于提高其服务的品质和金融产品的附加值，以此增加非利息收入占总利润的比例，改善其收益结构，从而提高盈利水平。此举体现在银行构建综合性、多功能的业务体系上，具体而言，银行改造传统业务形式，实行组合式销售，使其传统业务种类得到新的发展内涵。五是机构网点集约，即以市场为导向，并以效益为原则对人工网点和自助网点进行重新调整，以适当规模为基础开展经营管理活动。六是成本集约，要全面计算成本形成的各项费用，并对其进行严格监控和管理，及时修正偏差，确保实现成本目标。七是技术集约，其主要目的在于利用现代信息技术，提升银行服务的便捷性和速度，同时实现现代化管理方法。八是人才集约，注重激发员工内在动力，采用最佳机构、协调部门、促进人才流动和员工岗位培训等管理方式，推行岗位招聘、目标管理、科学评估和绩效工资等政策，同时努力实现减少员工数量、提高工作效率的目标。九是运行机制集约，主要涉及建立科学的决策机制、实行完善的银行经营责任制、协调总部分支机构之间的关系，以及处理好现有业务和新业务之间的关系等方面。

银行再造与集约化经营有着紧密的联系。它是指银行通过充分利用信息技术和外部专业化组织，以重新设计流程系统为核心，实现显著降低成本基础和提升活动价值的转型活动。[①]重新设计银行的各级系统流程,是实现银行稳定的内涵特质的方式之一。

中国银行业采取集约化经营理念,该理念所包含的具体策略内容涵盖银行内部的各个方面,包括组织结构、资产结构、产品结构、人力资源和财务制度等。银行再造是一种管理技术,是以流程为中心,涉及组织、技术与人,其范畴仍比中国银行业的集约化经营要小得多。可以这么说,从内容上来看,集约化经营包括了银行再造。但是,从力度上来说,银行再造代表的是一种强集约型理念,其初衷是要在正常的企业化经营水平之上进行突破,追求更高的运作效率,可以说银行再造的目的是要实现强集约化经营。

银行再造的核心是业务流程,应用信息技术全面革新业务流程,突破当前银行仅将信息技术用于基本文本、数据、图表处理的层面,以搭建有综合性效益的业务流程系统为宗旨,充分发挥其无限巨大的潜能,创造全新的作业程序,从而达到真正科学的集约化。银行进行再造时,不仅注重成本结构系统,而且通过引入作业成本系统来增强竞争力。这一做法超越了传统成本系统的限制,有助于推动银行的利润和绩效。

在改革开放初期,中国的商业银行实行粗放式经营,中国银行业改革的主要着力点是在国有银行以外大力发展非国有商业银行,包括发展股份制的区域性商业银行,组建股份制的全国综合商业银行,引进外资银行以及兴办中外合资银行。这种侧重银行机构数量扩张的改革模式有助于中国现代商业银行制度的构建和新型银行体系的建立,可以在一定程度上推动国有商业银行经营机制的转变和银行竞争的形成。但是,这种改革模式没有直接触动国有商业银行,在不直接进行国有商业银行改革的情况下,发展起来的非国有商业银行很有可能被异化为另一种形式的国有银行。因此,当时的中国银行业资源利用率低,效率低下。

20世纪90年代,中国提出银行要向集约化经营转型。从那时起,中国银行业资源利用效率有了较为明显的提高。而随着中国正式成为WTO成员并逐步放开市场,我国推行了重要的国有商业银行改革措施。2003年10月,党的十六届三中全会通过《中共中央关于完善社会主义市场经济体制若干问题的决定》提出,

---

[①] 田晓军.银行再造与集约化经营:中外银行经营转型的比较与借鉴[J].国际金融研究,2003(2):37-43.

要使国有商业银行"成为资本充足、内控严密、运营安全、服务和效益良好的现代金融企业""实行股份制改造，加快处置不良资产，充实资本金，创造条件上市"[①]。2005—2006年，三大国有银行的成功上市，实现了银行产权多元化，为进一步提升集约化经营水平提供了契机，标志着中国银行业改革取得了巨大成功，开启了中国银行业集约化经营的新时代。2007年上半年，三大上市国有银行以其良好的经营业绩继续着国有银行改革的辉煌。然而，以质量提升为特点的此轮银行改革远未结束，中国农业银行的改革尚未完成，政策性银行的改革需要加快，农村信用社等金融机构的改革更加需要进一步深化。

五、全面风险管理下的金融创新

20世纪60年代以来，随着全球经济的不断发展和金融行业国际化、自由化的不断推进，金融创新的浪潮不断涌现，势头不断增强。中国的金融行业以银行业为主，而银行业在创新方面已取得了很多成果。金融创新对银行业的发展起到了巨大的促进作用，可以说，中国银行业发展的历史，就是一部金融创新的发展史。但是，美国的次贷危机引起了巨大的金融危机，其中金融创新工具成为该危机的传导线，这也就给我国银行业中的金融创新提出了全面风险防范的预警。

（一）金融创新对银行业发展的积极作用

改革开放以来，中国银行业进行了一系列的金融创新，包括银行业制度与组织体系创新、银行业金融产品与服务创新、管理方式与管理理念创新和银行业金融技术创新。金融创新极大地促进了中国银行业的发展，这主要表现在以下四个方面。

第一，增加了银行机构。从设立国有专业银行和引进外资银行到成立股份制银行、农村信用社、城市信用社、政策性银行，再到对中资银行机构进行产权改革和上市，中国已经初步形成以国有控股银行为主体的多层次银行体系。

第二，增强了银行业的盈利能力。金融创新进一步提升了银行的资金运用和筹资能力，从而帮助银行扩大资产业务规模、增加经营收入并提高盈利能力。新

[①] 王焕梅.社会主义经济体制改革理论的新突破——读《中共中央关于完善社会市场经济体制若干问题的决定》[J].石家庄经济学院学报，2004（4）：424-427.

的金融服务和表外业务是金融创新带来的重要收益来源,成为新的盈利增长点,如2000年以来中国银行业中间业务迅速发展、银行利润的重要来源。到现在,中资银行盈利能力已经大为提高,如美国《财富》杂志公布的2008年世界500强企业中,中国工商银行以年纯利逾106亿美元蝉联亚洲银行盈利之冠。分析师还测算,只要维持平稳增长,工商银行很可能在不久的将来成为全球盈利最多的银行。

第三,金融创新使得银行公司治理更加完善,如近年来中国商业银行在许多创新措施的实施下得到了很大的升级,包括政府注资、股份制改造、引入外资战略投资者、上市等。主要体现在以下三个方面,一是中央汇金公司以及其他代表中央政府的部门(财政部、社保理事会)的股权介入,初步形成国有股权多元化结构,所有权的模糊问题开始逐步清晰。二是股份制改造和上市,这不仅募集了资金、提高了银行的资本充足率,更重要的是通过股份制改造和上市,使得银行的公司治理逐步完善。三是外资战略投资者的介入,不仅增强了中资银行的资本实力、改变了中资银行单一的股权结构,而且在一定程度上促进了中资银行公司治理水平的提高,并努力提升自己的风险管理水平和自主创新能力。

第四,金融创新极大地改善了中国银行业的资产质量。一方面,政府作为国有银行的所有者,主动出击,对国有银行进行注资。另一方面,政府作为银行业管理者,通过各种政策措施促进现有银行机构的改革,使之不断完善内部治理结构,建立起现代企业制度,成为真正的商业银行,提高了抗风险能力。这两方面措施结合起来,使得银行业的不良资产率迅速下降,资本充足率显著提高。

(二)金融创新风险与全面风险管理

金融创新在促进银行业发展的同时,也会带来新的金融风险。在金融创新过程中,创新提供方可能无法成功实现创新措施,或创新回报可能会受到损失,这就是金融创新的风险。它包含两个部分,一是在金融创新设计过程中可能存在的各种风险;二是风险存在于金融创新的实施过程中。具体而言,金融创新可能会带来创新决策分析、技术风险、组织风险、市场营销风险以及法律风险等方面的风险。随着金融创新的不断推进,金融风险不可避免地出现。由于金融创新已经在银行机构各个层面得到广泛应用,因此我们需要采取全面的风险管理措施来保障银行业的安全稳健。换句话说,要把整个银行作为一个整体来管理,把信用风险、市场风险、操作风险和政策风险等不同类型的风险，各种不同客户，不同性质的业务，以及来自不同国家和地区的风险都集合在一个综合的风险管理框架中。同时要把所有承担这些风险的业务部门纳入一个统一的管理系统中，依照标准进行测量和总结各种风险，并根据业务的相互关系来控制和管理风险。在中国，银行业一直在不断进行金融创新，引入许多新的金融产品、融资方式、支付方式以及管理方式等。

当然，金融创新存在一些潜在风险，而对于这些风险的量化和评估是十分困难的。金融创新如同一把"双面剑"，它在促进经济发展方面发挥了重要作用，但同时也会导致经济出现一些不利反应。例如，中国银行业曾经过度追求金融创新而怠慢风险管理，导致大量金融风险积累。许多银行机构因此承载着高比例的不良资产，遭遇经营困难，甚至岌岌可危。"美国次贷危机"是忽视金融创新中潜在风险的最典型案例。在美国的金融市场中，次级抵押贷款是一种金融创新产品，专门为那些信用分数低于 620 分、无法提供收入证明、有较高债务负担的借款人提供房屋贷款。这种产品在过去几年里因其能够解决更多人住房问题的优势而备受市场欢迎。但是，这个产品连同它的证券化衍生工具——次级债，却成为一个世界级危机的导火索和助推器，这导致了金融市场的动荡和投资者的惶恐。这种趋势给我国银行业的发展以鲜明的警示，值得深思。

美国次级抵押贷款危机的直接成因可以归结为利率上升刺破房地产价格泡沫，房价下跌，抵押品价值急剧下滑，高风险贷款规模持续膨胀，最终导致了危机的爆发。然而，这次危机的深刻根源在于次级抵押贷款这种金融创新产品在设计上忽略了风险并存在着缺陷。为刺激抵押贷款运行，房地产金融机构将其放贷的款项打包出售给特殊目的实体 SPE（Special Purpose Entity）进行风险隔离。这种情况下，发起者的利益与放贷数量呈正比例关系，存在道德风险，并可能降低对借款者的信用要求。有的发起者在 2005—2006 年推出一种放贷产品，即无须首付、无须进行资产调查，只用声明自己的收入情况即可获得贷款。然而，其他监管机构未能有效监管该市场，从而导致市场风险不断积累。此外，许多投资者过度乐观地预计房价将继续上涨，即使他们的可支配收入不能够承担房贷，也认为房价将会比银行的基准利率上涨得更快。房地产金融机构安排的还款方式通常是短期付少、长期付多，这样有助于刺激房地产市场的繁荣。然而，如果利率上升过快，借款人可能会无法承担高额的利息和贷款。当房价上涨到一定程度时，如果市场需求开始下降导致房价下跌，那么借款人就可能会陷入无法偿还贷款的困境。当出现违约现象时，资金链从根源处断裂，风险就会逐步传播。当违约率不断攀升时，信用机构会降低对应次级贷款衍生产品的信用评级，这将导致资产抵押贷款衍生产品市场价值急剧下降，从而投资机构无法避免所持有和购买的次级贷款衍生产品的风险。商业银行需要对冲基金等提前还贷和增加保证金以适应形势的变化。然而，这些机构受到基民强烈的赎回压力，这迫使它们面临破产或者严重亏损的风险。这样一来，银行将不得不承担相当的一部分损失，导致金融机构的流动性迅速减少。从上述分析可以得出结论，金融创新在各个方面都存在风险，因此金融机构应该注重全方位的风险管理。

尽管我国在金融危机中受到的负面影响相对较小，但仍需认清美国次贷危机带给我们的教训，以更加谨慎的态度引领中国银行业持续向前发展。近年来，中国的房地产行业的发展与美国有相似的趋势。随着经济全球化和金融一体化的不断加剧，美国在次贷危机爆发前几年一直坚持维持低利率政策。在我国同样存在流动性过盛的问题，从而导致了资产价格的大幅上涨。我国经济增长稳健，城市化进程快速，导致刚性需求推动房价持续攀升；加上人民币升值吸引外资流入房地产市场，银行也加大对房地产行业的融资支持，并有放宽个人住房贷款资格的趋势。由于政府不断出台调控措施，再加上宏观经济正进入紧缩期，一些城市的房价已开始呈现出停滞甚至下跌的趋势。尽管我国目前尚未普遍出现逾期未付款的情况，但我们需要提早准备，借鉴此次美国危机的经验教训。一方面，要加强银行信贷部门的风险管理能力，不能仅凭惯性认为房地产贷款一直是优质贷款，需要重新审视各种产品及其创新背后的风险，并进行全面的风险控制。特别是商业银行应该认识到个人住房贷款的风险性，严格审查个人住房贷款申请条件。另一方面，政府应对房地产和其他领域的金融机构进行严格的监管。

另外，次贷危机虽然在美国爆发，但它将实体经济的危机扩展到了信用衍生品市场，使得全球危机迅速扩散。因此，在我国，稳重和先进的原生资产市场必然成为资产证券化发展的前提，当然要充分了解基础资产价值浮动可能带来的影响。同时，当资产实现证券化以后，投资者的投资决定往往是看债券的评级来确定的，存在着信息不匹配引起的投资风险，为改善这种情况，引入能够为投资者理性解读金融衍生品详情的风险评估机构是必然要求,该评估机构要独立和有公信力。因此,可以预见,在未来的金融创新中,风险管理将会被更加重视,全面风险管理将贯穿整个金融创新过程。

在经济全球化的今天,资本在世界范围内迅速流动,全球经济之间的联系也越来越紧密。美国次贷危机告诫我们,全球化既有优点,如提高资源配置效率,又会快速传播风险,带来不良影响。在金融市场中,因为危机具有传导的特点,所以一旦发达国家产生危机,以开放姿态面向世界的发展中国家也必定会受到影响。目前,为与世界经济体系合作、寻求更好发展,我国采取金融体系对外开放的措施。不过因为我国建设金融市场经验、金融产品和市场规避风险水平有所欠缺,所以在综合风险管控的基础上开展金融创新并促进开放脚步,主要的措施为:关注世界金融市场、加强跨国资本监管、提升风险辨别与管理水平、加强我国金融体系稳定性、谨慎有序地推动我国金融体系的开放。

概括而言,中国市场经济体制的逐步建立和健全使得银行业改革的驱动由政府渐渐变为政府和市场的组合。因此,中国银行业将来的发展方向,既受政府意愿的影响,又受市场需求的影响。也就是说,中国银行业制度变迁中的强制性属性越来越弱,而引致性属性越来越强,中国银行业的走向越来越由市场力量决定。我们有充分理由相信,一个结构合理、资源利用效率高、充满生机和活力、与市场经济发展要求相匹配的现代化银行服务体系必将在中国出现。

第四节　银行业的改革实战案例

一、技术与银行业务的融合——光大银行

光大科技打造的以人工智能和大数据技术为基础的智能风控体系,在有效降低风险事件发生概率和损失的前提下,扩展了业务覆盖人群,完善了业务流程。其核心功能是帮助金融机构逐步从规则流程驱动向数据驱动、智能决策进行转变,对以往的复杂业务流程进行重塑和改造,通过数据分析得出对风险管理及业务的洞见,成为决策的智能辅助大脑,更好地推动企业降本增效。

完善的智能分析与决策服务,其价值主要体现在两方面。一方面,可以帮助

金融机构完善智能风控体系。通过技术创新方法加强风控决策引擎能力，提升风控引擎智能化、自动化水平，利用成熟的大数据技术和积累的数据量，以及人工智能等技术推进智能化风控体系建设，促进信贷产品创新，解决业务问题。另一方面，可以帮助金融机构更好地推动普惠金融的发展。智能风控将大幅提高金融运行效率，降低金融服务的门槛。它有助于解决数字普惠金融发展中面临的问题，促使中低收入人群等弱势群体能够享受到公平合理的金融服务。

大数据智能风控是以持续的智能决策引擎为基础，整合客户的实时数据、历史数据、行为数据、个人征信、第三方数据，以支撑智能风控、智能运营为目标驱动，完善远程规则安全运行机制建设，优化策略部署流程，形成标准化、组件化的业务控制规则以及智能化模型，灵活配置整个信贷业务流程的风险防控策略和模型服务，覆盖用户的申请准入、反欺诈、客群风险分类、授信评分、授信额度计算、贷后客户还款能力行为监控、行为评分以及催收策略各个环节，解决不同的场景需求，进而支持持续的智能化实时决策以及业务快速创新。

与此同时，在与各方合作"助贷"或"联合贷"的模式下，持续的智能化决策引擎可以实现远程规则安全运行，提供在合作伙伴端风控策略安全运行的能力，保障在风控策略自主可控的基础上实现合作业务的开展，达到与合作方联合进行风险控制的目的。智能决策引擎服务于消费金融以及信托普惠金融的"助贷""联合贷"模式，旨在完善风控业务流程，实现规则流程驱动向数据驱动、智能决策转变，成为风险控制的智能辅助大脑。

完善的大数据智能风控体系主要由三个部分组成：大数据风控、智能决策平台、智能风控模型。

（一）大数据风控

在传统金融领域，风控的核心在于利用属性突出的金融数据，判断客户的还款能力和意愿。能有效识别信用的数据维度大约有10个，包括年龄、职业、收入、学历、工作单位、借贷情况、房产、汽车、单位和还贷记录等。金融公司根据用户提交的数据的得分，确定申请人的信用等级，最后放贷与否和放贷数额参考信用等级决定。其他同信用相关的数据还有区域、产品、理财方式、行业、缴款方式、缴款记录、金额、时间、频率等。

通过大数据风险控制，传统风控的数据维度变得更丰富。在大数据信用评估模型中，核心理念是所有数据都涉及信用评估。因此，我们必须充分利用可以获取的各种信用数据。通过大数据的采集和分析，大数据信用评估模型可以揭示那些缺乏信用记录的用户的信用情况。

通过大数据采集技术，挖掘一个借款人的信用情况变得更加多元化，如一个借款人缺乏银行信用卡数据，但从借款人的航旅出行数据中挖掘出其具备较好的信用资质，同样可以完成借款人的信用贷款审核。通过多元化的信息采集，一方面保留了传统征信体系的金融决策因素，注重深入研究借款人的借贷记录；另一方面，可以考虑到用户信贷水平的其他因素，如社交网络数据和用户申请信息等，以实现对此问题的深入全面的分析。基于以上情况，我们可以通过以下方法来建立基于数据挖掘的借款人信用评价模型。

一是验证借款人身份。我们可通过五个因素核定借款人情况，如姓名、手机号码、身份证号码、银行卡号以及家庭地址。我们可以使用国政通数据、银联数据、运营商数据分别对这些数据进行验证。

二是分析提交信息识别欺诈。在进行网上贷款申请时，贷款公司会要求申请人提交多个方面的信息，如户籍地址、家庭住址、工作单位、单位电话、单位名称等。企业可以通过检测异常填写记录来发现欺诈行为，因为欺诈者所填写的信息通常会遵循一定的模式。举例来说，填写时会出现小区名称相同但所在城市不同、不同单位填写相同的电话号码、填写相同的街道地址和单位名称但所在单位不同，甚至还有填写虚假的小区名称、地址、单位名称和电话等情况。如果出现重复的信息和电话号码，那么申请人存在欺诈行为的可能性较大。

三是分析客户线上申请行为识别欺诈。利用反欺诈等技术结合人工智能自主学习的能力，自主开发业务系统，建立反欺诈引擎，实时进行数据分析，对借款人的还款能力作出较为精准的评估，同时进行快速反馈。有数据显示，一般在晚上11点以后申请贷款的申请人，欺诈比例和违约比例相对较高。

四是利用黑名单和灰名单识别风险。市场上近百家公司涉足个人征信领域，并以反欺诈识别、灰名单识别以及客户征信评分等商业模式为主。

五是参考社会关系评估信用情况。知识图谱作为关系的直接表示方式，可以将借款人的基本信息和借款人的消费记录、行为记录、网上的浏览记录等整合到整个知识谱里。在贷前可以推导申请人信息与关系网络不一致的地方，进行不一致性验证；也可以利用更有针对性的团伙识别算法，有效识别出申请人是否属于某一团伙，并进一步确认该团伙是否属于欺诈团伙；在贷后失联召回的应用上，对于各类逾期客户，可以通过关联网络查询到申请人的常用联系网络。

（二）智能决策平台

规则往往有着比模型更重要的地位。策略是数据与金融理论的结合。在给定的数据集下，很多模型可以得出一个理想的结论，但其只是一个黑箱，无法解释得出结论的分析逻辑。传统金融理论虽然有很强的解释力，但在大数据时代，如果放弃了大数据中蕴含的信息，无异于抱残守缺。所以要在挖掘数据结论的同时结合传统理论形成规则，这是最快捷也是最稳妥的方案。风控策略可以在保证业务量的同时降低业务坏账率，控制逾期风险，最终实现公司盈利。

在申请阶段，风控审批策略考虑到数据分析结果，制定了多种多样且涵盖多个维度的策略和规则。多维度数据的策略规则包括了多个方面，如社交及短信维度规则、移动设备维度规则、外部数据源（如征信报告、各种黑名单来源）规则、多维度评分卡规则、行为数据（设备信息、注册时间、登录时间）规则。通过对借款人的多方面数据进行分析，我们可以得到一个全面的用户画像。因此，需要建立一个完备的审批策略规则来应对不同维度的数据，包括：经济能力维度（月收入、工资流水等信息）、App（应用程序）信息维度（贷款 App 安装个数、短信命中高风险关键词）、基本信息维度（年龄、性别、工龄等信息）、信用历史（征信贷款信息、还款记录）、行为表现（活动轨迹、登录时间、注册时间等信息）。而策略模块要根据产品流程来制定，每一个模块对应解决一个或多个风险点。

策略上线后，需要根据目标变量，如首期逾期、当前逾期、账龄分析、迁徙率来监控此策略的占比与预计的占比是否发生严重偏差，且在正常运行阶段是否全部执行。策略上线一定时间后，对于有表现的数据进行策略回顾，看策略调整后的进件量、通过率及贷后表现等。若是想及时查看策略上线后的贷后表现，可以针对 FPD（首期逾期率）指标分不同的天数去观测，如 FPD4、FPD10、FPD30 等。

在策略调松或者放宽时，可以有针对性地回顾豁免出来的客户的进件情况、通过率及贷后表现；在策略调严或者收紧时，可以有针对性地回顾拒绝阈值边缘维度的贷后表现及拟定拒绝的客户；常规的审批策略模块，如个人信息验证、准入模块、欺诈判断、黑名单判断、信用风险评估、人工审核、授信、交易风险，需要灵活地部署在决策引擎当中，才能实现自动化决策。智能决策引擎使得繁杂的业务逻辑脱离代码就可以进行，明显减小了业务逻辑的难度；同时，分离出的业务规则由规则引擎处理，这样实现了多变的业务规则的可维护。此外，结合规则引擎提供的优秀业务规则设计器，即使没有编程知识的业务人员也能轻松上手，快速实现复杂的业务规则，应用规则引擎快速定义复杂的业务规则。在业务系统的运行过程中，业务规则的变化是很常见的，但使用决策引擎来实现业务规则可以优化这个问题。通过使用决策引擎，业务规则部分可以得到更好的实现，这样在系统正常运行的情况下，可以方便地使用决策引擎来修改业务规则，以适应业务规则变化的需要。同时可借鉴 Rete 等算法的优势，结合中式规则引擎的特点，开发一套自己的规则模式匹配算法，从根本上保证规则运行的效率，实现大量复杂业务规则计算时的毫秒级响应。

智能决策引擎提供规则集、决策表、决策树、评分卡、规则流等业务规则设计工具，从各个角度满足复杂业务规则设计的需要。

规则集也叫决策集，是一种由一组普通规则和循环规则构成的规则集合，也是一种使用频率最高的业务规则实现方式。普通规则由变量、表达式、条件值、决策结果组成，是一种由"如果……""那么……""否则……"三个部分构成的规则。决策表是一种以表格形式表现规则的工具，非常适用于描述处理判断条件较多、各条件又相互组合、有多种决策方案的情况。决策表提供精确而简洁地描述复杂逻辑的方式，可将多个条件与这些条件满足后要执行的动作以图形的形式进行对应。决策树也称为规则树，是规则引擎中提供的另外一种构建规则的方式，它以一棵躺倒的树形结构来表现规则。评分卡使用二维表形式展示目标对象的各个属性，针对不同属性设置不同区段的条件，每个区段条件对应不同的分值，运行时引擎会根据定义的区段条件自动计算目标对象的评分。决策流又称规则流，整个结构类似于工作流，用来对已有的决策集、决策表、交叉决策表、决策树、评分卡、复杂评分卡或其他决策流的执行顺序进行编排，清晰直观地实现一个大的、复杂的业务规则。

在"助贷"或"联合贷"模式下，要达成与合作伙伴在合法合规前提下实现双方资源共享，实现双方可信的、安全的合作机制，在保障数据安全、保障消费者权益的前提下进行数据共享的目的，还需要打造一套"分布式可信智能决策引擎"，用"分布式"技术实现远程规则安全部署、安全运行，提供在合作伙伴端风控策略安全运行能力，保障在风控策略自主可控的基础上，满足数据安全监管、消费者权益保护的要求，实现合作业务的顺利开展；另外，"可信"技术可以利用区块链技术中的去中心化存储、可追溯、信息透明且不可篡改，有效实现信用共享等特点，实现风控决策运行的公开化、透明化，同时，在与人协作时、寻找资源时，大大降低了在协作过程中的信任成本，创造出可靠的合作机制。

（三）智能风控模型

风控模型是在风控策略达到平衡之际，实现风险精分差异化的必备武器。它广义上代表人运用数据构建的风险管理模式，狭义上讲，是运用统计、机器学习甚至深度学习等算法开发的数学模型。一个完整的风控模型搭建全流程应包含样本准备、好坏客户定义、观察期和表现期的确定、变量衍生、训练集和验证集、分箱和 WOE 转换、共线性检验、模型检验等。

怎样的客户算"好"，怎样的客户算"坏"，这与评分卡真正关心的客户类型有关。例如，一个反欺诈评分卡的"坏客户"定义可能是首逾 30 天以上（FPD30+），而审批评分卡的定义可能是 M3+。而具体逾期多少天算"坏"，就要进行滚动率分析逾期的情况。

观察期是指用于生成客户特征的时间区间，用来收集信用历史和行为特征等信息，以提炼能预测未来信用表现的预测变量。观察期过长可能导致大量客户无法获取相应时间长度的数据，大批样本不能进入模型；观察期过短会导致样本无法生成足够多的有效的时间切片变量。表现期是对观察点上的客户表现进行监控的时间周期。这些账户根据截至表现点的表现被分类成"好""坏"。表现期需要有足够的长度，从而保证样本群体分类的稳定性，使客户的逾期行为充分表现出来。但也不能过长，即使可获得很长时间的历史数据，还需要在完整性（有多少个坏样本需要捕捉）和数据质量之间保持平衡。

变量衍生是整个建模过程中最重要的一个环节，往往在同样的数据和维度条件下，这是评分卡模型效果最关键的一步。变量衍生可以简单地根据业务理解进行变量的组合，生成交叉变量，如对于不同年龄段的客户的婚姻状况可以给予不同的打分标准；可以利用一些机器学习算法。

在进行变量衍生后，可能会产生成百上千个变量，有连续性变量也有分类型（字符型）变量。但是，字符型变量是没有办法直接作为参数参与逻辑回归拟合的，而为了使自变量和目标变量呈正相关的关系，往往会对数值型变量也进行分箱和 WOE 转换。如果按照原数据入模，会导致评分卡非常不稳定，同时变量的取值和得分的关系也会变得杂乱无章，失去业务上的可解释性。另外，在这一步，根据每个变量的 IV 值，也可以筛选掉一部分区分能力较弱的变量。

在真正进入建模过程前，还需要预留出一部分样本用作模型的验证，这是为了防止模型的不稳定：在训练集上表现良好，在验证集中却无法很好地预测。最好的方法就是再预留出一部分时间外测试集，选取与建模样本不同时间段的样本再对模型表现进行验证。比如，如果选取审批时间在 1~3 月的客户作为建模样本，那么可以将 4 月的客户作为测试样本来测试模型的效果。

共线性检验也是筛选变量过程中非常重要的一步。共线性指的是模型的变量之间存在较高的相关性，某一个变量可以被其他一部分变量所解释。共线性高会导致回归拟合出来的系数发生严重的偏离。常用的指标为相关系数和 VIF（方差膨胀系数）。

模型训练的过程是完全交给程序的过程，它内置传统机器学习及深度学习多种算法，通过不断增加、删减变量，从数据层面性检验，不断地调整逐步进入回归的变量，以得到合理的最终入模变量。

目前，光大科技的智能风险引擎将在资金、流量、科技等方面进行互补和融合，通过搭建智能决策引擎，有效分类客户和识别潜在风险点，提供多维度的风控模型，实现线上客户自动分类，借助机器学习实现模型自我完善，有效剔除高风险客户。

二、打造破解数据"可用不可见"的武器——华控清交

（一）多方计算技术

多方计算理论由姚期智教授于 20 世纪 80 年代最先提出，并从数学上证明了

凡是可以在数据明文上进行计算的理论上都可以在密文上直接进行计算，并得出与明文计算完全一致的结果，同时提出了在密文上计算的方法。

近年来，随着数据安全融合的需求呈爆发式增长，多方计算逐步实现了工程化。多方计算是对明文计算的有力补充，适用于高敏感度和高价值关键数据的计算，能够有效化解数据隐私保护与数据融合之间的矛盾。实现多方计算技术的机制包括基于秘密共享、混淆电路、不经意传输、同态加密，以及基于公钥技术和半同态加密等。这些机制都是密码学技术的综合运用，是不完全依赖计算环境安全且保证数据可用的高安全级别数学变换。通用的多方计算是采用重载最基本的加法、乘法（或者 AND）及比较运算达成的，任何计算逻辑均可通过安全的加法和乘法运算复合而成。

多方计算技术是专门为数据安全融合而生的技术，其突出特征是多个参与方可以协同计算一个以各自数据密文作为输入的指定函数，整个计算过程中无须解密还原出数据明文。其安全假设是不信任硬件、不信任软件、不信任人，因此即使在一方甚至多方被攻击的情况下，多方计算技术仍能保证这些输入不被意外泄露，同时保证计算结果的正确性。随着计算机理论和技术的飞速发展，目前多方计算已经具备了初步实用性，应用手段也正在不断取得突破。姚期智教授领衔创立的华控清交信息科技（北京）有限公司（以下简写为"华控清交"）在这个领域走在世界的最前列，以"数据可用不可见"解决了数据信息泄露问题，以"数据按用途用量使用"解决了数据滥用问题，并且在工程上还实现了密文和明文混合计算及动态数据密文（数据流）计算。华控清交通过多方计算技术，建立了一套允许互不信任的参与方在保护隐私信息且没有可信第三方的前提下，进行协同计算并能得到正确结果的隐私计算体系。以此技术建立的计算平台具有确保输入的独立性、计算的正确性、分布式计算等特征，同时不把各参与方的输入值泄露给参与计算的其他任何成员。在确保数据不会泄露的前提下，打破政府各部门之间、政府与不同行业之间的数据壁垒，连接数据孤岛，为我国加快推进数据要素国家战略奠定基础。

多方计算技术全方位丰富了金融机构在"获客营销—风险防控—监管治理"等全流程运营中可用的数据维度，既保障了各方数据安全，又有效实现了金融业自身的高质量发展。在获客营销方面，基于多方计算的典型应用场景为客户精准画像。金融机构通过与互联网平台及 SaaS（软件即服务）企业合作，接入数据安全融合平台，由此获得全方位客户画像，更精准地判断融资主体风险。并且，金融机构还可通过开通线上获客渠道，有效扩大自身目标客户群，在降低信息获取成本的同时打通银行产品营销及贷款融资等业务通道，降低小微企业融资成本。在风险防控方面，多方计算技术可以构建提供隐私查询服务的黑名单共享平台，实现查询金融机构不知道各数据提供方提供的黑名单的具体内容，数据提供方不知道查询金融机构的具体查询条件，各数据提供方相互不知道其他金融机构提供的具体黑名单内容。另外，黑名单查询平台可限制查询方法，但不能获取任何其他查询信息，查询金融机构当被查询机构授权才能解开查询结果密文，获得黑名单具体结果。通过此机制，金融机构将大幅提升风控效能。在监管治理方面，多方计算技术可实现基于隐私保护的穿透式监管。在不损害现有监管数据利益格局的前提下，负责系统性金融风险监测的监管机构可通过多方计算技术，对涉及多方交易的行为发起交易真实性核验，在不泄露业务细节的情况下，综合全流程监管信息建立监测分析模型，把资金来源、中间环节与最终投向连接起来，透过金融创新表象全方位、自动化分析金融业务本质和法律关系，精准识别、防范和化解金融风险，强化监管渗透的深度和广度。

（二）获得政务数据的重要性

政务数据在金融、医疗、教育等领域有丰富的应用场景。我国中央及多地方政府已陆续建立起政务大数据共享及融合平台，并针对数据隐私和安全保护的问题着手开展相关制度的建立。有研究显示，政务数据在我国金融机构的风控及决策环至关重要。然而，鉴于我国当前的相关法律体系尚不完善，保障数据安全和个人隐私是连通政务数据和金融业所面临的主要挑战。对此，基于多方计算技术的数据安全融合平台可在明确各方数据所属权和管理责任的情况下，实现政务数据在金融机构"可用不可见"，在保障政务数据安全的同时，充分释放政务数据在金融领域的应用价值红利。

第一，政务数据开放相关政策的要求。为有效管理并应用政务数据资源，实行及时有效的社会监管和治理，我国自 2004 年起陆续发布了一系列关于推进数字化政府建设及信息有序共享的政策。近年来，政务数据的开放共享被提升至"国家战略"地位。2015 年，国务院印发《促进大数据发展行动纲要》，提出加快政府公共信息资源开放,并要求在2018年年底前建成国家政府数据统一开放平台,率先在金融、信用、交通、医疗等20个领域实现公共数据资源合理适度向社会开放。为响应此纲要,我国自2018年起陆续上线了50余个符合政府数据开放基本特征的中央部委、地级市及以上平台。这些开放数据主要以各机构建立的公开数据信息服务网站形式呈现,但并未融合至统一的共享体系。

2016年,为继续推进政务数据开放共享,国家发改委印发《关于组织实施促进大数据发展重大工程的通知》,进一步提出构建完善公共数据开放制度和建立统一的公共数据共享平台的基础设施。2020年,中共中央和国务院发布《关于构建更加完善的要素市场化配置体制机制的意见》,明确把数据列为生产要素,并提出了加速培育数据要素市场的三点要求:推进政府数据开放共享、提升社会数据资源价值及加强数据资源整合和安全保护,其中政府数据开放共享是数据要素市场培育的基础。

第二,金融领域存在应用政务数据的迫切需求。金融业天然具有数字基因,特别是近年来,我国深刻认识到发展金融科技的紧迫性、必要性和重要性,以重点突破带动全局,规范关键共性技术的选型、能力建设、应用场景和安全管控等,取得数据驱动的金融创新发展新突破。2019年8月,人民银行发布《金融科技(Fin Tech)发展规划(2019—2021年)》,提出将金融科技打造成为金融高质量发展的"新引擎",并在科学规划运用大数据相关要求中明确提出,打通金融业数据融合应用通道,破除不同金融业态的数据壁垒,化解信息孤岛,推动形成金融业数据融合应用新格局。

在实践中,随着数据挖掘、分析、可视化及人工智能等技术的应用日益增长,多维异构数据间的关联画像得以展现,大幅度实现了数据在金融领域可发挥的价值。依靠海量数据,金融机构得以更全面、准确地分析企业类型和财务状况等风险维度,优化风控模型,降低业务成本,更好地服务需要融资的企业。然而,我国金融业各数据拥有方出于对数据安全的担心,设置针对其他行业数据进入金融领域的数据壁垒的现象仍然十分突出。

目前,金融行业最迫切需要接入的数据之一是政务数据。政务数据具有高权威性、高准确率、高可信度,在金融机构的授信决策中有重要的参考作用。人民银行成都分行营业管理部课题组在一项关于政务数据在金融业开放共享的研究中，调查了成都市21家商业银行对政务数据、征信报告、行为数据和交易数据的重要性评估，而结果显示，政务数据是金融机构眼下最迫切需要引入的信息来源，也是除中央银行征信外在授信管理中最重要的决策依据，其中工商、税务、司法类数据的重要性得分最高。[①]

这些商业银行普遍反映，政务数据的重要性远高于已接近市场化运作的第三方数据，但当前政务数据获取渠道不通畅，导致它们的政务数据主要来源仍为申请者自行提供。

（三）海量数据不能用

首先，明文数据特点导致政务数据融合难。明文数据具有其自身特点：复制成本低，几乎可以无限地被复制；使用没有排他性，可同时被多方使用；数据本身的损耗低，在使用过程中还会随时生产出新的数据。这些也常常被称为是明文数据的优势。然而，正是由于明文数据的这些特点，却正好成为明文数据大规模分享的掣肘。传统信息共享方法是基于明文数据，而明文数据一旦被看见就会泄露具体信息，难以限制其用途和用量，难以厘清"责、权、利"。因此在现实中，明文数据一旦泄露便会导致数据滥用问题，数据所有方在分享数据时顾虑重重，尤其是在个人信息及隐私保护要求日趋严格的背景下，不愿、不能、不敢共享数据成为政务数据开放最大的瓶颈。所以，政务数据以明文方式进行融合，仅适合于非敏感、非隐私性信息。随着数据融合共享与数据隐私保护和安全之间的矛盾日益突出，建立保护数据安全隐私的政务数据融合平台，成为下一阶段政务数据开放共享的重点。在政务数据开放共享中，如何既加强对政务数据的保护，又防止政务明细数据造成的安全损失，是摆在各级政府面前的现实难题。

其次，金融领域尚不能很好地应用政务数据。随着大数据技术迅速发展，近年来我国民众的生物信息、金融交易及行为数据等，已基本转为数字化形式存储。当前，政府部门、金融集团及互联网平台等汇集了海量数据，包括居民生物信息、位置数据、用户交易及行为数据等，这些数据存储包含大量敏感信息，一旦泄露将直接危害公民权益，甚至影响社会金融稳定和经济安全。因此，出于对数据安

[①] 中国人民银行成都分行营业管理部课题组，赵银银，王明彬，等.政务数据在金融领域的共享应用[J].中国金融，2020（9）：63-64.

全的考虑，政府部门及企业往往选择不开放共享数据，这一做法造成各行业间的数据壁垒。同时，由于政务数据治理机制不健全，包括数据接口不规范、数据共享规范性和兼容性不足等，整个政务数据产业链仍处于比较无序的状态。相关调研显示，政务数据管理机制的缺失表现主要有两点：一是有些政府部门认为数据隐含部门权利，担心共享会导致自身失去数据优势；二是一些政府部门倾向于原有的工作模式，不愿共享，或碍于行政命令仅开放非核心数据。许多地区虽然设立了大数据共享中心的管理部门，但其实质上只负责建设基础系统，并不重视数据治理机制，部门间数据共享的权责界定不清，缺乏有效的监督和激励，导致政务数据的开放共享难以推动。

在这个背景下，金融领域应用政务数据的需求并未得到充分满足。特别是在当前这两年，我国大力推出保市场主体、保民生就业稳定等支持小微企业融资的措施，将支持小微企业融资、降低小微企业融资成本作为金融的重点工作。然而，由于小微企业在融资过程中普遍存在信息不对称问题，加之其自身经营风险较大、财务制度不健全，导致金融机构核实小微企业信息成本较高，难以有效评估小微企业贷款风险，所以金融机构有迫切需求，通过融合司法、社保、工商、税务、海关、电力、电信等行业数据，获取更加完善的小微企业画像，破解小微企业在信贷过程中出现的获客成本高、信息不对称、定价不精细、风控不完备等问题，从而更精准、更安全、更便捷地提供小微企业融资支持服务，更好地支持小微企业发展。

（四）基于多方计算的数据安全平台

基于上述金融业对政务数据的迫切需求，在某区市大数据局的邀请下，华控清交探索开发了一套基于多方计算的政务金融数据安全融合平台，开放给该市金融机构使用，实现了政务数据在金融领域的安全共享及应用。

基于多方计算技术的政务隐私数据共享平台，可实现明文数据的归属和保管责任仍在各提供数据的政府部门，从而有效打破政务数据跨部门集中融合的责权利划分不清问题。在该平台上，金融行业可实现包括人口、宏观经济、信用信息、工商税务等数据的安全融合和应用，但金融机构仅能获得密文数据得到融合后的计算结果。如使用单位需要保存数据结果，其存储和使用均为密文环境，有效防止了内部数据泄露。政务数据"可用不可见"的方式，为金融行业全方位应用政务数据奠定了坚实的基础。

华控清交搭建了一套具有创新性、领先性和实用性的数据加密共享应用系统，作为政务数据的归集、处理和共享的支撑平台，能够为该市数据金融风控及"城市大脑"等建设项目提供底层计算支持。具体来看，该系统具有完整的庞大功能模块，包括源数据接入、算法参数接入、密文数据计算、结果数据解密、参与方和数据管理、任务管理、用户及权限管理。同时，在坚持对原有流程做最小改造的原则下，系统结合该市政务数据平台的原有流程，仅增加数据的多方计算选项，高效实现了原有政务数据平台数据的加密共享应用。该平台在实现该市所有政务数据安全归集和安全共享的基础上，将政务数据安全共享给金融机构，从根本上探索出了一条金融机构有效利用政务数据的标杆性道路。

1. 平台设计逻辑

在基于多方计算的敏感数据保护方案中，此政务数据安全融合平台将逐步推广更多领域的数据汇通模式，针对敏感性高的数据，在原始数据留在所有方本地不汇聚的情况下，实现"数据不搬家"的融合分析。

2. 技术架构

基于多方计算的政务金融数据安全融合平台由6个模块组成。

①基础架构层：提供计算、存储、网络等基础设施服务。

②数据基础层：提供数据接入、治理、质量评判和标准化服务，并且能够为数据合作参与方提供租户服务。

③数据服务层：建立和管理数据目录，支持参与方发布数据服务和算法服务，金融机构（数据使用方）、政府部门（数据提供方）和算法提供方能够订立合约。依托区块链特性，保证数据服务的可追溯及不可篡改性。

④数据应用层：根据数据的不同敏感程度对应的安全需求，提供不同的数据合作应用方式。对于高敏感度的数据，提供基于隐私计算的数据安全融合服务。

⑤平台运营层：管理参与方，对数据和算法的使用情况进行统计和分析。

⑥系统管理：提供包括数据存证、审计监管、智能运维、权限管控和身份认证等在内的各项管理功能。

3.平台工作流程

政务金融数据融合平台参与模式如图5-4-1所示。平台主要参与方为政府部门（数据提供方）、金融机构（数据使用方）和算力提供方。政府部门将数据以密文形式接入算力提供方搭建的多方计算平台，金融机构将算法接入平台。平台用算法和数据计算出密文结果，并返回给金融机构。金融机构将密文解密为明文，获得其需要的结果。

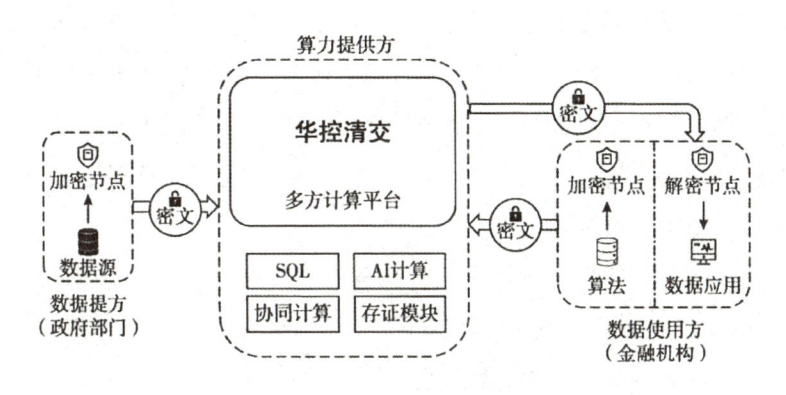

图5-4-1 多方计算平台参与模式

金融机构在使用多方计算平台时，服务流程如图5-4-2所示。

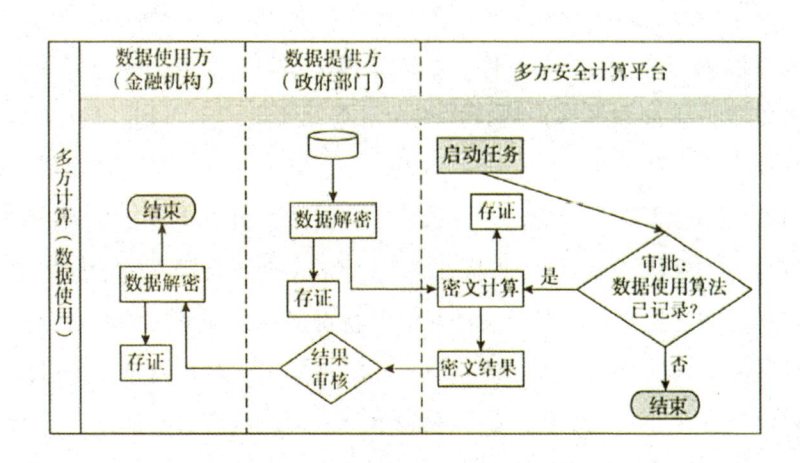

图5-4-2 金融机构使用多方计算平台的服务流程

基于多方计算的政务金融数据融合平台有效释放了数据的使用价值，在各行各业有着广泛的应用前景。特别是在金融领域。

该平台能全方位地丰富金融机构全流程业务的可用数据维度，既保障了各方数据安全，又为金融机构便捷应用政务数据打开了通道。

具体来说，平台可以应用的场景包括客户画像、风险防控及金融监管等，金融机构通过应用多方计算技术，与平台中涉及的企业合作，各方数据通过自有的数据接口接入平台，使金融机构能通过平台获得全方位的客户画像，更精准地判断客户风险。特别是在当前支持小微企业融资等常态化背景下，金融机构能通过信息获取有效降低小微企业融资信息不对称，减少小微企业融资成本。同时，在金融风险防控方面，多方计算技术可构建基于政务数据融合的金融风险共享平台，帮助金融机构大幅提升风控效能。在监管治理方面，多方计算技术可实现政务数据平台与金融监管机构平台数据的有效互动，帮助监管机构获得更多维度的监管信息共享，提高政府跨领域、跨行业的治理水平。

将基于多方计算的数据融合平台定位为公共服务平台，固定资产投入将由政府和平台承担，金融机构仅需承担己方成本。平台旨在实现政务数据向金融赋能，丰富金融行业数据维度，助力金融行业增强风控能力，同时保证政务数据的安全及合规使用，维护金融科技安全，减轻监管方的压力。

4. 代表性应用场景：数据金融风控场景

社保、车辆及交通等数据属于政务数据，在金融机构的产品营销及风控环节有着高参考价值。通过客户的社保、车辆品牌、车险、交通违规记分等信息，金融机构能够更准确地判断客户的收入花销水平、风险承受级别及信用履约能力，据此进行精准获客营销和风险防控。然而，出于隐私和安全考虑，当前金融机构难以获得这些数据。对此问题，多方计算平台的技术可以实现让金融机构只得到依据数据得出的计算结果但看不到数据，在保护客户数据隐私的情况下充分发挥数据的作用，助力金融业的健康发展。平台将对接入密文形式的客户数据和金融机构得到所需结果的算法，算法通过审核后将被应用于客户数据，通过加密计算方法计算出该客户的收入开支水平、风险承担能力及信用履约能力，并返回至金融机构用作产品营销及风控环节的参考。

金融机构利用平台政务数据进行风控的架构如图 5-4-3 所示。

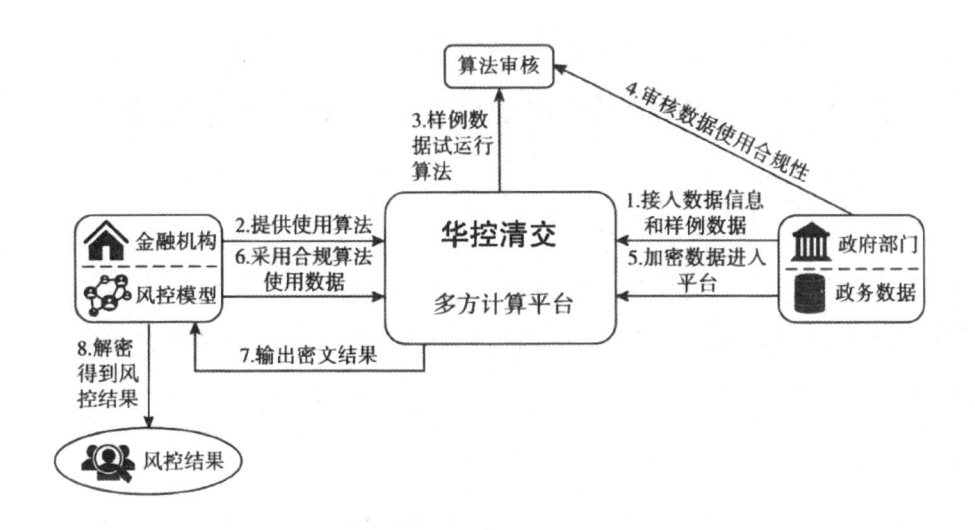

图 5-4-3　数据助力金融业风控架构

基于多方计算的数据安全融合平台将政务数据接入金融领域，是一款具有创新性、领先性和实用性的大数据加密融合平台。该平台能够让金融机构在看不到客户信息的同时充分利用其计算价值，实现高效的获客营销及风险防控工作。具体来说，多方计算技术将实现政务数据融合平台的敏感数据不出库，计算过程零缓存，保障数据应用中端到端的安全，避免平台运营方和数据使用方接触非必要的数据内容，在保证数据安全的同时保留完整的数据价值。另外，该平台可以明确数据控制者角色，清晰划分责任，分离数据归属权和使用权，做到数据可用而不可见，在多方数据融合场景中做到全程可信留痕，确保数据流转和使用可追溯，做到数据合作的公开透明。

基于多方计算技术的政务大数据平台能够实现政务数据在金融业的安全融合，从根本上破解了一直以来的政务数据融合难题，打消了数据价值链的不同环节对数据归属、数据安全和隐私保护的顾虑，从而打通数据价值链，强化大数据和人工智能的专业化分工协作，形成广泛的价值链闭环，为连接数据孤岛创造条件，协助提升金融业的产品营销和风控水平。

第六章　银行业的变革——数字化转型

本章阐述了银行业的变革——数字化转型，分别介绍了银行业变革的利弊、数字化银行的构成与效益、数字化银行的新模式、数字化银行面临的问题与挑战四个方面的内容。

第一节　银行业变革的利弊

互联网给人们的工作和生活带来的方便，使互联网用户呈爆发式增长。不少企业看到互联网时代的大趋势，纷纷寻求转型。这样的生存环境也给传统的金融行业带来了一定的冲击，使得金融行业也开始借助互联网进行变革。对于金融体系的强大支柱银行来说，在互联网时代中变革变得尤为紧迫。

银行在互联网时代下其变革所具有的优势如下。

第一，顺应互联网金融的大时代。互联网改变了人们的生活习惯和消费方式，这就需要社会的各个产业同互联网进行融合，以适应互联网时代下用户的需求。银行的变革之路是互联网金融的必由之路，当移动网络、移动支付、网络理财、网络金融等被广大用户接受的情况下，银行需要改变传统的沟通方式和业务模式，为客户提供更多个性化、智能化的服务。

第二，资金实力雄厚。作为金融机构的银行，尤其是大型的商业银行，资金实力相对来说比较雄厚，能够为变革需要的人力、技术提供财力方面的支持。

第三，有一定的技术支持。互联网时代，先进的信息技术、移动网络技术、智能终端技术、区块链技术等，都为银行的变革提供了一定的技术支持，让银行的变革成为可能。

第四，有一定的信息资源。银行进行变革还有着信息资源的支持。相比较其他行业，银行有着自己的数据库，在传统信息的挖掘和分析上有一定的能力。而在信息资源已经成为核心竞争力的大数据时代，银行的这一优势对其变革有利。

银行顺应大时代的变革道路自然会得到多方助力，但是变革对任何一个行业来说都不是一件容易的事情，银行的变革也是如此，在有变革优势的同时，也存在着一定的弊端阻碍其变革的顺利进行。

银行变革之路的弊端有以下四点。

第一，外部竞争激烈。银行在互联网时代的变革之路将面临激烈的外部竞争，尤其是那些互联网企业，在产品创新能力、市场敏感度、大数据处理等方面的能力比较强，而这些企业如果涉足金融领域，对银行来说就是一个大的威胁。例如，现在的支付宝、余额宝、P2P网贷等，对银行的业务形成一定的分流。

第二，信息挖掘分析能力不足。银行虽然有一定的信息资源，但是在对信息的挖掘和分析方面常流于表面，并没有深入挖掘。比如在客户数据分析上，银行只是停留在一些基本信息上面，对客户的兴趣爱好、行为习惯、家庭状况、行业领域等方面挖掘不足。而在大数据时代，对信息的挖掘和分析不够是一块硬伤，银行将不能很好地制定发展战略来满足客户的需求。

第三，用户习惯不易改变。银行同互联网相靠拢的变革，对于那些经常使用互联网的年轻用户来说比较容易接受，但是对于一些老年用户来说，将很难改变他们的行为习惯，其变革很容易被拒绝。

第四，安全隐患。互联网存在一定的安全问题，这就给银行的变革带来一定的安全隐患，如果不能及时避免，将在一定程度上给银行和客户带来资金损失，同时也容易减少客户的使用意愿。

其实，银行的变革是时代发展的必然产物，是利大于弊的。为了打赢变革这场硬仗，银行在充分利用自身优势的同时，也要改善自身的不足，减少自身的弊端，让变革顺利进行。

第二节　数字化银行的构成与效益

一、数字化银行的构成

移动互联网时代的到来给现代金融产业的发展增添了足够的动力，信息技术逐渐成为金融产业发展中不可或缺的有利因素。

在市场经济中，随着金融业务范围的不断扩大，信息技术和金融产业的联系也日益密切，数字化特征也越来越明确地出现在现代金融的发展过程中。在经历了货币形式、服务手段以及风险管理与预测的种种创新与变革之后，信息技术和金融业务也融合得更加迅速。

数字银行的概念最早出现在欧美一些发达国家的银行业中，这些欧美国家在近些年的发展过程中将大数据、移动网络以及智能终端等先进技术广泛地运用于行业的发展过程中，逐渐催化了数字银行的兴起。

在欧美国家，发展迅速的大数据、移动网络以及智能终端等先进的信息技术是数字银行发展的根本支柱。数字银行就是依赖这些先进技术的推动才能得以发展的。

数字银行运作的核心理念是以客户为中心，通过为客户提供更加便捷的移动网络体验，进一步扩大用户群，在不断的发展中挖掘出客户的需求、满足客户的需求，从而增加客户对数字银行的黏性。

数字银行需要做好以下工作。

第一，客户信息安全的核心化。数字银行的运作旨在为客户提供更加便捷的移动网络服务，为了更加精准地为客户提供便利，数字银行系统需要掌握并记录客户的一些具体信息。对于这些信息的掌握，一方面在很大程度上有利于数字银行的精准化服务，但是在另一方面这也对数字银行提出了更高的要求，那就是对客户信息安全的保护。只有将客户的信息安全工作核心化、细致化，才能让客户更加放心地享受服务，从而吸引更多的客户。

第二，服务渠道的多元化。数字银行的客户群非常广泛，在具体的运作过程中，不同的客户可能会有不同的需求。单一的服务渠道已经远远不能满足当代数字银行客户群的需求，因此多元化服务渠道的开辟已经成为数字银行的主要构成之一。通过对客户市场的具体调查、对客户需求的具体掌握，从而建立各种不同的服务渠道，满足不同客户的具体需求。

第三，服务流程的优化。数字银行的核心工作就是为客户提供更加优质的服务。在服务客户的过程中，数字银行着重于服务流程的优化。在具体的服务工作中，认真对待各个服务环节，特别是一些细节部分要着重管理。数字银行通过细化服务流程，为客户提供最优质的服务。

第四，加强服务创新化。数字银行本身就是高新信息技术产业的最佳代表，它与当今高科技的互联网技术紧密联系在一起，是时代进步、科技创新的产物。在服务客户的过程中，不断加强服务的创新化对于提高数字银行的服务质量和壮大客户群都有着一定的作用。

数字银行主要是由以上四个部分组成，在发展的过程中通过对这四个部分的强化和完善，能够提高整个数字银行工作的效率和质量，促进数字银行的快速发展。

数字银行在市场经济的发展中，以其鲜明的特征成为现代科技高速发展的产物。

二、数字化银行的效益

（一）数字化转型可降低交易成本

交易成本由价格机制产生，主要包括发现相对价格即市场交易信息的搜集成本、在市场上为达成交易而发生的谈判与签约成本、交易成功后期的监督管理成本等。信息技术、物联网、大数据等技术的进步，实现了数据流动的自动化，从而使银行快速了解用户需求成为可能，降低了信息搜集成本；数字技术助力线上场景做深做活，从电算化银行、互联网银行到数字银行，用户可以更为便捷地进行各类业务的签约操作，大幅缩短了交易时间，节省签约成本。

学术界普遍认为，交易成本对银行的效益有重要影响。何问陶、傅晓初认为交易成本是商业银行运营费用的重要体现，并通过实证分析得出结论：交易成本的大小和结构变化必然会对商业银行的经济效益产生重大影响，具体表现在商业银行的信贷资产质量及其盈利性两个方面。[1] 吴海民通过对五年间国内370家民营上市公司的相关数据进行实证研究，最终得出"降低交易成本可以成为实体企业一个新的利润源泉"的结论。[2]

---

[1] 何问陶，傅晓初.商业银行交易成本及其对银行经济效益的影响[J].华南金融研究，2003（3）：32-35.

[2] 吴海民.市场关系、交易成本与实体企业"第四利润源"——基于2007—2011年370家民营上市公司的实证研究[J].中国工业经济，2013（4）：107-119.

（二）数字化转型可提高运营效率

商业银行利用数据要素提高运营效率至少体现在以下三个方面。一是提高获客效率。商业银行通过线上渠道获取用户的基本属性、客户交互数据等信息，通过对数据清洗、整合和处理判断客户类型，实现快速精准获客。二是提高营销效率。商业银行可依托积累的数据信息，向客户推送定制化服务信息，以较低成本提升营销转化率。三是提高业务运行效率。商业银行可以通过建立面向具体业务场景的数据集市和标准化流程，提升业务衔接和推进效率，降低自身运营成本。

（三）数字化转型可提升客户价值

客户是一切商业逻辑的起点。银行只有从客户需求、行业痛点出发，提高业务办理效率、降低服务成本、有效管控风险，才能真正为客户创造价值。比如，商业银行通过搭建数字平台，从海量数据中精准归纳目标画像，将支付结算、现金管理、供应链融资、跨境金融等产品融入企业客户的采购、销售及财资管理等流程，并构建场景化的综合解决方案，帮助客户以最短的时间、最便捷的方式完成金融与财管业务，大幅提升客户体验，充分挖掘客户价值。

客户价值由于其难以测度的特性，不满足财务会计制度中的资产定义，但是需要指出，客户价值的提高能直接或间接地为企业带来经济效益。更高的客户价值可以带来更大的市场价值，在实现客户价值的过程中实现企业的目标利润。数字化时代，精准定位并开发客户价值是关乎商业银行长远发展的重要支撑。

第三节　数字化银行的新模式

当数字银行在未来的发展过程中，坚持以区块链技术为支撑点、以分散式信任为信任模型、以颠覆式交易为金融模式，那么数字银行必将会走上一个"人人皆是银行"的终极巅峰。

一、区块链技术：终极数字银行的支撑点

随着当代信息技术和金融产业的密切融合，现代金融的数字化特征也越发明显。一些发达国家依靠其先进的科技基础，大数据、智能网络、移动终端等先进

的技术已经逐渐被研发出来，并且不断应用于银行业的发展中。

数字银行在最初的发展阶段一直坚持"以客户为中心"的发展理念。依赖先进的信息技术，不断地满足客户的需求，提升服务质量，优化客户体验，致力于为客户提供更好的金融服务。数字银行的终极目标就是让所有的互联网用户都能成为互联网经济中独立的金融个体，为互联网用户提供更加自由安全的金融服务。要想实现终极数字银行的这一发展目标，区块链技术的应用就成为至关重要的支撑点。区块链技术的应用主要是创造一个全新的数字空间。这个全新的数字空间的建立需要将非对称加密、非信任机制以及互联网统一账本和时间顺序等因素结合在一起，进行数字银行系统的重新组合和拓展。

区块链技术之所以被称为终极银行的支撑点，主要是因为区块链技术的以下三个特性。

第一，区块链技术的统一性。在互联网金融中，区块链技术的全网统一性，可以帮助数字银行创造出公平统一的数字标准。统一的数字标准可以很好地维护所有互联网用户的数字权益，为互联网用户提供一个完全可以信赖的金融交易平台。

统一的数字标准，对于遍布世界各地的互联网用户而言是最为公平、公正的交易凭证。无论身处世界上的任何一个地区，任何一个互联网个体都可以通过网络进行金融交易。区块链技术能够保证数字银行所给予用户的是最精确、最安全、最高效的金融服务。

第二，区块链技术的唯一性。区块链技术的唯一性主要体现在数字银行对具体交易记录的不可更改上。对交易记录的真实保存，有利于互联网用户的权益维护和信息反馈，并且能够大大避免人为因素对交易信息的影响。区块链技术的这一特性在终极数字银行的发展中将会发挥十分重要的作用，对于一些新应用的产生也将提供必不可少的技术支持。

第三，区块链技术的非信任机制。传统的银行应用都是建立在信任机制基础上的，这样的建立方式在一定程度上会影响交易过程的高效性。

终极数字银行在发展的过程中，完全可以依赖区块链技术的非信任机制。通过不断地改革和创新派生出更加高效、更加公正的区块链应用。利用区块链的方式改变传统的业务模式，为终极数字银行的发展提供更加先进的发展模式。

区块链技术的发展，还将进一步推动加密数字资产的革新。加密数字资产，简单来说，就是在去中心化的对等网络环境中，采用人人都有权编改的开源软件，开发出的一种免费电脑程序。由于每一种加密数字货币总量限定，且不受任何个人及机构的控制，因而具备了交易价值和功能。

在未来，加密数字资产要进一步发挥区块链技术的优势，强化总量限定、去中心化、专属所有、瞬间转移等属性，才能进一步完善其资产价值运作，丰富各类金融活动的形式。

终极数字银行的发展是一个漫长而艰难的过程，在发展的过程中，区块链技术的应用能够为数字银行终极目标的实现提供先进的技术支持。

二、分散式信任：未来网络信任模型

互联网经济是一种具体到每一位用户的金融服务。区别于传统金融所针对的集体服务对象，互联网金融更加注重个体用户的网络体验。随着互联网经济的迅速发展，未来网络的信任模型也逐渐向分散式信任转变。分散式的信任模型是未来网络发展模式的具体体现，也是互联网金融发展理念的进一步演变。

未来网络是互联网经济发展的一个更高层次的阶段。未来网络并非单单指互联网经济的一些业务，它还包括互联网金融在高速发展中衍生出来的一系列的产物，这些都是未来互联网经济发展下的必然产物。在未来网络的发展过程中，数字银行和电子货币都占据着十分重要的地位，它们的发展理念也将进一步影响未来网络信任模型的产生。数字银行和比特币的发展理念具有明显的去中心化的特征，并且它们都具备另外一个显著的特征，就是以客户为中心，以更好地服务客户为终极发展目标。未来网络的发展理念也是让每一位互联网用户享受到更加先进的网络金融服务，为他们创造更加自由、更加安全、更加可靠的金融交易平台。让每一位互联网用户的经济行为都立足于最实际的利益，面向最全面的发展。在交流无障碍的国际化的金融环境中，让每一位互联网用户无论身处世界上的任何一个地方，只要通过互联网，随时都可以享受到未来网络带来的便捷。

在互联网金融的发展过程中，如何让互联网用户更放心地进行金融交易，就成为未来网络发展中需要重点关注的问题。在传统金融的发展过程中，中心化是其发展模式的主要特征。以银行业为例，传统的银行在为客户提供金融服务时，几乎占据了所有的主动权。客户想要进行一定的金融交易，必须通过相关的程序才能够得到具体的实施，并且要对相应的机构充分信任。但是现实中，客户的信任并没有得到相应的回报，传统金融交易的过程中人为的因素占据着很大的比例，这种发展模式，对于用户的金融交易并不能提供足够的可依赖性。而在未来网络中，互联网金融建立了一个分散式的信任模型。这种分散式的信任模型建立在互联网经济的去中心化特性上。去中心化的互联网金融，在发展的过程中立足于服务客户，以客户为中心。在其运营的过程中不受任何金融机构的控制和限制，完全地独立化、自由化。互联网用户在进行具体的金融交易时，只需要对交易进行中相对应的程序足够信任就可以了。未来网络的分散式信任模式将传统集中式的信任模式逐层分解，让客户对金融交易的信任分散到每一个环节。这样在很大程度上避免了单独一个环节或个人对交易的影响和控制，大大促进了交易的公平合理性。

分散式信任以其明显的去中心化特征成为未来网络的信任模型。在未来网络经济的发展中，分散式的信任模型将会给每一位互联网用户带来更加全面的服务。

三、颠覆式交易：改变现行金融模式

数字银行的出现很大程度上颠覆了现行传统的金融交易模式。相对于传统银行经营模式的中心化，数字银行的金融交易具有明显的去中心化的特征。

数字银行是大数据、移动互联网等先进的信息技术的结合体，数字银行集合了当下最为先进的互联网技术，利用先进的信息技术为广大的互联网用户提供更加便捷的网络服务。通过精准的数据处理和便捷的沟通服务，数字银行让用户体验到了不同于传统银行的便捷自由的金融服务。

数字银行的发展对于传统银行而言是一场颠覆式的改变，具体表现在以下三个方面。

第一，交易场所的改变。传统的银行由于其中心化的性质，客户在进行具体的金融交易时，无论是存取款、借贷、理财还是其他的金融业务，首先都要到银行的营业厅进行办理，并且需要相关的证件、手续，在经过一定的程序之后，交易才能够最终完成。这在一定程度上消耗了用户的许多时间，降低了交易的效率。

数字银行并没有具体的交易场所，数字银行里的金融交易仅仅通过互联网就可以进行。用户在数字银行进行金融交易时，无论在何时何地，只需要通过互联

网就可以进行交易，大大节省了用户的时间，提高了交易的效率。

第二，业务处理方式的改变。传统的银行在处理客户的金融需求时，大多是通过人工服务。这种服务相对来讲效率较低，并且带有一定的主观性。即使是 ATM 机的智能化服务，也仅仅能够提供存取款等最基本的业务，其业务范围十分有限，远远不能满足客户的业务需求。而数字银行在处理用户的金融业务时，提供的全部都是智能化的服务。通过互联网强大的技术支持，为所有的用户提供最便捷、最客观、最公正的电子信息服务，让用户充分享受互联网技术带来的便捷。

第三，金融市场的改变。传统的银行所提供的金融市场十分狭窄，对于普通的客户来讲，其所能涉及的金融业务仅仅局限于国内的金融市场。即使有一些国际化的业务，其服务对象也仅仅是为数不多的金融群体。

数字银行是建立在互联网国际化的基础上的，不管哪个国家的互联网用户，只要有金融业务上的需求就可以通过互联网在国际金融范围内寻找最合适的金融对象，在一定程度上满足了用户的市场需求。

数字银行在市场经济中带来的颠覆式交易，大大改变了现行金融模式，为广大的互联网用户提供了更加便捷的金融服务，也进一步促进了现代金融的国际化发展。

四、未来金融时代：人人皆是银行

在互联网金融的发展过程中，数字银行的终极目标就是造就独立的金融个体，让每一个用户都能成为一个单独的银行，实现"人人皆是银行"的金融模式。这里所说的"人人皆是银行"并不是指现实中的金融机构，而是指每一个用户仅通过互联网而不需要经过任何金融机构就可以自行进行金融业务的办理，完成金融交易。独立金融个体的形成也会进一步促进未来"自金融时代"的到来。

在现实生活中，金融业务的办理只能通过银行。在银行的业务大厅，我们经常会看到众多排队等候的客户，有的甚至从早上就开始等候，如果遇到一些业务繁多的客户，其他的客户只能等待得更久。这样的业务办理模式大大浪费了客户的时间，降低了金融业务的时效性。金融客户消耗了时间和精力，但是却没有得到相应的金融服务。在如今经济快速发展的新时代，这样的工作效率已经远远不能满足当下以及未来金融业发展的需求。

近些年，金融业对效率上的追求在数字银行的发展中慢慢得以实现。数字银行是以客户为中心的互联网金融的产物。它立足于客户的服务体验，致力于为互联网客户提供更加便捷、更加有效的金融服务，为客户节省更多的时间，创造更多的财富。数字银行在发展的过程中一直坚持以客户信息安全为核心理念，不断拓展多元化的服务渠道，为互联网用户提供服务的同时搭建一个安全、多元化的交易平台。同时在服务流程方面，通过技术上的不断革新，实现服务流程的进一步优化。数字银行十分重视用户的网络交易体验，也一直坚持运用先进的电子信息技术，放眼于国际金融市场，为每一位互联网客户打造一个全新、高效、安全的金融交易环境。让每一位用户不用考虑时间、地域的限制，只要有金融交易上的需求，就可以通过数字银行在最短的时间内高效完成。数字银行将在未来的发展过程中，通过技术上的不断创新和应用，逐步完善其金融交易流程；通过对分散式信任模式的细化，提升用户对互联网金融的信任度；通过对传统金融模式的颠覆式改变，打造一个全新的、符合时代发展的金融模式。

终极数字银行通过对传统金融机构交易模式、信任模式、金融模式的三个方面的改造和升级，为未来金融产业的发展指明了方向。终极数字银行的这种发展模式，也最终会促进金融个体的形成，"人人皆是银行"的金融目标终将顺利实现。

第四节　数字化银行面临的问题与挑战

一、应用水平仍然有待提升

银行虽然有长达近40年的信息化历史，但是，信息化主要集中在对客户服务的业务方面，如很早就开始进行的存贷款、支付结算等核心业务，后兴起的金融市场、投资银行、理财等业务，后端中与核心业务紧密相关的客户关系、风险管理、财务会计等系统建设业务。内部管理方面信息化程度还不高，如公文流转、规章制度管理（不要小看规章制度，国内外银行每年都有高昂的合规成本）、管理会计（成本的精确计算和分摊都是难题）、人力资源（多数还无法对员工进行有效画像和资源匹配）等。还有一些是因外部环境导致的信息化水平不高，如由于大量环节依然是线下操作，因此资产证券化、债券承分销等业务仅能进行有限信息化。即便业务迁移到了线上，但可以持续改进之处依然很多，不少关键环节涉及的能力有待提高，如资产证券化中对资产组合的计算、金融市场中的复杂模型定价、资金价格的实时计算、对公客户服务、零售客户差异化服务等。最近RPA技术再度兴起，银行的运营环节可以通过RPA技术进一步提高效率，这也从侧面反映了银行的信息化仍然还有很大提升空间。

银行的数据挖掘能力也需要进一步加强，很多数据分析服务仍然停留在固定报表的层面，缺乏对数据的洞察。除少数银行外，银行的企业级数据管理能力都偏弱。

二、技术人员占比太低

谈信息化为什么会谈到人员结构呢？因为工作都是人做的。如果我们把衡量信息化的标准单纯放在计算机系统方面，那就有违信息化的初心了。信息化的目标是让人能够更好地依据信息进行决策，这对企业和个人而言都是一样的。所以，信息化一直在努力提高信息采集、加工、存储、传播的效率。

然而，依据信息做出决策离不开对信息的分析和洞察，而对信息的分析和洞察依赖的是对业务的理解，以及与业务实际、业务目标相符的分析能力，这种能力的形成依赖的又是业务人员和技术人员的合作，或者更好的说法是来自二者的融合。融合并不是单纯聚焦于开发结果，业务人员提出需求，技术人员做出系统，这只是实现，不是融合。融合意味着双方互相改变，技术人员和业务人员互相影响，尤其是对于传统企业的转型而言，融合的程度决定了信息化的真实水平和转型程度。

融合程度取决于什么呢？取决于人员结构。如果一个企业中业务人员和技术人员的比例是1∶100，那么，技术人员能够对多少个业务人员产生影响？能够帮助多少个业务人员迅速判断他们的创新想法？技术人员数量的多少并不只是简单地影响实现速度，更重要的是让技术人员有更多的时间与业务人员深入地探讨、理解业务，甚至走上一线亲身感受业务；也能够有足够的时间与业务交流，普及技术知识，激发业务人员更多的创新想法，使业务人员也更了解技术的作用和机理。这样才能产生融合，否则信息的传递是衰减的，融合的效果将很难想象。如图6-4-1所示，如果科技人员比例过低，则周围能够有效获取信息的人会很少，并且距离科技人员越远，了解的信息就越少。

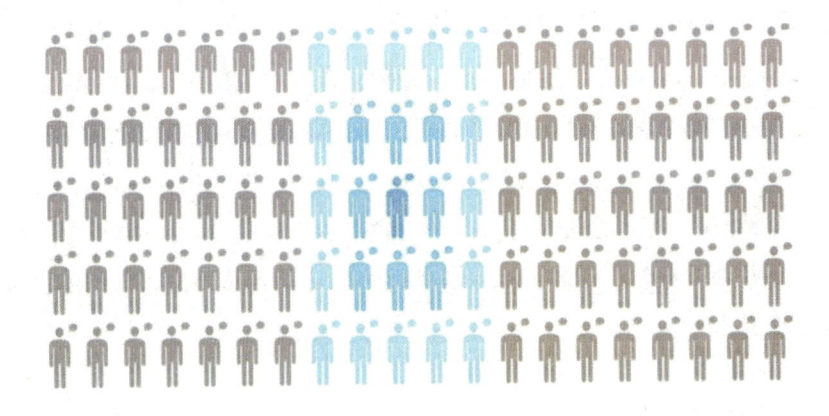

图 6-4-1　技术人员的融合能力界限

融合程度决定了信息化应用水平的高低，所以科技公司的技术人员占比普遍超过 50%，这是其经常对已有行业产生颠覆性创新的动力源，是业务人员和技术人员之间产生"核聚变"的基础。作为传统银行的代表，摩根大通和高盛已经将技术人员占比提高到 15%~20%，但他们依然难以在技术上取得优势；而作为非传统银行代表的美国第一资本金融公司（Capital One），其工程师占比则高达85%，超过多数科技公司。Capital One 之所以与其他银行思维方式不一样，是因为人员构成不一样。即便有如此优势，它依然只从事若干个有限的金融业务领域，而不做全能银行。

从国内目前各行公布的数据看，技术人员占比普遍在 8% 以下，而其中真正从事科技工作的人员的比例还要更低。

三、组织结构老化

国内的银行普遍采用沿袭多年的条线制、总分行制管理方式，主要依靠垂直命令进行业务管理，尽管各行时常进行组织结构的调整，但是条线制、总分行的大结构始终没有变化，事业部制偶有出现，但总体而言，登场机会较少。

之所以将组织结构问题放在对信息化水平的衡量中，是因为从系统设计的角度来看，组织结构是输入，是系统设计的约束之一，系统设计的最终结果是与企业的组织结构、运作方式相对应的，与企业真实情况不符的系统是难以使用的。因此，是实现转型的企业创造了转型的业务系统。如果银行的组织结构没发生较大调整或根本性改变，则很难依靠系统去改变企业，这个道理就像跑鞋能够提高跑步速度但不能从根本上决定你的跑步成绩一样。企业的组织结构和运转方式是信息化应用水平的上限，不要指望不改变"传统"就能给"传统企业"赋能。

信息化竞争不等于堆砌新技术，不是谁的新技术用得多，谁就领先。新技术是自然涌现的，谁应用得更恰当、更能够产生技术合力、更能推动业务安全地向"一线做决策"转移，谁才会取得竞争优势。让信息真正改善人们的行为方式，这才是信息化的初衷。

四、新技术应用存在问题

（一）银行的科技驾驭能力依然不如互联网公司

美国的大银行，如摩根大通、高盛、花旗、富国等，其技术人员总量与亚马逊、苹果、谷歌比毫不逊色，有些银行的工程师甚至还更多。尽管美国的银行们拥有大量专利技术，但是在领先的技术创新、技术深度等方面却无法与互联网公司相比。即便如此，每年这些大银行在科技上投入的资金也很可观，基本都在几十亿甚至近百亿美元的水平，并不比科技巨头差多少。

二者在科技水平上的差距，不能简单地通过银行更偏重应用来解释，这也许涉及企业战略、行业特点、企业文化、实际需求等综合因素。但是，以摩根大通、高盛为代表的银行转型发展新趋势就是将自己逐步改造成"科技公司"，而Capital One在这方面更是直言不讳。科技公司显然应该是以技术为核心竞争力的，如果说要双轮驱动，那么银行的这个科技轮子应当不输给科技公司才是比较安全的，也会让自己真正获得竞争优势。

国内银行的情况比国外还要略差些，尽管国内银行的盈利水平非常高，但银行的科技人员占比普遍偏低，科技开支也远低于国外同业。这也造成国内银行的科技实力不如国内互联网公司，虽然各大行目前都很重视自主开发。

面向未来的竞争，这种实力上的差距显然无法改变二者的地位关系。国内外银行都对互联网企业涉足金融高度"警惕"，比如美国的亚马逊公司不断渗透银行业，就让很多美国银行感到不安。但是这种不安全感不能总是依靠监管制度和监管机构来消除，银行还是要自己提升科技实力。

（二）金融科技规划的整体性有待提升

应对来自互联网公司的跨界竞争和行业内部打破同质化竞争局面的双重压力，让银行对依托新技术建立竞争优势寄予了厚望。但是，银行目前毕竟还不是科技公司，对很多新技术的理解深度和驾驭能力依然有限，仍然是业务型企业而非技术型企业。

银行对新技术的应用有一定的追逐技术热点的特征，对新技术在内部的整合、联动不够充分。目前的技术发展具有很明显的融合特征，如人工智能是以大数据为基础的，而大数据又依赖云计算提供庞大的算力；物联网最初以数据采集为主，与云计算之间有密切关系，而后来又在边缘计算方面与人工智能融合；移动端应用作为渠道端技术，其背后则是与各种技术的衔接，开放银行更是如此；区块链技术（尤其在联盟链形态下）与云计算有密切联系，而从数据确权的角度讲，与人工智能也可能会密切相关。各类技术间互相影响、互相加强，也对应用提出了较高要求，目前不少金融业务场景都是基于多项技术的组合实现的，如同布莱恩·阿瑟（Brian Arthur）教授在《技术的本质》一书中所言，新技术都是从现存技术中组合出的一组新的要素。而组合的效率来自整体布局和规划的合理性，也就是以企业级业务架构为"腰部"、面向业务与技术深度融合的企业架构体系。

单纯从技术角度出发规划金融科技布局不是十分理想的选择，企业整体能力的提升不能完全依赖少数能力极强的架构师，尤其是大型企业，这样缺乏架构规划的连续性。单纯从业务角度出发规划金融科技布局更是难上加难。目前，很多已经公开发布的金融科技战略都更像是众多应用的堆叠，而其对银行核心战略的支持、技术后端的整合实现则缺少清晰的路径。路径的建立需要加强方法论的研究和实践。企业级业务架构正是这样一种方法论，它从企业战略出发，既能够呈现企业能力的整体视图，又能够将业务与技术的融合落到实处。企业级业务架构的实现并非依赖少数架构师，而是依赖一个将技术与业务连接起来的工作机制。通过企业级业务架构设计，将战略和战略能力需求分解到业务实现过程中，形成组件化、模块化，也可以是中台化的架构规划，在不同的业务组件中确定新技术应用方向，再将新技术的应用方向整合为对技术组件、技术平台的规划，连接起业务和技术两端，使金融科技战略有更加清晰的实现蓝图。银行对于技术组件、技术平台的规划进一步构成对基础研究能力的需求，从而增强了银行向真正的科技企业转型的方向性。因此，银行应当加强对企业级业务架构方法论的研究和业务架构师队伍的内部培养。

（三）创新效率较低

国内的大型银行有足够的资金和人力尝试各种新技术，但是，由于机构规模大、信息传导链条长，一线的业务需求传导过程较慢。一个完整的传递链条很有可能需要经过"柜员或客户经理—市级分行业务部门—省级分行业务部门—总行业务部门—总行技术部门—开发中心—开发团队"这样一个信息链，大型银行多数在省级分行也设有技术部门，但是系统开发工作主要集中在开发中心或科技子公司，分行的技术部门仅能承担很有限的开发任务，甚至有的基本没有开发权限。对于这样一个漫长的传导链条，除非高层领导直接干预，否则按部就班的传递将是一个缓慢的过程，而且还伴随着信息衰减和过时的问题。

国外领先银行，如摩根大通、高盛、富国银行等都通过增加技术人员数量，将技术人员或数据分析人员派驻到业务部门工作来缩短信息传递过程和问题解决周期，但是，组织结构以及人力资源构成本身并没有发生根本性变革，只是效率有所提升。

与大型银行相比，中小银行结构虽然比较扁平，但通常没有足够的开发能力去满足自身的技术需求，只能依靠外包等方式，也同样受各种商业流程、项目沟通、需求质量等因素的限制。

这些因素决定了，尽管银行尝试新技术的意愿非常强，但是其对新技术与一线业务场景的结合、调整、创新都是一个相对较慢的过程。

综上所述，尽管银行在技术方面投入不菲，但是我们依然看到，追逐技术不足以改变银行现有的竞争态势，也不足以使银行"舒适"地面向数字化的未来。银行需要认真总结过去40年的信息化历程，以及近10年的新技术应用经验，回顾金融史，回溯金融本质，在数字化进程中认真解决自身存在的问题。

参考文献

[1] 王明皓，关龙.商业银行信用管理数字化转型研究[J].对外经贸，2023（4）：49-52.

[2] 交通银行发展研究部课题组.金融科技发展与商业银行数字化转型——动力机制的假说与实证研究[J].新金融，2023（4）：30-42.

[3] 郭峰，庄旭东，王仁曾.银行数字化转型、外源性金融科技与信用风险治理——基于文本挖掘和机器学习的实证检验[J].证券市场导报，2023（4）：15-23.

[4] 逯苗苗，孙中会，刘晓冶.内部竞争压力还是外部竞争冲击？——商业银行数字化转型动因研究[J].东岳论丛，2023，44（3）：132-140.

[5] 闫一鸣.金融经济视角下商业银行现金资产研究[J].营销界，2023（4）：68-70.

[6] 李珊，杨丽丽.数字化转型对商业银行盈利性的影响机理、挑战与对策[J].现代金融导刊，2023（3）：9-14.

[7] 任倩倩.金融科技背景下商业银行数字化转型策略研究[J].北方经贸，2023（3）：85-88.

[8] 张宝.我国商业银行金融创新现状及对策探析[J].山西农经，2019（23）：158-159.

[9] 邓涵霖，张佳雨，龙晶.金融科技背景下商业银行零售业务数字化转型的研究[J].全国流通经济，2023（4）：137-140.

[10] 王多亮.浅谈现代金融经济的风险概述[J].财经界，2018（8）：13-14.

[11] 滕飞.工商银行BB分行数字化转型策略研究[D].蚌埠：安徽财经大学，2023.

[12] 杜明娅.金融科技行业对传统金融业风险溢出效应研究[D].杭州：浙江科技学院，2022.

[13] 王茜欣.数字金融对商业银行风险承担的影响研究[D].长春：吉林大学，2022.

[14] 武思妤.金融科技背景下 SX 银行 L 分行优化人力资源配置的研究 [D]. 太原：山西大学，2022.

[15] 董亚楠.金融科技背景下 Z 银行银川分行客户满意度提升策略研究 [D]. 银川：宁夏大学，2022.

[16] 刘碧琴.互联网金融背景下 JS 银行零售业务的数字化转型问题研究 [D]. 成都：电子科技大学，2022.

[17] 左丽华.数字金融对商业银行效率和系统性风险影响研究 [D]. 北京：北京交通大学，2022.

[18] 田君.金融科技对企业创新能力的影响研究——基于信贷供给中介效应的视角 [D]. 上海：东华大学，2022.

[19] 夏光耀.金融科技对银行风险的影响研究：基于风险分解视角 [D]. 北京：对外经济贸易大学，2022.

[20] 高鸿多.平安银行"金融＋科技"模式助推零售业务案例分析 [D]. 保定：河北金融学院，2022.

[21] 姜建清.美国银行业的科技革命 [M]. 上海：上海财经大学出版社，1999.

[22] 韩柏，刘双山.中国商业银行变革的必由之路 [M]. 黑龙江：吉林人民出版社，2004.

[23] 刘鹏.中国商业银行变革与转型 [M]. 北京：中国金融出版社，2014.

[24] 袁纯清.金融共生理论与城市商业银行改革 [M]. 北京：商务印书馆，2002.

[25] 张化桥，张杼航.金融科技乱象 [M]. 北京：中国人民大学出版社，2021.

[26] 唐方方，宋敏.区块链＋金融科技案例分析 [M]. 武汉：武汉大学出版社，2020.

[27] 张叶艺.商业银行的转型创新发展：浙商银行宁波分行的实践与探索 [M]. 宁波：宁波出版社，2016.

[28] 李秋婵，韩周瑜，谢建军，等.战略性新兴产业与科技金融研究：以四川省为例 [M]. 成都：四川大学出版社，2015.

[29] 保劳格·阿尔琼瓦德卡尔.金融科技：技术驱动金融服务业变革 [M]. 李庆，王垚，译.北京：机械工业出版社，2019.

[30] 伍忠贤.图解金融科技与数字银行 [M]. 广州：广东经济出版社，2018.